Deutsch-russisches Wörterbuch der Wirtschaft

Beiträge zur Slavistik

Herausgegeben von Herbert Jelitte

XXV

PETER LANG
Frankfurt am Main · Berlin · Bern · New York · Paris · Wien

Karin Gusjew

Deutsch-russisches Wörterbuch der Wirtschaft

PETER LANG
Europäischer Verlag der Wissenschaften

Die Deutsche Bibliothek - CIP-Einheitsaufnahme

Gusjew, Karin:

Deutsch-russisches Wörterbuch der Wirtschaft / Karin Gusjew.
- Frankfurt am Main ; Berlin ; Bern ; New York ; Paris ; Wien :
Lang, 1995
(Beiträge zur Slavistik ; Bd. 25)
ISBN 3-631-48147-0

NE: HST; GT

ISSN 0170-8236
ISBN 3-631-48147-0

Vorwort

Mit dem vorliegenden deutsch- russischen Fachwörterbuch zur Wirtschaft wird erstmals der Versuch unternommen, den umfassenden Bereich "Wirtschaft" in thematisch gebundene Fachgebiete zu gliedern. Folgende Gebiete fanden Eingang in das Wörterbuch: Bankwesen; Buchführung und Rechnungswesen; Preise und Preisverhandlung; Vertrag und Vertragsverhandlungen; Lieferung; Kundendienst, Reklamation und Garantie; Büroausstattung und Bürobedarf. Jedes dieser komplexen Fachgebiete ist in logisch aufeinander bezogene Subgebiete aufgegliedert. Bei der Darstellung der deutschen Termini und ihrer russischsprachigen Äquivalente wurde weitgehende Vollständigkeit der genannten thematischen Gruppen angestrebt.

Das Fachwörterbuch enthält etwa 12 000 deutsche Wörterbucheinträge mit weitaus mehr russischsprachigen Äquivalenten, die in der Synonymie und Polysemie begründet sind.

Wir sind uns durchaus im klaren darüber, daß jede Auswahl von Fachbegriffen wie auch jeder Versuch einer Klassifikation zwangsläufig lückenhaft bleiben muß. Wir hoffen trotzdem, durch die systemhafte Darstellung der deutsch - russischen Wirtschaftstermini in den genannten Fachgebieten und deren streng alphabetische Anordnung, den Nutzern dieses Wörterbuchs Hilfe und Unterstützung beim Studium oder Bearbeiten der erfaßten Themen zu bieten.

Mit unserem Nachschlagewerk, das den aktuellsten Wortschatz der Wirtschaftssprachen Deutsch und Russisch beinhaltet, wenden wir uns zum einen an Geschäftsleute und Institutionen, die auf dem russischsprachigen Markt präsent sind oder ihre Präsenz planen, zum an deren aber auch an Mitarbeiter und Studierende wirtschaftswissenschaftlicher Fachrichtungen an Fachhochschulen, Universitäten, Sprachschulen, Übersetzerinstituten. Wir wollen auch Dolmetscher, Übersetzer und alle Fachinteressierten ansprechen.

Um den Lesern die Verwendung der einzelnen russischsprachigen Lemmata (Einzelwörter, Wortfügungen und Wortverbindungen) im Satz bzw. im Text zu erleichtern, werden entsprechende Kollokationen ausgewiesen. Besonderes Augenmerk wurde auf die möglichst erschöpfende Einbeziehung verbaler Fügungen gerichtet, die mit Angaben beider Aspektpartner und der Rektionen versehen sind.

Das Genus der Substantive wird in notwendigen Einzelfällen vermerkt.

Um die mündliche Sprachverwendung der russischen Wörterbucheinträge der orthoepischen Norm entsprechend zu gewährleisten, wird die Betonung durch Akzentzeichen markiert.

Das Fachwörterbuch entstand unter meiner Leitung in Gemeinschaftsarbeit mit Studentinnen der Ergänzungsrichtung "Übersetzen und Handelskorrespondenz Russisch/ Deutsch" des Instituts für Slawistik an der Pädagogischen Hochschule Erfurt/ Mühlhausen. Die Studentinnen Konstanze Erben, Cornelia Harzer, Katja König, Ulrike Nitschke, Silke Scharf, Astrid Schlegel und Annett Siegfried waren mit großem Fleiß und lobenswertem Einsatz an dem Zustandekommen dieses Wörterbuchs beteiligt. Ihnen und den Helfern beim Lesen der Korrekturen sei an dieser Stelle mein herzlicher Dank ausgesprochen.
Mein Dank gilt ferner den fachlichen Beratern Frau Dr.T.I. Frojanova und meinem Gatten, Dipl. oec.Viktor Gusjew.

Herrn Prof. H. Jelitte danke ich für das Interesse am Manuskript und für seine Bereitschaft, dieses Wörterbuch in seiner Reihe "Beiträge zur Slavistik" zu veröffentlichen.

Erfurt, März 1994 Karin Gusjew

Benutzerhinweise :

Der vom Verfasser anvisierte Nutzerkreis dieses Fachwörterbuchs sollte über gefestigte Grundkenntnisse der russischen Sprache verfügen.

Jede der russischsprachigen Einträge weist die Betonung durch ein Akzentzeichen aus.

Die in den dargestellten Fachgebieten gebundene deutschsprachige Lexik ist in Subgebiete logisch gegliedert, die durch Fettdruch optisch hervorgehoben werden.

Die unter einem Subgebiet aufgeführten Lemmata sind streng alphabetisch angeordnet.

Durch Einrückungen und Fettdruck wird die logische Unterordnung von Stichwörtern unter ein Lemma verdeutlicht.

Deutschsprachige Wörterbucheintragungen, die synonymisch auftreten, werden jeweils einzeln in alphabetischer Reihenfolge aufgeführt. Die Synonymie der russischsprachigen Äquivalente wird durch Aufreihung der Synonyme und Trennung durch Komma gekennzeichnet,
z.B.:

Bankbürgschaft - банковская гарантия, банковское поручительство
Bankrott - банкротство, неплатежеспособность, несостоятельность

Russischsprachige Äquivalente, die sich in ihren Bedeutungen zum deutschsprachigen Terminus deutlich voneinander unterscheiden, werden durch Voranstellung arabischer Ziffern markiert,
z.B.:

Bankfach - 1. банковское дело, деятельность банка
2. несгораемый шкаф в банке, отделение сейфа, хранилище

In den deutschsprachigen verbalen Wendungen wird das substantivische Bezugswort durch einen Bindestrich ersetzt. In den entsprechenden russischsprachigen Äquivalenten werden beide Aspektpartner unter Angabe der Rektion (Präposition und Kasus) aufgeführt, wobei der perfektive Aspekt des Verbs zuerst genannt und durch Schrägstrich vom imperfektiven Verb getrennt wird,
z.B.:

Konto - счет
auf ein - überweisen - перевести / переводить, переводить / перевести на счет

ein - eröffnen	- открыть / открывать счет
ein - führen	- вести / водить счет

In den deutschsprachigen adjektivischen Wortfügungen, die einem Lemma subordiniert werden, werden durch Einrückungen und - , wiedergegeben, ohne daß das Lemma nochmals genannt wird. Entsprechende russischsprachige Äquivalente werden im vollen Wortlaut aufgeführt, z.B.:

Bank	- банк
-, abwickelnde	- банк- исполнитель
-, anweisende	- банк, открывающий аккредитив
-, ausführende	- банк- исполнитель
-, bevollmächtigte	- уполномоченный банк

Folgende Abkürzungen finden Verwendung:

f.	feminin	нес.в.	несовершенный вид
m.	maskulin	с.в.	совершенный вид
n.	neutrum	мн.ч.	множественное число
Pl.	Plural		

Inhaltsverzeichnis

Содержание

WÖRTERBUCH

Zahlungsverkehr	платежный оборот
Bank	- банк
Bankarten:	- **ви́ды ба́нков:**
-, abwickelnde	- банк- исполни́тель
-, anweisende (akkreditiveröffnende)	- банк, откры́вший аккредити́в
-, ausführende	- банк- исполни́тель
-, auswärtige	- иногоро́дний банк
-, auszahlende	- банк- исполни́тель
-, bevollmächtigte	- уполномо́ченный банк
-, diskontierende	- банк- дисконтёр, банк, учи́тывающий ве́кселя
-, für Handel	- торго́вый банк
-, für Handel und Industrie	- торго́во- промы́шленный банк
-, gemischte	- сме́шанный банк
-, kontenführende	- обслу́живающий да́нную фи́рму/ физи́ческое лицо́/ юриди́ческое лицо́ банк
-, korrespondierende	- банк- корреспонде́нт
-, landwirtschaftliche	- сельскохозя́йственный банк
-, mit universellem Geschäftskreis	- банк универса́льного ти́па
-, öffentliche	- сме́шанный банк (с уча́стием госуда́рства)
-, öffentlich-rechtliche	- публи́чно- правово́й банк
Aktien -	- акционе́рный банк
Akzept -	- акце́птный банк
Arbeitnehmer -	- рабо́чий банк
Assignations -	- ассигнацио́нный банк
Auslands -	- иностра́нный банк
Außenhandels -	- внешнеторго́вый банк
Außenseiter -	- банк- аутса́йдер
Bauern -	- сельскохозя́йственный банк
Clearing -	- кли́ринговый банк, банк- член расчётной пала́ты
Depositen -	- депози́тный банк
Devisen -	- валю́тный банк
Emissions -	- эмиссио́нный банк
Entwicklungs -	- 1. банк (экономи́ческого) разви́тия 2. банк, финанси́рующий развива́ющиеся стра́ны
Export -	- банк- экспортёр
Finanzierungs -	- делово́й банк
Geschäfts -	- комме́рческий банк
Gewerkschafts -	- креди́тный банк, осно́ванный профсою́зом
Gläubiger -	- банк- креди́тор
Genossenschafts -	- кооперати́вный банк
Groß -:	- кру́пные ба́нки:
Deutsche Bank AG	- Неме́цкий Банк (Дойче Банк) АО
Dresdner Bank AG	- Дре́зденский Банк (Дре́зднер Банк) АО
Commerzbank AG	- Комме́рческий Банк (Комме́рц Банк) АО

Handels -	- коммéрческий банк
Haupt -	- основнóй банк
Haus -	- банк, представля́ющий интерéсы концéрна
Holding -	- хóлдинг- банк
Hypotheken -	- ипотéчный банк
Import -	- банк- импортёр
Industrie -	- промы́шленный банк
Industrie- und Handels -	- торгóво- промы́шленный банк
Investitions -	- банк долгосрóчных вложéний
Käufer -	- банк, обслу́живающий покупáтеля
Kolonial -	- колониáльный банк
Kommissions -	- комиссиóнный банк
Kommunal -	- коммунáльный банк
Korrespondenz -	- банк- корреспондéнт
Kredit -	- креди́тный банк
Landes -	- земéльный банк
Leit -	- веду́щий банк
Lokal -	- мéстный банк
Makler -	- брóкерский банк
Monopol -	- банк- монополи́ст
Nachfolge -	- банк- преéмник
National -	- национáльный банк
Prima -	- банк высóкого клáсса
Privat -	- чáстный банк
Provinz -	- провинциáльный банк
Regierungs -	- госудáрственный банк
Regional -	- регионáльный банк
Reserve -	- резéрвный банк
Schuldner -	- банк- деби́тор , банк- должни́к
Spar -	- сберегáтельный банк
Spezial -	- банк специáльного назначéния
Staats -	- госудáрственный банк
Stadt -	- городскóй банк
Tausch -	- обмéнный банк
Teilzahlungs -	- банк потреби́тельского креди́та
Universal -	- банк универсáльного ти́па
Verkäufer -	- банк, обслу́живающий поставщикá
Volks -	- нарóдный банк
Wechsel -	- учётный банк
Zentral -	- центрáльный банк
Zentralnoten -	- центрáльный эмиссиóнный банк
Zweig -	- филиáл (отделéние) бáнка
Bankgeschäfte	- бáнковское дéло
Bank	**- банк**
eine Sache über die - abwickeln	- иметь дéло с бáнком
Geld bei der - anlegen	- класть / положи́ть дéньги в банк
eine Summe bei der - anlegen	- помести́ть / помещáть су́мму в банк
die - beauftragen	- поручи́ть / поручáть бáнку что

ein Konto bei der - besitzen	- име́ть счёт в ба́нке
die - bestimmen	- определи́ть/ определя́ть банк
über die - bezahlen	- уплати́ть / плати́ть че́рез банк
die - bevollmächtigen	- уполномо́чить / уполномо́чивать банк
Geld zur - bringen	- внести́ / вноси́ть де́ньги в банк
bei einer - deponieren	- класть / положи́ть в банк на хране́ние что
die - en entflechten	- разукрупни́ть / разукрупня́ть ба́нки
Dokumente von der - erhalten	- получи́ть / получа́ть докуме́нты в ба́нке
einen Akkreditiv bei der - eröffnen	- откры́ть / открыва́ть аккредити́в в ба́нке
ein Konto bei der - eröffnen	- откры́ть / открыва́ть счёт в ба́нке
die - fixt seinem Kunden die Stücke an	- банк бланки́рует по счёту клие́нта
der - Anweisungen geben	- дать / дава́ть указа́ния ба́нку
Geld auf der - haben	- держа́ть де́ньги в ба́нке
Geld von der - holen	- взять / брать де́ньги из ба́нка
Dienste der - in Anspruch nehmen	- воспо́льзоваться / по́льзоваться услу́гами ба́нка
eine - leiten	- управля́ть ба́нком
Ersparnisse von der - nehmen	- взять / брать вклад из ба́нка
auf das Konto bei der - überweisen	- перевести́ / переводи́ть на счёт в ба́нке что
Bankabteilung	- 1. отделе́ние банка 2. ба́нковский депорта́мент
Bank-AG	- акционе́рный банк
Bankagentur	- а́генство ба́нка
Bankagio	- ба́нковское а́жио, ба́нковский лаж
Bank-Akkreditiv	- аккредити́в
Bankakt	- ба́нковский акт
Bankaktie	- а́кция ба́нка, ба́нковская а́кция
Bankaktiva pl	- акти́вы ба́нка, ба́нковские а́ктивы
Bankaktzept	- 1. ба́нковский акце́пт 2. акце́птный креди́т 3. банки́рский ве́ксель
Bankangestellter	- ба́нковский слу́жащий, слу́жащий ба́нка
Bankanlagen	- ба́нковские инвести́ции
Bankanleihen	- (долгосро́чные) займы ба́нков
Bankanstalt	- банк
Bankanteil	- 1. ба́нковский пай 2. а́кция ба́нка
Bankanteilseigner	- акционе́р (па́йщик) ба́нка
Bankanteilsschein	- ба́нковская а́кция
Bankanweisung	- ба́нковский перево́д; аккредити́в
Bank-auf-Bank-Ziehungen	- трасси́рование ве́кселей ба́нками друг другу, взаи́мное трасси́рование ве́кселей ба́нками
Bankaufgeld	- ба́нковское а́жио, ба́нковский лаж
Bankaufsicht	- госуда́рственный контро́ль над ча́стными ба́нками
Bankauftrag	- ба́нковское поруче́ние
Bankauskunft	- информа́ция ба́нка, све́дения ба́нка
Bankausweis	- (опублико́ванный) фина́нсовый отсчёт ба́нка
Bankauszug	- вы́писка из ба́нковского счёта
Bankaval	- ава́ль ба́нка, ба́нковский ава́ль

Bankavis	- ави́зо
Bankbedingungen	- усло́вия проведе́ния ба́нковских опера́ций
Bankbenachrichtigung	- уведомле́ние ба́нка
Bankbericht	- (опублико́ванный) фина́нсовый отчёт ба́нка
Bankberichterstattung	- ба́нковская отчётность
Bankbeteiligung	- ба́нковские инвести́ции
Bankbetrieb	- де́ятельность ба́нка, ба́нковская де́ятельность, ба́нковские опера́ции, опера́ции ба́нка, ба́нковская опера́ция
Bankbilanz	- бала́нс ба́нка
Bankbruch:	- крах (банкро́тство, несостоя́тельность, неплатежеспосо́бность) ба́нка
-, einfacher	- проста́я несостоя́тельность ба́нка
-, strafbarer	- зло́стное банкро́тство ба́нка
Bankbrüchige m	- банкро́т, обанкро́тившийся, несостоя́тельное лицо́
Bankbuchhaltung	- ба́нковская бухгалте́рия
Bankbürgschaft	- ба́нковская гара́нтия, ба́нковское поручи́тельство
Bankdarlehen	- ба́нковская ссу́да, ссу́да, предоставля́емая ба́нком
Bankdebitor	- клие́нт- должни́к ба́нка
Bankdeckung	- ба́нковское покры́тие
Bankdepartement	- ба́нковский департа́мент
Bankdepositum	- 1. депози́т (де́нежный) вклад в ба́нке 2. це́нности, сда́нные на хране́ние ба́нку, депози́т
Bankdepot	- 1. отде́л вкла́дов в ба́нке 2. це́нности, сда́нные на хране́ние ба́нку, депози́т
Bankdepotgesetz	- зако́н о вкла́дах
Bankdienstleistungen	- услу́ги ба́нка
Bankdirektorium	- правле́ние ба́нка; директора́т ба́нка
Bankdiskont	- 1. (ба́нковский) диско́нт, учётный ба́нковский проце́нт 2. ски́дка, предоставля́емая ба́нком
Bankdiskontfuß	- учётная ста́вка; учётный ба́нковский проце́нт
Bankdisponent	- дове́ренный по опера́циям ба́нка
Bankeinlage	- (де́нежный) вклад в банк, депози́т
Bankeinzahlung	- платёж (взнос) в банк
Bankemission	- эми́ссиия (вы́пуск) банкно́т (ба́нковских биле́тов) , ба́нковская эми́ссия
Bankenabkommen pl	- соглаше́ния ме́жду ба́нками (по техни́ческим и организацио́нным вопро́сам)
Bankenaufsicht	- госуда́рственный контро́ль над ча́стными ба́нками
Bankenberechtigung	- правомо́чия на веде́ние ба́нковских опера́ций
Bankenfusion	- слия́ние ба́нков
Bankeninkasso	- ба́нковское инка́ссо, платёж (опла́та, инка́ссо) че́рез банк
Bankenkartell	- синдика́т ба́нков, ба́нковский карте́ль
Bankenkonsortium:	- консо́рциум ба́нков
-, ausländisches	- консо́рциум иностра́нных ба́нков
Bankenkontrolle	- ба́нковский (фина́нсовый) контро́ль

Bankenkonzentration - концентрация банков; слияние банков

Bankenkrise - банковский кризис

Bankenquete f - обследование банков, ревизия деятельности банка

Bankenquetekommission - комиссия по обследованию банков, банковская котировальная комиссия

Bankenvereinbarung - корреспондентский договор

Bankfach - 1. банковское дело; деятельность банков
2. несгораемый шкаф в банке; отделение сейфа; хранилище

bankfähig - принимаемый банком к учету,

Bankfähigkeit - пригодность векселя к учету, солидность векселя

Bankfiliale - филиал (отделение) банка; агенство банка

Bankfirma - банкирская фирма, банкирский дом,

Bankfonds pl - банковские фонды

Bankfusion - слияние банков

Bankgarantie - банковская гарантия, банковское поручительство

Bankgebühren - банковский налог, банковская плата

Bankgeheimnis - 1. банковская тайна, коммерческая тайна банков
2. тайна вкладов

Bankgeld - банковские деньги

Bankgeschäft - 1. банковская сделка
2. банковское дело
3. банковские операции, банковская деятельность
4. банкирский дом, частный банк

Bankgesetz - закон о банках

Bankgesetzgebung - банковское законодательство

Bankgewerbe - банковское дело

Bankgewinn - банковская прибыль

bankgiriert - с банковским жиро, с банковским индоссаментом

Bankgläubiger - кредитор банка

Bankguthaben - активы банка, банковские активы

Bankhaus - банк; банкирский дом, банкирская фирма, частный банк

Bankherr - банкир; владелец банка

Bankier - банкир

Bankierkapital - банкирский капитал

Bankierkredit - банкирский кредит

Bankiersgemeinschaft - международное сообщество банкиров

Bankingtheorie - теория банкнотной эмиссии, представленная "банковской школой"

Bankinkassator - банковский инкассатор

Bankinkasso - банковское инкассо, платеж (оплата, инкассо) через банк

Bankinstitut - банк, банковское учреждение

Bankintervention - интервенция банка

Bankkapital - 1. капитал банка
2. банковский капитал

Bankkommandite f - банк, в котором вложен капитал других банков, коммандитный банк

Bankkompensation - компенсационная операция банка, банковская опера́ция по зачёту встре́чных тре́бований должника́ креди́тора

Bankkonditionen - о́бщие усло́вия заключе́ния сде́лок ме́жду ба́нком и клие́нтами

Bankkonto - ба́нковский счёт, теку́щий счёт в ба́нке

Bankkontokorrent n - ба́нковский контокорре́нт, контокорре́нтный ба́нковский счёт

Bankkontor - банки́рская конто́ра

Bankkontrolle - ба́нковский (фина́нсовый) ко́нтроль

Bankkorrespondent - корреспонде́нт ба́нка

Bankkrach - крах, банкро́тство, несостоя́тельность, неплатежеспосо́бность ба́нка

Bankkredit - 1. ба́нковский креди́т
2. ба́нковская ссу́да

Bankkreditierung - ба́нковское кредитова́ние

Bankkreditvertrag - догово́р (о предоставле́нии) ба́нковской ссу́ды

Bankkreise - ба́нковские (фина́нсовые) круги́

Bankkuratorium - попечи́тельский сове́т ба́нка

Bankleitzahl - веду́щее (основно́е) ба́нковское число́

Bankliquidität: - ликви́дность ба́нков

-, echte - по́длинная (настоя́щая) ликви́дность ба́нков

-, "geborgte"(indirekte) - "заимообра́зная" ликви́дность ба́нков

bankmäßig - 1.ба́нковский, ба́нковый; принима́емый ба́нком к учёту
2. че́рез банк

Bankmanager - управля́ющий ба́нком

Bankmarketing - ба́нковский марке́тинг

Bankmonopol - ба́нковская монопо́лия

Banknebenstelle - филиа́л (отделе́ние) ба́нка

Bankoperation - ба́нковская опера́ция

Bankorder - ба́нковское поруче́ние

Bankordnung - уста́в (стату́т) ба́нка

Bankpapier - ба́нковский биле́т, банкно́та

Bankpassiva pl - пасси́вы ба́нка, ба́нковские пасси́вы

Bankplatz - населённый пункт с отделе́нием (центра́льного) ба́нка

Bankpolitik - ба́нковская поли́тика

Bankprivileg - 1. привиле́гия на веде́ние ба́нковских опера́ций
2. привиле́гия на эми́ссию банкно́т

Bankprofit - ба́нковская при́быль

Bankprokura - дове́ренность, выдава́емая ба́нком

Bankprovision - банки́рская прови́зия, комиссио́нные (де́ньги) за осуществле́ние ба́нковских опера́ций; вознагржде́ние за услу́ги, ока́зываемые ба́нком

Bankprüfung - реви́зия ба́нков и креди́тных учрежде́ний

Bankquittung - квита́нция ба́нка

Bankrate - учётный ба́нковский проце́нт, учётная ста́вка

Bankrechnung - ба́нковский счёт

Bankregal - де́нежная (госуда́рственная) рега́лия

Bankregel, Goldene - "золото́е пра́вило" ба́нковской

ликви́дности

Bankrembours m - ба́нковский рамбу́рс

Bankrennen - наплы́в вкла́дчиков ба́нка, тре́бующих возвраще́ния вкла́дов

Bankreserve - ба́нковский резе́рв, ба́нковский запа́с, резе́рвный капита́л ба́нка

Bankokratie - банкокра́тия, де́нежная аристокра́тия

Bankrestriktion - рестрикцио́нный акт

Bankring - объедине́ние ба́нков

Bankrisiko - ба́нковский риск

Bankrücklagen - ба́нковский резе́рвный фонд

Banksammelverrechnung - ба́нковский сво́дный счёт, сумма́рный расчёт ба́нковских за́писей

Banksatz - учётный ба́нковский проце́нт, учётная ста́вка

Bankscheck - ба́нковский чек

Bankschein - банкно́та

Bankschuld - 1. долг (задо́лженность) ба́нку
2. долг (задо́лженность) ба́нка

Bankschuldenkonto - счёт задо́лженности ба́нка

Bankstatus - состоя́ние счето́в ба́нка

Bankstatut - уста́в ба́нка

Bankstelle - 1. отделе́ние ба́нка
2. банк, ба́нковское учрежде́ние

Bankstellennetz - сеть отделе́ний ба́нка

Banksystem - ба́нковская систе́ма

Banktechnik - те́хника ба́нковского де́ла

banktechnisch - при́нятый в ба́нковской те́хнике, при́нятый в те́хнике ба́нковских опера́ций

Banktransaktion - ба́нковская опера́ция; ба́нковская сде́лка

Banktratte - ба́нковская тра́тта

Banküberweisung - 1 .ба́нковское перечисле́ние де́нег
2. ба́нковский перево́д

Banküberweisungsformular - бланк ба́нковского перево́да

Bankumlauf - 1. обраще́ние ба́нковских платёжных средств; обраще́ние банкно́т
2. су́мма банкно́т, находя́щихся в обра́щении

Bankumsatz - оборо́т ба́нка

Bankunternehmen - ба́нковское учрежде́ние, ба́нковское заведе́ние

Bankvaluta - ба́нковские креди́тные сре́дства расчёта

Bankverbindung - корреспонде́нт ба́нка

Bankverein - объедине́ние ба́нков

Bankverkehr - де́ятельность ба́нка, ба́нковские опера́ции

Bankvermögen - иму́щество ба́нка; капита́л ба́нка, ба́нковский капита́л

Bankverpflichtung - обяза́тельство пе́ред ба́нком
eine - abstoßen - погаси́ть / погаша́ть задо́лженность ба́нку

Bankverrechnungskonto - расчётный счёт в ба́нке

Bankvertreter - аге́нт ба́нка

Bankvorschuß - ба́нковский ава́нс

Bankwährung - ба́нковские креди́тные сре́дства расчёта

Bankwechsel - ве́ксель с жироакце́птом ба́нка, первокла́ссный

	ве́ксель; ба́нковская тра́тта
Bankwelt	- фина́нсовый мир; банки́ры, финанси́сты
Bankwerte	- це́нные бума́ги ба́нка, ба́нковские це́нные бума́ги
Bankwesen	- ба́нковское де́ло; де́ятельность ба́нков
Bankzertifikat	- сертифика́т ба́нка
Bankzettel	- банкно́та
Bankziehung	- 1. выставле́ние ба́нковской тра́тты 2. ба́нковская тратта
Bankzins	- ба́нковский проце́нт
Bankzinsfuß	- проце́нтная ста́вка ба́нка, проце́нтная ста́вка 2. обяза́тельство ба́нка
Bankzusammenbruch	- банкро́тство (крах) ба́нка
Bankkunden , pl	- **клие́нты ба́нка:**
1. Firmenkunden	- 1.клие́нты фирм
Einzelfirmen	- отде́льные фи́рмы
oHG (offeneHandelsgesellschaft)	- откры́тое торго́вое това́рищество
KG (Kommanditgesellschaft)	- потреби́тельская коопера́ция, потреби́телькое о́бщество
GmbH (Gesellschaft mit beschränkter Haftung)	- о́бщество с ограни́ченной отве́тственностью /ООО
KGaA (Kommanditgesellschaft auf Aktien)	- акционе́рное команди́тное това́рищество
AG (Aktiengesellschaft)	- акционе́рное о́бщество /АО
2. Vereine und Verbände	- 2. о́бщества и объедене́ния
3. öffentlich-rechtliche Körperschaften	- 3. публи́чно- правовы́е корпора́ции
4. Privatkundschaft	- 4. ча́стная клиенту́ра
Arbeiter	- рабо́чие
Angestellte	- слу́жащие
Beamte	- госуда́рственные слу́жащие
Rentner	- пенсионе́ры
Bankkundschaft	- клиенту́ра ба́нка
Banknote:	- **ба́нковский биле́т, банкно́та; креди́тный биле́т, де́нежный знак**
Banknoten pl	- ба́нковские биле́ты, банкно́ты
die - aufrufen [aus dem Verkehr ziehen]	- изъя́ть/ изыма́ть банкно́ты из обраще́ния
die - ausgeben	- вы́пустить / выпуска́ть банкно́ты
die - einziehen	- изъя́ть / изыма́ть банкно́ты из обраще́ния
-, einlösbare	- разме́нная банкно́та
-, inkonvertible	- неконверти́руемая банкно́та
-, konvertible	- конверти́руемая банкно́та
-, nicht einlösbare	- неразме́нная банкно́та
-, umlaufende	- банкно́та, находя́щаяся в обраще́нии
-, ungedeckte	- банкно́та, не име́ющая золото́го покры́тия

Banknotenausgabe	- эмиссия (выпуск) банкнот (банковских билетов), банкнотная эмиссия
Banknotenausgaberecht	- право выпуска (эмиссии) банкнот
Banknotenausgabesystem	- эмиссионная система
Banknotendeckung	- обеспечение (покрытие) банкнот
Banknoteneinlösung	- выкуп банкнот
Banknoteneinlösungspflicht	- обязанность обмена банковских билетов на золото
Banknotenemission	- выпуск (эмиссия) банкнот
Banknotenentwertung	- обесценение банкнот
Banknotenkontingent	- контингент (лимит) банкнотной эмиссии
Banknotenkurs	- (биржевой) курс банкнот
Banknotenmonopol	- монополия на выпуск банкнот
Banknotenprivileg	- монопольное право выпуска банкнот, привилегия на выпуск банкнот
Banknotenregal	- право государства на выпуск бумажных денег
Banknotenreserve	- резерв банкнот
Banknotensteuer	- налог на выпуск банкнот
Banknotenstückelung	- деление купюр банкнот по достоинству
Banknotenumlauf	- 1. обращение банкнот 2. сумма банкнот, находящихся в обращении
Banknoten-Vorratsfonds m	- резервный (запасной) фонд банковских билетов
Banknotenzähler	- счётчик банковских билетов
Banknotenzirkulation	- обращение банкнот
Banko	- 1. банковский билет, банкнота 2. валюта, принимаемая банком
Bankobligation	- (заёмная) облигация банка
Bankrott	- **банкротство, неплатежеспособность, несостоятельность**
an dem - beteiligt sein	- находиться в числе потерпевших
bankrott	- обанкротившийся, неплатежеспособный, несостоятельный
- gehen (machen, sein, werden)	- обанкротиться
sich (für) - erklären	- объявить/ объявлять себя банкротом
den - anmelden (ansagen, erklären)	- объявить / объявлять себя банкротом
-, betrügerischer[bewußt herbeigeführter]	- преднамеренное банкротство
-, böswilliger	- злостное банкротство
-, einfacher	- простое банкротство
-, offener	- явное банкротство
-, strafbarer	- наказуемое банкротство
Bankrotterklärung	- объявление о банкротстве
Bankrotteur, Bankrottierer	- банкрот, обанкротившийся, несостоятельное лицо
bankrottieren	- обанкротиться

Zahlung	- платёж, уплата; взнос
Barzahlung	- наличный расчёт
-, bar:	- наличный расчёт
gegen -	- за наличный расчёт, наличными
in - zahlen	- уплатить / платить наличными
Barabhebung	- изъятие наличных средств
Barabschluß	- сделка за наличный расчёт, сделка за наличные, кассовая сделка
Barakkreditiv	- денежный аккредитив
Baranschaffung	- приобретение (покупка) за наличные (за наличный расчёт)
Barartikel	- наличный товар; товар, имеющийся в наличии
Barauslagen	- затраты наличных денег
Barauszahlung	- наличный платёж, платёж (выплата) наличными
Barbesitz, Barbestand	- кассовая (денежная) наличность
Barbetrag	- наличная сумма
Bardarlehen	- ссуда наличными
Bardeckung	- обеспечение наличными средствами
Bardeckung der Banknoten	- (золотое) обеспечение банковских билетов
Bareinkommen	- денежный доход
Bareinlage	- вклад наличными деньгами, денежный вклад
Bareinzahlung	- платёж (оплата) наличными
Barfrankierung	- оплата (массовых) почтовых отправлений наличными
Bargeld	- наличные (деньги), наличные средства; кассовая (денежная) наличность
Bargeldanforderung	- заявка на наличные деньги
Bargeldausgaben	- затраты наличных средств
Bargeldauszahlung	- кассовый оборот по расходу
Bargeldauszahlungsüberschuß	- превышение расходов наличных средств над запланированными расходами
Bargeldbedarf	- потребность в наличных средствах
Bargeldbesitz	- кассовая (денежная) наличность, остаток наличных средств
Bargeldbewegungskonto	- счёт оборота наличных средств
Bargeldeingänge	- поступления наличных средств
Bargeldeinnahmen und -ausgaben	- кассовый оборот
Bargeldeinzahlungsüberschuß	- превышение прихода наличных средств над расходами
Bargeldemission	- выпуск /эмиссия денег
Bargeldhortung	- оседание денег
Bargeldinkasso	- инкассация наличных денег
Bargeldkontrolle	- контроль за выпуском и обращением денег
Bargeldlimit	- лимит наличных средств, лимит кассовой наличности
bargeldlos	- безналичный
Bargeldplan	- (годовой) план получения и выплаты наличных

	денег
Bargeldplanungspflichtige pl	- организации, обязанные составлять план получения и выплаты наличных денег
Bargeldreserve	- резерв (запас) наличных средств
Bargeldstreuungsplan	- платежный календарь
Bargeldstrom	- поток наличных средств
Bargeldüberweisung	- перевод наличных денег
Bargeldumlauf	- 1. денежное обращение 2. обращение наличных средств
Bargeldumsatz	- кассовый оборот
Bargeldumsatzplan	- план кассового оборота, план оборота наличных средств, кассовый план
Bargeldumsatzregulierung	- регулирование обращения наличных средств
Bargeldverkehr	- денежное обращение
Bargeldvermögen	- (денежная) наличность
Bargeldvolumen	- масса денег
Bargeldzirkulation	- обращение денег
Bargeschäft	- сделка за наличный расчёт, сделка за наличные, кассовая сделка
Bargründung	- основание акционерного общества на базе денежных вкладов учредителей
Barguthaben	- вклад наличными
Barkauf	- купля (покупка) за наличные (за наличный расчёт)
Barkaution	- залог наличными
Barleistung	- 1. платеж (уплата) наличными, наличный платеж наличный расчёт 2. (денежное) пособие
-der Sozialversicherung,	- кратковременное денежное пособие из фонда социального страхования
Barlohn	- часть натуральной заработной платы, выплачиваемая наличными
Barmittel pl	- кассовые ресурсы (банков), наличные средства
Barnachfrage	- спрос на товары, оплачиваемые покупателями наличными
Barpreis	- цена на товары, приобретаемые за наличные, цена на услуги, предоставляемые за наличные
Barreserve	- наличный денежный резерв, резерв /запас наличных средств
Barschaft	- сумма наличных (денег) у определённого лица
Barschatz	- наличный денежный резерв
Barscheck	- чек на оплату наличными, кассовый (открытый, некроссированный) чек
Barsendung	- перевод наличных денег
Barstempel	- почтовый штемпель
Barüberschüsse	- излишки кассовой наличности
Barüberweisung	- перевод наличных денег
Barvergütung	- возмещение (компенсация) наличными
Barverkauf	- продажа за наличные (за наличный расчёт)
Barvermögen	- (денежная) наличность
Barvorrat	- наличный денежный резерв

Barvorschuß	- аванс (задаток) наличными; ссуда наличными
Barzahlungsgeschäft	- сделка за наличный расчёт, сделка за наличные, кассовая сделка
Barzahlungsrabatt	- скидка за платёж наличными
Zahlungsabkommen	- платёжное соглашение
- auf Clearingbasis	- платёжное соглашение на клиринговой основе
- auf Regierungsebene	- межправительственное платёжное соглашение
Zahlungsanweisende m	- лицо, дающее поручение произвести платёж
Zahlungsanweisung	- платёжное поручение, поручение произвести платёж
Zahlungsarten :	- **виды платежа:**
Zahlung bei Empfang der Ware	- платёж против товара
- durch Akkreditiv	- платёж посредством аккредитива
- durch direkte Rimesse	- прямое ремитирование
- durch direkte Tratte	- трассирование
- durch Rimesse	- ремитирование
- durch Tratte	- прямое трассирование
- durch vorausbestätigte Überweisung	- расчёты акцептованными поручениями
-, effektive	- 1. платёж в наличной валюте 2. платёж по тратте 3. платёж в валюте, указанной в переводном векселе
-, einmalige	- единовременный взнос
-, erstmalige	- первоначальный платёж
-, fällige	- платёж, по которому наступил срок
- gegen Dokumente	- платёж наличными против документов
- im Akzeptverfahren	- по акцептной форме расчётов
- im Clearingverkehr	- клиринговые расчёты
- im Fernverrechnungsverkehr	- иногородный платёж
- im Lastschriftverfahren	- безакцептный платёж
- in natura	- платёж натурой
- in Teilbeträgen	- выплата частями
-, jährliche	- ежегодный взнос
-, kommerzielle	- коммерческий платёж
-, monatliche	- ежемесячный взнос
-, nicht kommerzielle	- неторговый платёж
- per Akkreditiv	- платёж посредством аккредитива
-, regelmäßig wiederkehrende	- периодический платёж
-, rückständige (säumige)	- просроченный платёж
-, termingerechte	- своевременный платёж
- über Akkreditiv	- платёж посредством аккредитива
-, überfällige	- просроченный платёж
-, umsatzabhängige	- платёж по оборотам
-, unstreitige	- бесспорный платёж
- von Stützgeldern (von Zuschüssen)	- субсидирование
-, vorfristige	- досрочный платёж
-, vorrangige	- первоочередной платёж

- eines Zuschlages	- дополнительная плата, дополнительный платёж
Abschlags -	- 1. аванс 2. выплата в рассрочку 3. предварительный взнос
Akonto -	- частный платёж, платёж в рассрочку; аванс, авансовый платёж, предварительный взнос
Amortisations -	- амортизационный платёж
Ehren -	- платёж "за честь ", платёж по поручительству
Geld -	- денежный платёж
Jahres -	- ежегодный платёж
Kassa -	- уплата наличными (деньгами)
Kreditrück -	- платёж по ссудам
Lizenz -	- лицензионный платёж
Nach -	- дополнительный платёж
Pauschal -	- паушальный платёж
Raten -	- долевой платёж, платёж в рассрочку
Rest -	- платёж в окончательный рассчёт
Rück -	- возвратный платёж
Sicht -	- платёж по предъявлению (документа)
Termin -	- срочный платёж
Tilgungs -	- платёж по погашению задолженности
Wechsel -	- платёж по векселю
Zug- um- Zug -	- платёж непосредственно против встречного исполнения

Zahlungsverkehr - платёжный оборот

Zahlung	- платёж, уплата, взнос
an - statt nehmen	- принять / принимать вместо платежа
gegen -	- против платежа
in - nehmen	- принять / принимать к платежу
mangels -	- из- за неуплаты
mit der - im Rückstand sein	- запоздать / запаздывать с платежом /с уплатой
mit der - in Verzug geraten (kommen)	- просрочить / просрочивать платёж
die - auf Raten verteilen	- рассрочить / рассрочивать платёж
die - ausführen	- произвести / производить платёж
die -en einstellen	- прекратить / прекращать платежи
der - enthoben sein	- быть освобождённым от уплаты
die - entrichten	- произвести / производить платёж
die - kompensiert	- платёж компенсирован встречным исполнением
die - leisten	- произвести / производить платёж
zur - vorlegen	- предъявить / предъявлять к платежу
- an Lieferanten	- расчёты с поставщиками
- auf Auslandsverbindlichkeiten	- платежи по иностранным кредитам
-, bankmäßige	- платёж посредством чека, аккредитива или через банк

zahlbar	- 1. подлежащий оплате 2. с платежом

etwas - machen	- вы́писать / выпи́сывать к упла́те
ist - bei Ablieferung	- подлежа́щий опла́те при доста́вке
ist - bei Sicht	- подлежа́щий опла́те по предъявле́нии докуме́нта
ist - bei Verfall	- подлежа́щий опла́те по наступле́нии сро́ка
ist - bei Vorlegung des Dokuments	- подлежа́щий опла́те по предъявле́нии докуме́нта
zahlen	- уплати́ть / плати́ть, оплати́ть / опла́чивать
in Raten -	- уплати́ть / плати́ть в рассро́чку
pünktlich -	- уплати́ть / плати́ть в срок
säumig -	- задержа́ть / заде́рживать платёж
Zahler	- плате́льщик
-, säumiger	- неспра́вный плате́льщик
Zahlkarte	- карто́чка взно́са де́нег на че́ковый теку́щий счёт при почто́вом отделе́нии; почто́во - че́ковый перево́дный бланк
Zahlstelle	- ме́сто платежа́, ка́сса
Zahlstellengeschäft	- опера́ции по опла́те ба́нком проце́нтных и дивиде́ндных купо́нов
Zahlstellenwechsel	- ве́ксель, домицили́рованный в ба́нке по ме́сту жи́тельства трасса́та
Zahltag	- день платежа́; день вы́дачи за́работной пла́ты
Zahlungsaufforderung	- тре́бование произвести́ платёж, напомина́ние о платеже́
Zahlungsaufschub	- отсро́чка платежа́, морато́рий
-, befristeter	- отсро́чка платежа́, ограни́ченная определённой да́той
Zahlungsauftrag	- платёжное поруче́ние
Zahlungsausgang	- платёж
Zahlungsausgleich	- выра́внивание / балансиро́вка платеже́й; расчёты
Zahlungsbedingungen	- усло́вия платежа́
Zahlungsbefugnis	- полномо́чия на проведе́ние платежа́
Zahlungsbereitschaft	- гото́вность предприя́тия вы́полнить свои́ обяза́тельства по погаше́нию платеже́й
Zahlungsbilanz	- платёжный бала́нс
-, laufende	- теку́щий платёжный бала́нс
- nach Ländern	- платёжный бала́нс по стра́нам
- nach Währungsgebieten	- платёжный бала́нс по валю́тным зо́нам
Zahlungsbilanzabrechnung	- отчётный платёжный бала́нс
Zahlungsbilanzausgleich	- выра́внивание платёжного бала́нса
Zahlungsbilanzgleichgewicht	- равнове́сие платёжного бала́нса
Zahlungsbilanzkrise	- кри́зис платёжного бала́нса
Zahlungsbilanzreserven	- валю́тные резе́рвы
Zahlungsbilanzschwierigkeiten	- затрудне́ния в балансиро́вании платёжного бала́нса
Zahlungsdisziplin	- платёжная дисципли́на
Zahlungsdokument	- платёжный докуме́нт
Zahlungsdomizil	- домици́лий
Zahlungseingang	- поступле́ние платежа́
Zahlungseinstellung	- приостано́вка / прекраще́ние платеже́й

Zahlungsempfänger	- получатель платежа; ремитент
Zahlungserleichterung	- улучшение условий платежа
zahlungsfähig	- платежеспособный; ликвидный
Zahlungsfähigkeit	- платежеспособность; ликвидность
-, zweifelhafte	- сомнительная платежеспособность
Zahlungsforderung	- платёжное требование
Zahlungsfreigrenze	- предельная сумма, которая может быть перечислена за границу без специального разрешения
Zahlungsfrist	- срок платежа
die - einhalten	- соблюдать (выдержать / выдерживать) сроки платежа
-, festgelegte	- срок, установленный для оплаты; установленный срок платежа
-, gesetzliche	- срок платежа, установленный законом
Zahlungsklausel	- пункт договора о порядке платежа
Zahlungskredit	- платёжный кредит
Zahlungskürzung	- декорт
Zahlungsleistung	- платёж
Zahlungsminderung	- декорт
Zahlungsmittel	- 1. средство платежа (функция денег) 2. средство платежа, платёжное средство
-, allgemeines	- всеобщее средство платежа
-, ausländisches	- девизы
-, bares (Sorten oderValuta)	- наличное средство платежа
-, gesetzliches	- средство платежа, установленное законом
-, inländisches	- национальная валюта
-, internationales	- международное средство платежа
-, unbares (Devisen)	- безналичное средство платежа
Zahlungsmittelumlauf	- денежное обращение
Zahlungsmodus	- форма (вид, способ) платежа, порядок платежей
Zahlungsorder	- платёжный ордер
Zahlungsort	- место платежа
Zahlungspapier	- платёжный документ
Zahlungsperiode	- период платежа
Zahlungspflicht	- обязанность произвести платёж
zahlungspflichtig	- подлежащий оплате
Zahlungspflichtige m	- лицо, обязанное произвести платёж; плательщик
Zahlungsplan	- план погашения
Zahlungsrabatt	- скидка с цены за платежи в короткие сроки
Zahlungsrisiko	- риск, связанный с отсутствием платежей
Zahlungsrückstände	- задолженность по платежам
Zahlungssaldo	- платёжное сальдо
Zahlungssatz	- такса
Zahlungsscheck	- чек, оплачиваемый наличными
Zahlungsschein	- письменное обязательство произвести платёж, долговая расписка
Zahlungsschwierigkeiten	- затруднения, связанные с проведением платежей
Zahlungssperre	- запрет на проведение платежей

Zahlungsstockung	- приостановка / прекращение платежей
Zahlungsstopp	- запрет на проведение платежей
Zahlungsstundung	- отсрочка платежа; рассрочка платежа
Zahlungstag	- день платежа
Zahlungstermin	- срок платежа
Zahlungstitel	- платёжный титул
Zahlungsüberhang	- превышение платежей над поступлениями
Zahlungsüberweisung	- платёжное поручение
Zahlungs- und Lieferbedingungen	- условия платежа и поставки
zahlungsunfähig	- неплатежеспособный, несостоятельный, обанкротившийся
für - erklären	- объявить / объявлять банкротом
- werden	- обанкротиться
Zahlungsunfähige m	- неплатежеспособный, несостоятельный
Zahlungsunfähigkeit	- неплатежеспособность, несостоятельность, банкротство
Zahlungsunion	- платёжный союз
-, Europäische	- Европейский платёжный союз
Zahlungsunterbrechung	- приостановка (прекращение) платежей
Zahlungsverbindlichkeit	- платёжное обязательство
Zahlungsverkehr	- 1. платёжный оборот 2. система расчётов
- am Platz	- внутригородские / одногородние расчёты
-, bankmäßig organisierter	- расчёт платежей через банк
-, bargeldloser	- безналичные расчёты
-, inländischer	- внутренний платёжный оборот
-, innerdeutscher	- внутригерманский платёжный оборот
-, internationaler	- международные расчёты
-, interner	- внутрибанковские расчёты
-, multilateraler	- многосторонние расчёты
-, nichtkommerzieller Natur	- расчёты по неторговым операциям
-, unbarer	- безналичные расчёты
Zahlungsvermittlung	- посредничество в платежах
Zahlungsverpflichtete m	- лицо, обязанное произвести платёж, плательщик
Zahlungsverpflichtung	- обязанность произвести платёж
Zahlungsverschreibung	- письменное обязательство произвести платёж, долговая расписка
Zahlungsversprechen	- платёжное обязательство, обязательство произвести платёж
Zahlungsverweigerung	- отказ произвести платёж
Zahlungsverzug	- задержка / просрочка платежа
Zahlungsvollmacht	- полномочия на проведение платежа
Zahlungsweise	- способ платежа
Zahlungszeitpunkt	- дата платежа
Zahlungszeitraum	- период платежа
Zahlungsziel	- срок платежа
Zahlwoche	- неделя, в течение которой должен быть произведён платёж, неделя платежа

Konto	счёт
Kontoarten:	- виды счёта:
- a meta	- счёт в равных долях
-, anonymes	- анонимный счёт
- a nuovo	- счёт переходящих сумм
-, belastetes	- дебетуемый счёт
-, bezogenes	- счёт, с которого должна быть произведена оплата
- der Außenwirtschaftsbeziehungen	- счёт внешних связей
-, erkanntes	- кредитуемый счёт
-, finto	- сметный счёт
- für dezentralisierte Verrechnungen	- счёт для децентрализированных расчётов
- für on-call-Geschäfte	- онкольный счёт
-, gebundenes	- жиросчёт
-, gegenaktives	- контрактив
-, gegenpassives	- контрпассив
-, gemischtes	- смешанный счёт
-, gesperrtes	- блокированный счёт
-, internes	- отдельный внебалансовый счёт
-, korrespondierendes	- корреспондирующий счёт
-, laufendes	- текущий счёт, контокоррентный счёт
-, lebendes	- лицевой счёт
-, loro	- счёт лоро, лороконто, лоро
-, morto	- неподвижный счёт
-, nostro	- счёт ностро, ностро
-, offenes	- открытый счёт
-, ordinario	- ординарный счёт, конто-ординарио
-, persönliches	- 1. лицевой счёт, личный счёт
-, seperato	- отдельный счёт, конто-сеперато
-, synthetisches	- счёт, синтетического учёта, синтетический счёт, главный счёт
-, totes	- неподвижный (мёртвый) счёт
-, transitorisches	- переходящий (транзиторный) счёт, счёт переходящих сумм
-, unverzinsliches	- беспроцентный счёт
-, verzinsliches	- процентный счёт
-, vivo	- лицевой счёт
-, zentrales	- централизированный счёт
-, zinsloses	- беспроцентный счёт
Abrechnungs -	- вспомогательный расчётный счёт
Agio -	- ажио- конто
Aktiv -	- активный счёт
Aktiv - Passiv -	- активно- пассивный счёт
Ander -	- счёт недееспособного лица
Anlage -	- имущественный счёт
Anleihe -	- ссудный счёт
Ausgabekonto	- расходный счёт
Ausländer-Sonder -	- специальный (валютный) текущий

	счёт для иностранцев
Auslands -	- счёт в иностранных (заграничных) банках
Außenbilanz -	- забалансовый счёт
Auszahlungs -	- дисбурсментский счёт
Aval -	- авальный счёт
Bank -	- банковский счёт
Betriebs -	- лицевой счет предприятия
Bilanz -	- балансовый счёт
Bilanzunter -	- балансовый счёт второго порядка
Brigaden -	- лицевой счёт производственной бригады
Clearing -	- клиринговый счёт
Darlehens -	- ссудный счёт
Debitoren -	- счёт дебиторов
Depositen -	- депозитный счёт
Devisen -	- инвалютный счёт
Disagio -	- счёт дизажио
Dividenden -	- счёт дивидендов
Durchgangs -	- промежуточный (транзиторный) счёт
Durchlauf -	- внебалансовый счёт
Effekten -	- счета по ценным бумагам
Einheits -	- единый счёт
Einkommens -	- счёт доходов
Einlagen -	- счёт вкладчика, депозитный счёт
Einzel -	- отдельный счёт
Ergebnis -	- результат-(ив)-ный счёт
Erlös -	- счёт прибылей и убытков, счёт доходов
Eröffnungsbilanz -	- счёт вступительного баланса
Ertrags -	- доходный счёт
Fest -	- блокированный счёт
Fondsumschlags -	- счёт оборота фонда производства
Forderungs -	- счёт дебиторов
Gegen -	- двойной или корреспондирующий счёт
Gehalts -	- счёт, на который переводится заработная плата
Geheim -	- секретный счёт
Gemeinschafts -	- общий счёт
Geschäfts -	- счёт взаимных расчётов предприятия со своими подразделениями
Grundmittel -	- счёт основных средств
Gutschrifts -	- кредитуемый счёт
Haushalts -	- бюджетный счёт
Hilfs -	- вспомогательный счёт
Inlands -	- внутренный счёт
Interims -	- промежуточный счёт
Inventar -	- инвентарный счёт
Kalkulations -	- калькуляционный счёт
Kapitalentwertungs -	- инфляционный счёт
Kapital -	- денежный счёт
Kasse -	- счёт кассы
Konsignations -	- консигнационный счёт
Kontokorrent -	- контокоррентный счёт

Kostenstellen -	- счёт затрат по местам их возникновения
Kostenträger -	- счёт затрат по видам продукций
Kredit -	- кредитный счёт
Kunden -	- личный счёт
Lager -	- счёт складированных материалов
Lieferer -	- счёт поставщиков
Lohn -	- 1. счёт по заработной плате 2. лицевой счёт налогоплательщика
Maschinenerneuerungs -	- счёт по отчислении на новую технику
Materialsbestands -	- статья материального баланса отражающая наличие товарно - материальных ценностей
Nostro -	- ностро, счёт ностро
Nummern -	- числовой счёт
Oder -	- совместные счета, распоряжатся которыми может каждый член кредитного общества в отдельности
on-call- -	- онкольный счёт
Partizipations -	- счёт по операциам соучредителей банковского консорциума
Passiv -	- счёт пассива
Personen -	- лицевой счёт
Postscheck -	- почтово- сберегательный счёт
Postspar -	- почтово- сберегательный счёт
Produktions -	- счёт производства
Rechnungseingangs -	- счёт поступивших от поставщиков счетов
Regulierungs -	- регулирующий счёт
Rücklagen -	- счёт резерва предстоящих платежей
Sach -	- основной счёт
Salden -	- штафель, штафельный счёт, сальдовый счёт
Sammel -	- собирательный счёт
Sammel- und Verteilungs -	- собирательно- распределительный счёт
Scheck -	- чековый счёт
Schlußbilanz -	- счёт заключительного баланса
Seperat -	- специальный счёт
Sichteinlagen -	- счёт бессрочного вклада
Soll -	- активный счёт, дебетовый счёт
Sonderbank -	- особый (специальный) банковский счёт, специальный счёт в банке
Spargiro -	- жиросчёт, переводночековый счёт
Spar -	- (лицевой) счёт в сберегательной кассе
Staffel -	- штафель, штафельный счёт, сальдовый счёт
Stücke -	- счёт ценных бумаг, сданных на хранение без описи
Sub -	- субсчёт
Transfer- Pfund -	- переводный счёт в фунтах стерлингов
Und -	- совместные счета, распоряжатся которыми могут только все члены общества сообща
Valuta -	- инвалютный счёт, счёт в иностранной валюте
Verkaufs -	- счёт продаж
Verrechnungs -	- рассчётный счёт

Verrechnungs- Unter -	- субрасчётный счёт
Verwahr -	- 1. теку́щий счёт для хране́ния депози́тов бюдже́тных учрежде́ний 2. счёт невыяснённых сумм на хране́нии
Vorschuß -	- ава́нсовый счёт
Vostro -	- во́стро- ко́нто, счёт во́стро
Währungs -	- валю́тный счёт
Wechsel -	- счёт ве́кселей
Zins -	- счёт по проце́нтам
Kontoführung	- **веде́ние счета́**
Konto	**- счёт**
auf -	- на счёт
auf ein - überweisen	- перевести́ / переводи́ть , перечи́слиь / перечисля́ть на счёт
ein - eröffnen	- откры́ть / открыва́ть счёт
ein - errichten	- установи́ть / устана́вливать счёт
ein - führen	- вести́ / води́ть счёт
ein - schließen	- закры́ть / закрыва́ть счёт
ein - sperren	- блоки́ровать счёт
zu Lasten des - eine Forderung einziehen	- взыска́ть / взы́скивать, инкасси́ровать тре́бование за счёт друго́го лица́
Überweisung:	- **перево́д, перечисле́ние (де́нег)**
-, drahtliche	- телегра́фный перево́д
-, nicht ausgeführte	- неосуществлённый перево́д
-, rückläufige	- поруче́ние ба́нку или сберега́тельной ка́ссе осуществи́ть периоди́ческие платежи́
Überweisungsauftrag	- платёжное поруче́ние
- im Fernverkehr	- иногоро́дное платёжное поруче́ние
- im Platzverkehr	- ме́стное платёжное поруче́ние, внутригородско́е платёжное поруче́ние
- mit Bankbestätigung	- платёжное поруче́ние, акцепто́ванное ба́нком
Überweisungssammelauftrag	- сво́дное платёжное поруче́ние
Überweisungsscheck	- расчётный чек
Überweisungsträger	- субъе́кт платёжного поруче́ния
Überweisungsverfahren	- ме́тод безнали́чных расчётов
Überweisungsverkehr	- безнали́чный расчёт
Lastschrift:	- за́пись в дебе́т счёта
Lastschriftauftrag	- инка́ссовое поруче́ние
Lastschriftverfahren:	- расчёты в поря́дке инка́ссо, расчёты по инка́ссо
Abbuchungs -	- списа́ние со счета́, бесспо́рное взыска́ние
Einziehungs -	- спо́соб инкасса́ции платёжных тре́бований

Kontoabschluß	- заключе́ние (закры́тие) счёта
Kontoauszug	- вы́писка из счёта
Kontoeröffnung	- откры́тие счёта
Kontogegenbuch	- расчётная кни́га
Kontoguthaben	- су́мма, находя́щаяся на счета́х
Kontoinhaber	- владе́лец ли́чного счёта
Kontokorrent	- контокорре́нт, контокорре́нтный счёт
Kontokorrentauszug	- вы́писка из контокорре́нтного счёта
Kontokorrentkonto	- контокорре́нтный счёт
Kontokorrentkredit	- контокорре́нтный креди́т, креди́т по контокорре́нтному счёту
Kontokorrentrechnung	- контокорре́нт
Kontokorrentvertrag	- догово́р об осуществле́нии взаи́мных расчётов с по́мощью контокорре́нтного счёта
Kontonummer	- но́мер счёта
Kontooriginal-Form	- фо́рма копиручёта, при кото́рой ка́рточка ли́цевого счёта накла́дывается для за́писи на ка́рточку журна́ла
Kontorechnung	- счетово́дство
-, funktionale	- функциона́льное счетово́дство
Kontosperre	- блокиро́вка счёта
Kontovertrag	- догово́р об откры́тии счёта
Kontovortrag	- перено́с на счёт
Kontosaldo:	**- са́льдо счёта:**
den - gutmachen	- покры́ть / покрыва́ть ра́зницу
Saldoanerkennung	- призна́ние са́льдо должнико́м
Saldoarten:	**- ви́ды са́льдо:**
Aktiv -	- акти́вное (дебе́товое) са́льдо
Außenhandels -	- са́льдо внешнеторго́вого бала́нса
Clearing -	- са́льдо по кли́ринговым счета́м, кли́ринговое са́льдо, са́льдо кли́ринга
Haben-	- креди́товое (отрица́тельное) са́льдо, креди́товый оста́ток
Konto -	- са́льдо счёта
Kredit -	- креди́товое са́льдо
Passiv -	- пасси́вное са́льдо
Plus -	- положи́тельное (акти́вное) са́льдо
Rest -	- коне́чное са́льдо
Soll -	- дебе́товое (положи́тельное, акти́вное) са́льдо
Verlust -	- отрица́тельное (пасси́вное) са́льдо
Zahlungs -	- платёжное са́льдо
Kontoseite	**- сторона́ счёта**
-, linke (Soll:)	**- дебе́т, дебе́т счёта**
im - buchen	- занести́ / заноси́ть в дебе́т (счёта)

Sollbestand	- дебетовое сальдо, остаток по дебету
Sollbuchung	- запись (занесение) в дебет
Solleinnahme	- запланированный доход
Solletat	- проект бюджета
Sollgröße	- номинальный размер
Sollkonto	- активный счёт, дебетовый счёт
Sollkosten	- плановые издержки, плановые расходы, плановые затраты; номинальные затраты
Sollkostenrechnung	- расчёт плановых издержек
Sollmenge	- плановое количество; номинальное количество
Sollsaldo	- дебетовое (положительное, активное) сальдо
Sollseite	- дебетовая сторона, дебет
Sollspanne	- скалькулированная торговая накидка
Sollüberschuß	- 1. плановое превышение доходов над расходами по бюджету 2. плановый остаток
Sollumsatz	- 1. плановый оборот 2. дебетовый оборот, оборот по дебету
Sollversteuerung	- обложение налогом согласованного, но ещё не полученного вознаграждения
Sollwert	- 1. заданное (задаваемое) значение, заданный (задаваемый) показатель; номинальное значение 2. номинальная стоимость
Sollzinsabkommen	- соглашение о процентах по кредиту
Sollzinsen	- проценты, получаемые кредитором
-, rechte (Haben:)	**- кредит, кредит счёта**
in das - buchen	- кредитовать счёт; записать / записывать (занести / заносить) в кредит
Habenbestände	- авуары; кредиты, активы
Habenbuchung	- запись (занесение) в кредит
Habenposition	- статья кредита, кредитовая статья
Habensaldo	- кредитовое (отрицательное) сальдо, кредитовый остаток
Habenseite	- кредитующая сторона
Habenumsatz	- оборот по кредиту
Habenzinsabkommen	- соглашение о процентах по кредиту
Habenzinsen	- проценты, уплачиваемые банком по вкладам и кредитам
Girokonto :	**- жиросчёт:**
Giro	- 1. жиро, индоссо, индоссамент, передаточная надпись (на векселе) 2. жирооборот, безналичный расчёт
-, beschränktes	- ограниченный индоссамент
- in blanko	- бланковая передаточная надпись, бланковый индоссамент

-, volles	- по́лная переда́точная на́дпись, по́лный индосаме́нт
Giroabteilung	- перево́дный отде́л, жироотде́л (ба́нка)
Giroanweisung	- жироприка́з
Girobank	- жироба́нк
Giroeinlagen:	**- вкла́ды на расчётных и контокорре́нтных счетах**
Einlage	- вклад
-, kurzfristige	- краткосро́чный вклад
-, langfristige	- долгосро́чный вклад
- mit einjähriger Kündingungsfrist	- сро́чный вклад на один год
- ohne bestimmte Kündingungsfrist	- бессро́чный вклад
-, stille	- негла́сный вклад
-, unbefristete	- бессро́чный вклад
-, verzinsliche	- проце́нтный вклад
Einlagebuch	- расчётная кни́жка вкла́дчика, сберега́тельная кни́жка
Einlagegläubiger	- вкла́дчик
Einlagekapital	- вклад (па́йщика); вло́женный капита́л
Einlagen	- (де́нежные) депози́ты
-, ausstehende	- су́ммы, причита́ющиеся о́бществу от компаньо́нов
Einlageabfluß	- отли́в вкла́дов
Einlagenarten:	**- ви́ды вкла́дов:**
Sicht -:	- бессро́чные вкла́ды, вкла́ды до востре́бования
Kunden -	- вкла́ды клие́нтов
Banken -	- (де́нежные) вкла́ды в банк
-, befristete (Termin-)	- сро́чные вкла́ды
Spar -	- сберега́тельные вкла́ды
Einlagenbestand	- су́мма теку́щих счетов, су́мма вкла́дов
Einlagenkonto	- счёт вкла́дчика, депози́тный счёт
Einlagenpolitik	- поли́тика вкла́дов
Einlagensumme	- о́бщая су́мма вкла́дов или депози́тов
Einlagenzinsfuß	- проце́нтная ста́вка по вкла́дам, проце́нты по вкла́ду
Girogeld	- де́ньги ба́нковского жирооборо́та
Girogeschäft	- жирооборо́т, жироопера́ции, жирорасчёты,
Giroguthaben:	**- су́ммы на жиросчёте**
Guthaben:	- акти́вы; креди́товое са́льдо на счета́х клие́нта аву́ары; вклад
-, ausländisches	- иностра́нные аву́ары
-, befristetes	- сро́чный вклад
-, durch namenloses Sparen gebildetes	- вклад на предъяви́теля
	- сро́чный вклад

- im Rahmen des Prämien-oder Gewinnsparens	- выигрышный вклад
-, jederzeit verfügbares	- бессрочный вклад
-, kündbares	- срочный вклад
- mit täglicher Kündigung	- вклад до востребования
- dem Staatserbrecht unterliegendes	- выморочный вклад
-, totes (umsatzloses)	- неподвижный вклад
-, unbefristetes	- бессрочный вклад
-, verzinsliches	- процентный вклад
Guthabenklausel	- оговорка о наличии остатка на счёте
Guthabenumstellung	- переоценка вкладов
Guthabenarten:	**- виды вклада:**
Auslands -	- иностранные авуары
Bar -	- денежный вклад
Bauspar -	- целевой жилищно - сберегательный вклад
Geschäfts -	- общая сумма паевых взносов членов товарищества
Inhaberspar -	- вклад на предъявителя
Namens -	- именной вклад
Neugeld -	- денежные средства на текущих счетах
Nostro -	- актив ностро
Schein -	- мнимый вклад
Sperr -	- блокированные авуары, блокированный счёт
Ziel -	- условный вклад
Girokasse	- жирокасса, расчётная касса
Girokonto	- жиросчёт
Gironetz	- сеть жиробанков
Giroobligo	- обязательство по передаточным надписям
Giroprimanota	- мемориял жирооборота
Giroverbindlichkeit	- обязательство по передаточным записям
Giroverkehr	- жирооборот
Girowechsel	- переводный вексель
Girozentrale	- жироцентраль
Konten	- счета
-, gemischte	- смешанные счета
-, provisionsfreie	- счета, свободные от начисления комиссии с оборота
-, provisionspflichtige	- счета, по которым начисляется комиссия с оборота
- des Reinvermögens	- счета чистого имущества
-, ruhende	- счета, по которым редко проводятся записи
-, transferable	- переводные счета
Kontenabstimmung	- согласование счетов
Kontenausgleich	- сбалансирование счетов
Kontenbestand	- средства, числящиеся на счёте
Kontenblatt	- карточка лицевого счёта; страница лицевого счёта

Konteneintragung	- занесение в счёт, проводка по счёту
Kontenführung	- ведение счетов
Kontenglattstellung	- восстановление кредитов
Kontengliederung	- классификация счетов
Kontengruppe	- группа счетов
Konteninhaber	- владелец счёта
Kontenklasse	- раздел номенклатуры счетов; раздел счётного плана
Kontenkontrolle	- проверка записей на счетах
kontenmäßig	- по (согласно) счетам
Kontennummer	- шифр счёта
Kontenplan	- счётный план
Kontenrahmen	- номенклатура счетов
-, vereinfachter	- суженная номенклатура счетов
Kontenregister	- перечень счетов
Kontenregulativ	- порядок регулирования взаимных расчётов
Kontensperre	- арест счёта, арест вклада, блокирование счёта
Kontenstand	- состояние счетов
Kontensystematik	- классификация счетов
kontentieren	- оплатить / оплачивать
Kontenumsatz	- обороты по счетам
Kontenuntergruppe	- подгруппа счетов
Kontenverfügung	- распоряжение счетом
Kontenverzeichnis	- реестр счетов

Scheck	**чек**
Scheckarten:	- **виды чека:**
-, bestätigter	- подтверждённый (акцептованный) чек
-, durchkreuzter(gekreuzter)	- кроссированный (перечёркнутый) чек, кросс- чек
-, grüner	- зелёный чек (жирочек)
-, offener	- открытый чек
-, roter	- красный чек (жирочек)
-, ungedeckter	- непокрытый чек
-, verfallener	- просроченный чек
Bank -	- банковский чек, чек на банке
Bar -	- чек на оплату наличными, кассовый (открытый , некроссированный) чек
Blanko -	- бланко- чек, незаполненный чек, чистый чек
Distanz -	- иногородний чек
Einheits -	- стандартный чековый формуляр
Einzel -	- отделный чек
Euro -	- европейский чек
Fern -	- иногородний чек
Inhaber -	- чек на предъявителя
Kassa -	- чек на предъявителя, предъявительский чек
Kunden -	- чек клиента

Namens -	- именно́й чек
Order -	- о́дерный чек
Platz -	- одногоро́дний (ме́стный) чек
Postkarten - [bis 3000 DM]	- расчётный чек в фо́рме почто́вой откры́тки
Post -	- (де́нежный) чек, предъявля́емый к опла́те в почто́вом отделе́нии, чек по теку́щему счёту при почто́вом отделе́нии
Prima -	- первокла́ссный ба́нковский чек
Reise - (Traveller -)	- доро́жный (тури́стский) чек
Retour -	- неопла́ченный чек
Überbringer -	- чек на предъяви́теля, предъяви́тельский чек
Verrechnungs -	- расчётный чек, жирочéк, кросси́рованный (перечёркнутый) чек
Versand -	- иногоро́дний чек
Waren -	- креди́тный чек
Zahlungs -	- чек, опла́чиваемый нали́чными
Scheckverkehr	**- че́ковый оборо́т**
einen - ausstellen	- вы́писать / выпи́сывать чек
einen - einlösen	- уплати́ть / плати́ть по че́ку
Scheckabrechnung	- взаи́мный зачёт че́ков
Scheckabteilung	- отде́л че́ковых опера́ций (ба́нка)
Scheckaussteller	- чекода́тель
Scheckaustauschstelle	- пункт взаи́много зачёта че́ков
Scheckbedingungen	- обяза́тельные реквизи́ты че́ка
Scheckbetrag	- су́мма че́ка
Scheckbetrug	- вы́дача непокры́тых че́ков
Scheckbuch	- че́ковая кни́жка
Scheckbürgschaft	- поручи́тельство по че́ку
Scheckdiskontierung	- дисконти́рование че́ков
Scheckeinzugskonto	- счёт докуме́нтов, при́нятых или сда́нных на инка́ссо
Scheckempfänger	- получа́тель че́ка
Scheckfähigkeit	- че́ковая правоспосо́бность
-, aktive	- акти́вная че́ковая правоспосо́бность
-, passive	- пасси́вная че́ковая правоспосо́бность
Scheckfälschung	- подде́лка (подде́лывание) че́ков
Scheckformular	- че́ковый формуля́р
Scheckgelder	- че́ковые де́ньги
Scheckgesetz	- че́ковый зако́н
Scheckheft	- че́ковая кни́жка
Scheckindossament	- че́ковый индоссаме́нт
Scheckinhaber	- чекодержа́тель, предъяви́тель че́ка
Scheckinkasso	- инка́ссо (инкасси́рование) че́ков
Scheckkarte	- че́ковая ка́рточка
Scheckkurs	- че́ковый курс
Scheckprozeß	- упрощённый поря́док взыска́ния суде́бным

органом чекового требования
Scheckregister - реестр чеков
Scheckrückgriff - регресс по чеку
Scheckrückrechnung - обратный счёт при неуплате по чеку
Schecksperre - запрещение платежа по чеку
Scheckverfahren - чековые расчёты
Scheckverkehr - чековый оборот
Scheckvordruck - чековый бланк

Wechsel m - **вексель**

Wechselarten - **виды векселя**

-, abgelaufener - просроченный вексель
-, akzeptierter - акцептированный вексель, акцепт
- an eigene Order - вексель собственному приказу
- an fremde Order - вексель чужому приказу
-, auf das Ausland gezogener - иностранный (заграничный) вексель, иностранная (заграничная) тратта
-, ausländischer - иностранный вексель
-, avalisierter - вексель, по которому совершён аваль, авалированный вексель
-, a vista - вексель на предъявителя
-, bankfähiger - учётоспособный вексель, вексель, принимаемый банком к учёту
-, befristeter - вексель по срокам платежа на определённый день
-, begebbarer - оборотный вексель
-, begebener - пущенный в обращение индоссированный вексель, вексель, переданный путём индоссирования
-, betagter - просроченный вексель
-, bezahlter - оплаченный вексель
-, diskontfähiger - учётоспособный вексель
-, diskontierter - учтённый вексель
-, diskontunfähiger - неучётоспособный вексель
-, domizilierter - домилицированный вексель
-, echter - подлинный вексель
-, eigener - простой / прямой вексель, соловексель
-, eingelöster - оплаченный вексель
-, fälliger - вексель, срок уплаты которого наступил
-, falscher oder beschädigter - подложный вексель
- für fremde Rechnung - комиссионная тратта
-, "geplatzter" - опротестованный вексель
-, gezogener - переводный вексель, тратта
-, honorierter - оплаченный вексель
-, indossierter - индоссированный вексель, вексель с передаточной надписью
-, konditionierter - вексель, оплата которого связана с определёнными условиями
-, kurzer (kurzfristiger) - краткосрочный вексель
-, langer (langfristiger) - долгосрочный вексель
- mit anhängenden Papieren - документированная тратта
-, mittelfristiger - среднесрочный вексель

-, mittelfristiger	- среднесрочный вексель
-, negoziabler	- оборотный вексель
-, noch nicht girierter	- неиндоссированый (первоначальный) вексель
-, notleidender	- неоплаченный (невыкупленный, "больной ") вексель
-, offener	- бланковой вексель
-, präzisierter	- вексель со сроком платежа
-, privater	- частный вексель
-, protestierter	- опротестованный вексель
-, rediskontierter	- переучтённый вексель
-, sicherer	- надёжный вексель
-, trassierter	- переводный вексель, тратта
-, trockener	- простой (прямой) вексель
-, überfälliger	- просроченный вексель
-, unbegebbarer	- необоротный вексель
-, unbezahlter	- неоплаченный вексель
-, unechter	- подложный вексель
-, ungedeckter	- непокрытый вексель
-, vermißter	- утерянный вексель
-, weiterbegebener	- пущенный в обращение индоссированный вексель
-, zu Protest gegangener	- опротестованный вексель
Wechselsonderformen :	**- особые формы векселя:**
Akzeptanten -	- вексель акцептанта, акцептный вексель
Auftrags -	- краткосрочный вексель, вексель на инкассо
Ausgleichs -	- римесса
Aval -	- гарантийный вексель
Besitz -	- римесса, вексель по получению
Blanko -	- бланко- вексель, бланковый вексель
Bürgschafts -	- гарантийный вексель
Depot -	- обеспечительский вексель, вексель переданный банку в качестве обеспечения
Diskont -	- учтённый вексель
Distanz -	- иногородний вексель
Eigen -	- простой вексель, соловексель
Einheits -	- стандартный бланк векселя
Finanz -	- финансовый вексель
Frist -	- срочный вексель, вексель с указанием срока платежа
Gefälligkeits -	- дружеский вексель
Gegen -	- встречный вексель
Handels -	- коммерческий (торговый) вексель
Inhaber -	- вексель на предъявителя
Inkasso -	- вексель на инкассо
Inlands -	- вексель внутренного обращения
Jahrmarkts -	- ярмарочный вексель
Keller- oder Reit -	- бронзовый (дутый, фиктивный) вексель
Kommandit -	- филиальный переводный вексель
Kommerz -	- торговый (коммерческий) вексель
Kunden -	- вексель покупателя
Markt -	- ярмарочный вексель

Platz -	- ме́стный ве́ксель
Präzis -	- ве́ксель со сро́ком платежа́ на определённый день
Prima -	- "при́ма", при́ма- ве́ксель
Prolongations -	- пролонги́рованный ве́ксель
Raten -	- ве́ксель, погаша́емый частя́ми
Rekta -	- ре́кта- ве́ксель; именно́й ве́ксель
Rück -	- обра́тный ве́ксель
Schein -	- фикти́вный (ду́тый) ве́ксель
Schuld -	- тра́тта, ве́ксель к платежу́
Sekunda -	- секу́нда, секу́нда- ве́ксель
Sicherheits -	- обеспечи́тельский ве́ксель
Sola -	- со́ло- ве́ксель, просто́й ве́ксель
Spekulations -	- спекуляти́вный ве́ксель
Ultimo -	- ве́ксель- у́льтимо
Uso -	- ве́ксель на срок, устано́вленный торго́вым обы́чаем
Versand -	- иногоро́дний ве́ксель
Vista -	- ве́ксель на предъяви́теля
Vorschuß -	- ава́нсовый ве́ксель
Zahlstellen -	- ве́ксель, домицили́рованный в ба́нке по ме́сту жи́тельства трасса́та

Wechselumlauf - **вексе́льный оборо́т**

einen - akzeptieren	- акцептова́ть ве́ксель
einen - an jemandes Order zahlbar machen	- вы́ставить / выставля́ть ве́ксель
einen - anbieten	- предложи́ть / предлага́ть ве́ксель
einen - annehmen	- акцептова́ть вексель
einen - ausstellen	- вы́ставить / выставля́ть (трасси́ровать, вы́дать / выдава́ть) ве́ксель
einen - begeben	- пусти́ть / пуска́ть ве́ксель в обраще́ние, переда́ть / передава́ть ве́ксель путём индосси́рования/ путём соверше́ния переда́точной на́дписи
einen - diskontieren	- уче́сть / учи́тывать (дисконти́ровать) ве́ксель
einen - diskontieren lassen	- предста́вить / представля́ть ве́ксель к учёту
einen - domizilieren	- домицили́ровать ве́ксель
einen - einkassieren	- инкасси́ровать ве́ксель
einen - einlösen	- уплати́ть / плати́ть по ве́кселю; оплати́ть / опла́чивать ве́ксель
einen - einreichen	- предъяви́ть / предъявля́ть, предоста́вить / предоставля́ть ве́ксель
einen - einziehen	- инкасси́ровать ве́ксель
einen - erneuern	- пролонги́ровать ве́ксель
einen - eskontieren	- предста́вить / представля́ть ве́ксель к учёту
einen - garantieren	- поручи́ться / руча́ться за платёж по ве́кселю
einen - girieren	- индосси́ровать ве́ксель
der - ist fällig	- срок ве́кселя истёк, срок опла́ты ве́кселя наступи́л
einen - Not leiden lassen	- просро́чить / просро́чивать ве́ксель
einen - präsentieren	- предъяви́ть / предъявля́ть ве́ксель к приня́тию
einen - prolongieren	- пролонги́ровать ве́ксель

einen - vorlegen	- предъявить / предъявлять вексель к принятию
einen - zahlbar stellen	- предъявить / предъявлять вексель к оплате
einen - ziehen	- выставить / выставлять вексель
einen - zu Protest gehen lassen	- опротестовать / протестовать вексель, предъявить / предъявлять вексель к протесту
einen - zurückziehen	- изъять / изымать вексель из обращения
Wechselabschrift	- копия векселя
Wechselabteilung	- отдел банка, занимающийся учётом векселей и техническими операциями
Wechseladresse	- фамилия трассата (плательщика по векселю)
Wechselagent	- билль- брокер
Wechselakzept	- 1. акцепт-(ование) векселя, принятие векселя к платежу 2. акцептованный вексель, акцепт
Wechselangaben	- вексельные реквизиты
Wechselanlage	- вложение, помещение векселя
Wechselannahme	- ацепт (-ование) векселя, принятие векселя к платежу
Wechselausfertigung	- экземпляр (переводного) векселя
Wechselaussteller	- векселедатель, трассант
Wechselausstellung	- выставление (трассирование, выдача) векселя
Wechselbank	- учётный банк
Wechselbegebung	- передача векселя путём совершения передаточной надписи
Wechselbeitreibung	- взыскание по векселю
Wechselbetrag	- сумма векселя
Wechselbezogener	- трассат, плательщик по векселю
Wechselblankett	- бланковый вексель
Wechselbörse	- фондовая биржа
Wechselbrief	- вексель
Wechselbürge	- авалист, поручитель по векселю
einen - stellen	- представить / представлять авалиста
Wechselbürgschaft	- аваль, поручительство по векселю
die - leisten	- дать / давать вексельное поручительство, поставить / ставить аваль по векселю
Wechseldeckung	- покрытие (обеспечение) векселя
Wechseldiskont	- дисконт, учётный процент
Wechseldiskontierer	- дисконтёр (векселей)
Wechseldiskontierung	- дисконтирование (учёт) векселей
Wechseldiskontkredit	- учётный кредит
Wechseldomizil	- домициль по векселю
Wechseldoppelschrift	- дубликат векселя
Wechseleinrede	- ответные претензии должника по векселю к векселедержателю
Wechseleinzug	- инкассация (инкассо) векселей
Wechselfähigkeit	- вексельная дееспособность
Wechselfälligkeit	- истечение срока
Wechselfälligkeitsdatum	- срок платежа по векселю
nach Verfallszeit:	- по сроку платежа по векселю:

Dato - — да́тове́ксель

Nachsicht - — ве́ксель, подлежа́щий опла́те в определённый срок по́сле предъявле́ния

Sicht - — ве́ксель на предъяви́теля

Tages - — да́то-ве́ксель, ве́ксель со сро́ком, исчи́сленный со дня вы́дачи

Wechselfälschung — подло́г (подде́лка) ве́кселей

Wechselforderung — ве́ксельное тре́бование, тре́бование по ве́кселю

Wechselformular — ве́ксельный бланк

Wechselgarantie — гара́нтия по ве́кселю, гара́нтия по вы́купу (по опла́те) ве́кселя

Wechselgeschäft — 1. ве́ксельные опера́ции ба́нков 2. ба́нковские опера́ции по обме́ну валю́ты

Wechselgesetz — ве́ксельный уста́в, зако́н, регули́рующий ве́ксельные опера́ции

Wechselgirant — ве́ксельный индосса́нт

Wechselgiro — переда́точная на́дпись на ве́кселе, индоссаме́нт

-, volles — именно́й индоссаме́нт

Wechselgläubiger — креди́тор по ве́кселю

Wechselinhaber — векселедержа́тель

-, regreßnehmender — регресса́нт

Wechselinkasso — инкасса́ция (инка́ссо) ве́кселей

Wechselinkassogeschäft — опера́ции ба́нка по инкасса́ции ве́кселей

Wechselintervention — ве́ксельная интерве́нция

Wechselklage — иск по ве́кселю

Wechselklausel — ве́ксельная ме́тка

Wechselkommission — поку́пка и прода́жа ве́кселей на комиссио́нных нача́лах

Wechselkonto — счёт ве́кселей

Wechselkopie — ко́пия ве́кселя

Wechselkopierbuch — кни́га (журна́л) регистра́ции поступа́ющих ве́кселей

Wechselkredit — ве́ксельный креди́т

Wechselkurs — валю́тный (ве́ксельный, интервалюта́рный) курс, курс валю́т

-, einheilicher — еди́ный валю́тный курс

-, fester — твёрдый валю́тный курс

-, freier, flexibler — свобо́дный валю́тный курс

-, freischwankender — свобо́дно коле́блющийся валю́тный курс

Höchst - — максима́льный курс

Mittel - — курс в середи́не дня

Niedrigst - — минима́льный курс

-, starrer — твёрдый курс

-, überbewerteter — завы́шенный валю́тный курс

-, unterbewerteter — зани́женный валю́тный курс

Wechselkurszettel — табли́ца ку́рсов иностра́нных валю́т

Wechsellagen — конъюнкту́ра

Wechsellombard — вы́дача ссуд под зало́г ве́кселей

Wechselmakler — билль - бро́кер, ве́ксельный ма́клер

Wechselmarke — ве́ксельная ма́рка

Wechselmesse — ве́ксельная я́рмарка, я́рмарка камби́стов

Wechselmoratorium - отсрочка платежа
Wechselnehmer - ремитент, получатель платежа по векселю
Wechselobligo - сумма общей задолженности по векселям
Wechselorder - ремитент, получатель платежа по векселю
Wechselordnung - вексельный устав
Wechselpensionsgeschäft - операция по предоставлению ссуды под залог векселей
Wechselportefeuille - вексельный портфель, портфель векселя
Wechselprolongation - пролонгация векселя
Wechselprotest - опротестование векселя
Wechselprozeß - упрощённое (ускоренное) судебное производство по вексельным делам
Wechselrechnung - исчисление дисконтной суммы; расчёт по учёту векселей
Wechselrecht - вексельное право
-, einheitliches - единое вексельное право
Wechselrediskont - переучёт векселей
Wechselregreß - вексельный регресс, обратное требование по векселю
Wechselreiterei - операции с бронзовыми (дутыми, фиктивными) векселями, выдача бронзовых векселей, махинации с векселями
Wechselremittierung - ремитирование посредством векселей
Wechselrückrechnung - счёт, предъявляемый регрессантом регрессату
Wechselschuld - долг в вексельной форме, долг по векселю
Wechselschuldner - должник по векселю
Wechselskonto - вспомогательная бухгалтерская книга учёта векселей в банке
Wechselstelle - пункт обмена иностранной валюты
Wechselsteuer - вексельный сбор, вексельный налог
Wechselstrenge - вексельная строгость
Wechselsumme - вексельная сумма
Wechselübernehmer - индоссат
Wechselumlauf - вексельный оборот
Wechselvaluta - валюта векселя
Wechselverbindlichkeiten - обязательства по векселям
Wechselverjährung - наступление давности по векселю
Wechselwert - стоимость векселя, вексельная валюта
Wechselzahlung - платёж по векселю
Wechselzahlungsbefehl - безусловный приказ об оплате векселя
Wechselzedent - индоссант
Wechselzinsen - проценты, уплачиваемые регрессатом регрессанту
Wechselzirkulation - вексельное обращение

Finanz - **1. финансовое дело, финансы 2. финансовый мир, банкиры**

Finanzabgaben - сборы; налоги; пошлины; взносы
Finanzabkommen - финансовое соглашение
Finanzabteilung - финансовый отдел, финотдел
Finanzakzept - финансовый акцепт, акцептованный финансовый

	ве́ксель
Finanzamt	- фина́нсовое учрежде́ние; (нало́гово-) фина́нсовое управле́ние; фина́нсовое ве́домство; фина́нсовый отде́л, финотде́л
Finanzanalyse	- ана́лиз фина́нсового положе́ния
Finanzapparat	- фина́нсовый аппара́т
Finanzaristokratie	- фина́нсовая олига́рхия
Finanzausgleich	- 1. фина́нсовое баланси́рование, све́дение фина́нсовых расчётов; бюдже́тное регули́рование 2. распределе́ние дохо́дов госуда́рственного бюдже́та; фина́нсовое соглаше́ние о распределе́нии дохо́дов
-, horizontaler	- распределе́ние дохо́дов госуда́рственного бюдже́та по горизонта́ли
-, vertikaler	- распределе́ние дохо́дов госуда́рственного бюдже́та по вертика́ли
Finanzausschuß	- фина́нсовая коми́ссия, фина́нсовый комите́т
Finanzbeamter	- слу́жащий, чино́вник фина́нсового ве́домства
Finanzbedarf	- потре́бности в фина́нсовых сре́дствах (в фина́нсах)
Finanzbehörden	- фина́нсовые о́рганы
Finanzberater	- консульта́нт по фина́нсовым (нало́говым) вопро́сам
Finanzbericht	- фина́нсовый отчёт
Finanzbeteiligung	- фина́нсовое уча́стие, финанси́рование
Finanzbeziehungen	- фина́нсовые взаимоотноше́ния
Finanzbilanz	- фина́нсовый бала́нс
Finanzbuchführung	- фина́нсовое счетово́дство; веде́ние фина́нсовой документа́ции
Finanzdecke	- фина́нсовое покры́тие
Finanzdefizit	- фина́нсовый дефици́т
Finanzdelikt	- фина́нсовое правонаруше́ние
Finanzdisziplin	- фина́нсовая дисципли́на
Finanzeinnahmen	- фиска́льный дохо́д
Finanzen	- 1.фина́нсы, фина́нсовые (де́нежные) сре́дства 2. госуда́рственный бюдже́т, госуда́рственные дохо́ды 3. систе́ма де́нежных отноше́ний; де́нежные фо́нды
die - sanieren	- оздорови́ть / оздоровля́ть (сани́ровать) фина́нсы
- der Wirtschaftszweige	- фина́нсы о́трасли промы́шленности, отраслевы́е фина́нсы
Finanzfachmann	- финанси́ст, фина́нсовый рабо́тник
Finanzgebahren	- фина́нсовая де́ятельность, веде́ние фина́нсовых дел
Finanzgericht	- нало́гово-фина́нсовый суд
Finanzgeschäft	- фина́нсовая сде́лка, фина́нсовая опера́ция
Finanzgesetzgebung	- фина́нсовое законода́тельство
Finanzgruppe	- фина́нсовая гру́ппа
Finanzherr	- фина́нсовый магна́т, финанси́ст
Finanzhilfe	- фина́нсовая по́мощь, субси́дии

-, staatliche	- госуда́рственные субси́дии
Finanzhoheit	- фина́нсовый суверените́т
finanziell	- фина́нсовый
Finanzier	- финанси́ст; банки́р
finanzieren	- финанси́ровать что- л.
Finanzinspektion	- фина́нсовый надзо́р
Finanzjahr	- фина́нсовый год
Finanzkapital	- 1. фина́нсовый капита́л 2. ба́нковский капита́л
Finanzkasse	- нало́гово - фина́нсовая ка́сса
Finanzkategorien	- сто́имостные катего́рии
Finanzkennziffer	- сто́имостный показа́тель
Finanzkontrollbericht	- сво́дный фина́нсовый отчёт
Finanzkontrolle	- фина́нсовый контро́ль
Finanzkraft	- фина́нсовые возмо́жности
Finanzkrise	- фина́нсовый кри́зис
Finanzlage	- фина́нсовое состоя́ние
Finanzlandesdirektion	- фина́нсовое управле́ние (фина́нсовая дире́кция) земли́
Finanzmagnat	- фина́нсовый магна́т
Finanzmanipulation	- фина́нсовая махина́ция
Finanzmarkt	- де́нежный ры́нок
Finanzmathematik	- совоку́пность моде́лей, с по́мощью кото́рых опи́сывается фина́нсовые опера́ции
Finanzmethoden	- ме́тоды финанси́рования
Finanzministerium	- министе́рство фина́нсов
Finanzmittel	- фина́нсы, фина́нсовые (де́нежные) сре́дства, фина́нсовые (де́нежные) ресу́рсы
Finanzmonopol	- фина́нсовая монопо́лия
Finanznachweisführung	- веде́ние счето́в в фина́нсовых о́рганах
Finanzökonomie	- фина́нсовое хозя́йство, де́нежное хозя́йство
Finanzökonomik	- эконо́мика фина́нсов
Finanzoligarchie	- фина́нсовая олига́рхия
Finanzoperation	- фина́нсовая опера́ция, фина́нсовая сде́лка
Finanzplan	- фина́нсовый план
-, betrieblicher	- фина́нсовый план предприя́тия, заводска́я сме́та
-, detaillierter	- дета́льная сме́та
-, vorläufiger	- предвари́тельная сме́та
Finanzplankalkulation	- пла́ново- фина́нсовая калькуля́ция
Finanzplanung	- фина́нсовое плани́рование
Finanzpolitik	- фина́нсовая поли́тика
Finanzprognose	- фина́нсовый прогно́з
Finanzprokurator	- фина́нсовый прокуро́р
Finanzquellen	- фина́нсовые (де́нежные) ресу́рсы
Finanzrechnung	- учёт фина́нсов
Finanzrecht	- фина́нсовое пра́во
Finanzreform	- фина́нсовая рефо́рма
Finanzreserven	- фина́нсовые резе́рвы
Finanzressourcen	- фина́нсовые (де́нежные) ресу́рсы
Finanzrevision	- фина́нсовая реви́зия
Finanzrichtsatz	- фина́нсовый нормати́в

Finanzrichtsatz	- фина́нсовый нормати́в
Finanzsanierung	- фина́нсовая сана́ция, фина́нсовое оздоровле́ние
Finanzschuld	- фина́нсовая задо́лженность
-, gestundete	- просро́ченная фина́нсовая задо́лженность
Finanzschulddarlehen	- ссу́да для покры́тия ча́сти фина́нсовой задо́лженности
Finanzstaatsrecht	- фина́нсовое бюдже́тное пра́во
Finanzstatistik	- стати́стика фина́нсов
Finanzstatus	- сво́дка состоя́ния фина́нсов предприя́тия
Finanzsteuern	- нало́ги, пресле́дующие фиска́льные це́ли нало́ги, иду́щие в госуда́рственную ка́зну
Finanzstrafe	- наказа́ние (штраф) за наруше́ние постановле́ний о госуда́рственных дохо́дах
Finanzsystem	- фина́нсовая систе́ма
Finanztransaktion	- фина́нсовая опера́ция, фина́нсовая сде́лка
Finanz- und Kreditsystem	- фина́нсово- креди́тная систе́ма
Finanz- und Wirtschaftssystem	- фина́нсово- экономи́ческая систе́ма
Finanzverfassung	- свод фина́нсово- правовы́х постановле́ний
Finanzvermögen	- фина́нсовое иму́щество
Finanzverpflichtung	- фина́нсовое обяза́тельство
Finanzverwaltung	- фина́нсовое управле́ние
Finanzvoranschlag	- госуда́рственный (фина́нсовый) бюдже́т
Finanzwache	- фина́нсовая инспе́кция
Finanzwechsel	- фина́нсовый ве́ксель
Finanzwelt	- фина́нсовая олига́рхия
Finanzwesen	- фина́нсовое хозя́йство; фина́нсовая систе́ма фина́нсовое де́ло; фина́нсы
das - sanieren	- оздорови́ть / оздоровля́ть фина́нсы
Finanzwirtschaft	- 1. фина́нсовое хозя́йство 2. де́нежное хозя́йство
finanzwirtschaftlich	- фина́нсово- экономи́ческий
Finanzwissenschaft	- фина́нсовая нау́ка
Finanzzerrüttung	- расстро́йство фина́нсов
Finanzzoll	- фиска́льная тамо́женная по́шлина
Finanzierung	**- финанси́рование ; кредитова́ние**
auf dem Wege der -	- в поря́дке финанси́рования
-, auftragsgebundene	- позака́зное финанси́рование
- aus dem Haushalt	- бюдже́тное финанси́рование
Finanzierungsbank	- делово́й ба́нк
Finanzierungsbedarf	- потре́бности в финанси́ровании; потре́бности в сре́дствах финанси́рования
Finanzierungsbestimmungen	- пра́вила финанси́рования, положе́ния о поря́дке финанси́рования
Finanzierungsbilanz	- бала́нс финаси́рования
Finanzierungsfonds pl	- фо́нды финанси́рования
-, operative	- фо́нды операти́вного финанси́рования
Finanzierungsform	- фо́рма финанси́рования
Finanzierungsgeschäft	- фина́нсовая сде́лка, фина́нсовая опера́ция
Finanzierungsgesellschaft	- финанси́рующее о́бщество

Finanzierungsgrundsatz	- при́нцип финанси́рования
Finanzierungsinstitut	- фина́нсовое (креди́тное) учрежде́ние
Finanzierungsinstrument	- сре́дство финанси́рования
Finanzierungslimit	- лими́т финанси́рования
Finanzierungsmarkt	- де́нежный ры́нок
Finanzierungsmethoden	- ме́тоды финанси́рования
Finanzierungsmöglichkeit	- возмо́жность финанси́рования
Finanzierungsnachteil	- недоста́тки финанси́рования
Finanzierungsorgan	- фина́нсовый о́рган
Finanzierungsplanung	- плани́рование финанси́рования
Finanzierungsprogramm	- програ́мма финанси́рования
Finanzierungsquelle	- исто́чник финанси́рования
-, zweckgebundene	- исто́чник целево́го финанси́рования
Finanzierungsschwierigkeiten	- тру́дности финанси́рования,

Finanzierung des Außenhandels: (Export-und Importfinanzierung)	- **финанси́рование вне́шней торго́вли**
1.-, direkte	- **1. прямо́е финанси́рование**
a) -, kurzfristige:	а) краткосро́чное финанси́рование:
Dokumentenakkreditiv	- документа́рный (това́рный) аккредити́в
Akkreditiv	- аккредити́в
ein - eröffnen	- откры́ть / открыва́ть аккредити́в
-, bestätigtes	- подтверждённый аккредити́в
-, einmalig gestelltes	- ра́зовый аккредити́в
-, langfristiges	- долгосро́чный аккредити́в
-, revolvierendes	- рево́льверный аккредити́в
-, teilbares	- дели́мый аккредити́в
-, übertragbares	- перево́дный (трансфера́бельный) аккредити́в
-, unbefristetes	- бессро́чный аккредити́в
-, unbestätigtes	- неподтверждённый аккредити́в
-, unwiderrufliches	- безотзы́вный аккредити́в
-, widerrufliches	- отзывно́й аккредити́в
Akkreditivauftrag	- аккредити́вное поруче́ние
Akkreditivbetrag	- су́мма аккредити́ва
Akkreditiveröffnung	- откры́тие аккредити́ва
Akkreditiveröffnungsauftrag	- поруче́ние на откры́тие аккредити́ва
Akkreditivsteller	- держа́тель аккредити́ва, аккредитиводáтель
Akkreditivverfahren	- аккредити́вная фо́рма расчётов
b)-, mittel- und langfristige:	б) среднесро́чное и долгосро́чное финанси́рование
Dokumenteninkasso n	- акце́пт докуме́нтов, пе́реданных ба́нку на инка́ссо; инка́ссо про́тив докуме́нтов

2.-, indirekte	**2.косвенное финансирование**
- durch eine Bank	- банковское финансирование
- durch Erlaß der Gewinnabführung an den Staat	- финансирование за счёт средств, поступающих от уменьшения отчислений от прибыли в госбюджет
- ohne Rückerstattung	- безвозвратное (безвозмездное) финансирование
- über die Preise	- финансирование через механизм цен
-, zyklische	- циклическое финансирование
Finanzierungsarten:	**- виды финансирования:**
Anlagen -	- финансирование инвестиций
Konsum -	- кредитование потребителя
Markt -	- форма финансирования путём распространения акций или государственных облигаций в внешних рынках
Überbrückungs -	- краткосрочное финансирование
Kredit	**кредит**
Kreditarten	**- виды кредита**
- auf Abruf	- онкольный кредит
-, aufgenommener	- получаемый кредит
-, außerplanmäßiger	- внеплановый кредит
-, befristeter	- кредит на определённый срок
-, blanko eingeräumter	- бланковый кредит
-, einmaliger zweckgebundener	- единовременная целевая ссуда, целевой кредит
-, fälliger	- срочный кредит
-, fristloser	- бессрочный кредит
-, garantierter	- гарантированный кредит
-, gebundener	- целевой кредит
-, gedeckter, gesicherter	- кредит, обеспеченный покрытием
-, gestundeter	- кредит, платёж по которому отсрочен
- in ausländischer Währung	- кредит в иностранной валюте
- in laufender Rechnung	- контокоррентный кредит
-, jederzeit kündbarer	- онкольная ссуда
-, kaufkraftmobilisierender	- кредит, повышающий покупательную способность
-, kaufmännischer	- коммерческий кредит
-, kurzfristiger	- краткосрочный кредит
-, landwirtschaftlicher	- сельскохозяйственный кредит
-, langfristiger	- долгосрочный кредит
-, laufender	- контокоррентный кредит
-, mittelfristiger	- среднесрочный кредит
-, nicht limitierter	- нелимитируемый кредит
-, offener	- открытый кредит
- ohne dingliche Sicherheit	- кредит без вещнего обеспечения
-, privater	- частный кредит
-, sofort fälliger	- кредит до востребования

-, staatlicher	- государственный кредит
-, überfälliger	- просроченный кредит
-, unbefristeter	- бессрочный кредит
-, unbegrenzter	- неограниченный кредит
-, ungedeckter	- непокрытый обеспечением кредит
-, unwiderruflicher	- безотзывный кредит
-, verzinslicher	- кредит под проценты
-, warengesicherter	- кредит под залог товаров
-, widerruflicher	- отзывный кредит
-, zinsloser	- беспроцентный кредит
-, zusätzlicher	- дополнителный кредит
-, zweckgebundener	- целевой кредит
Akkreditiv -	- аккредитивный кредит
Aktiv -	- кредит из собственных средств
Auslands -	- внешний (иностранный) кредит
Außenhandels -	- внешнеторговый кредит
Aval -	- кредит по поручительству, гарантийный кредит
Bar -	- наличный кредит
Bank -	- банковский кредит
Baugeld -	- кредит, предоставляемый на строительство
Bereitschafts -	- кредит для преодоления валютных трудностей
Bestands -	- краткосрочный кредит, предоставляемый для финансирования запасов
Boden -	- ипотечный кредит
Buch -	- кредит по открытому счёту
Bürgschafts -	- гарантийный кредит, кредит по поручительству
Devisen -	- кредит в (иностранной) валюте, валютный кредит
Direkt -	- прямой кредит
Diskont -	- учётный кредит
Dokumenten -	- кредит, выдаваемый под определённые документы
Einfuhr -	- внешний кредит
Faustpfand -	- кредит под залог движимого имущества
Finanz -	- финансовый кредит
Forderungs -	- кредит под требование, рассчётный кредит
Garantie -	- гарантийный кредит
Geld -	- денежный кредит
Genossenschafts -	- кооперативный кредит
Grundmittel -	- кредит на затраты в основные фонды
Grundstücks -	- ипотечный (земельный) кредит
Handels -	- коммерческий кредит
Haushalts -	- бюджетный кредит
Hypotheken -	- ипотечный кредит
Immobiliar -	- кредит под недвижимость
Konsolidierungs -	- консолидированный кредит
Kontokorrent -	- контокоррентный кредит
Landschafts -	- сельскохозяйственный кредит
Liefer -	- коммерческий кредит
Lombard -	- ломбардный кредит

National -	- национальный кредит
Natural -	- кредит в натуральной форме
Normativ -	- плановый кредит
on-call -	- онкольный кредит
Pächter -	- кредит, предоставляемый арендаторам земельных участков
Passiv -	- кредит в рамках финасирования за счёт привлечения чужого капитала
Plan -	- плановый кредит
RE- -	- кредит, предоставленный в рамках акцептной формы расчетов
Rembours -	- рамбурсный кредит
revolving- -	- автоматически возобновляемый (краткосрочный) кредит
Richtsatzplan -	- краткосрочный кредит, предоставляемый предприятию на восполнение из расходованных средств
Siedlungs -	- кредит для новых поселенцев
Sonder -	- дополнительный кредит на цели финансирования внеплановых оборотных средств
Standby - e	- кредиты, представляемые международным валютным фондом своим членам для преодоления трудностей, связанных с платёжным балансом
Swap -	- кредит- своп
Übernormativ -	- сверхнормативный (дополнительный) кредит
Überziehungs -	- овердрафт, превышение кредита (в банке)
Umlaufmittel -	- кредит для покрытия потребности в оборотных средствах
Umsatz -	- кредит товарооборота
Valutabank -	- банковский кредит в иностранной валюте
Verbraucher -	- потребительский кредит
Verrechnungs -	- кредит под требование
Vorzugs -	- льготный кредит
Waren -	- товарный (подтоварный) кредит, товарная ссуда
Warenumschlags -	- кредит на товарооборот
Wohnungsbau -	- кредит на цели финансирования жилищного строительства
Wucher -	- ростовщический кредит
Zahlungs -	- платёжный кредит
Zessions -	- кредит под уступку требований
Ziel -	- потребительский кредит с разовым погашением
Zoll -	- таможенный кредит
Zusatz -	- дополнительный кредит

Kredite nach: **по:**

Laufzeit: **- по сроку действия:**

-, kurzfristiger [z.B. Postlauf - als Überziehungskredit von 15 Tagen]	- краткосрочный кредит

-, mittelfristiger	- среднесро́чный креди́т
-, langfristiger (z.B. Anlage-)	- долгосро́чный креди́т
Sicherstellung:	**- по обеспече́нию**
Blanko -	- бла́нковский креди́т
-, gedeckter	- креди́т, обеспе́ченный покры́тием
Peronal -	- креди́т без веще́ственного обеспече́ния
-, ungedeckter	- непокры́тый обеспече́нием креди́т
Kreditgeber:	**- по креди́тору, по заимода́вцу :**
Akzept -	- акце́птный креди́т
-, öffentliche:	- креди́ты, представля́емые о́рганами госуда́рственной вла́сти
Lieferanten -	- комме́рческий креди́т
Staats -	- госуда́рственный креди́т
-, private:	- ча́стные креди́ты
Gemeinschafts -	- совме́стный креди́т
Konsortial -	- креди́т консо́рциума
Meta -	- о́бщий креди́т
Parallel -	- паралле́льный креди́т
Wechseldiskont -	- учётный креди́т
Wechsel -	- ве́ксельный креди́т
Kreditnehmer:	**- по заёмщику:**
Agrar -	- сельскохозя́йственный креди́т
-, gewerblicher:	- про́мысловый креди́т:
Industrie -	- промы́шленный креди́т
Mittelstands -	- креди́т сре́днего сло́я
Kommunal -	- коммуна́льный (муниципа́льный) креди́т
-, persönlicher:	- ли́чный креди́т:
Dispositions -	- диспозити́вный креди́т
Leasing -	- ли́зинг- креди́т
Raten -	- креди́т, погаша́емый частя́ми
Real -	- реа́льный креди́т
Teilzahlungs -	- ссу́да с погаше́нием в рассро́чку
Verwendung:	**- по употребле́нию :**
Abruf -	- креди́т по о́тзыву, отзы́вный креди́т
Betriebsmittel -	- ба́нковский кредит предприятия
Effekten -	- фо́ндовый креди́т
Export -	- э́кспортный креди́т
Import -	- и́мпортный креди́т
Investitions -	- инвестицио́нный креди́т
Konsumtions - (2500 DM- 20000DM)	- потреби́тельский креди́т
Negoziierungs -	- ба́нковский креди́т, осуществля́емый путём дисконти́рования документи́рованных тратт

Produktions -	- произво́дственный креди́т
Saison -	- ссу́да на сезо́нные затра́ты
Überbrückungs -	- краткосро́чный креди́т для преодоле́ния вре́менных затрудне́ний
Vinkulations -	- ба́нковский креди́т, осуществля́емый путём дисконти́рования документи́рованных тратт
Wertpapier -	- креди́т це́нных бума́г
Zwischen -	- предвари́тельный (промежу́точный) креди́т
Höhe:	- по величине́, разме́ру :
Klein - [300-6000 DM ,6-48 Mon.]	- небольшо́й креди́т
Mittel -	- сре́дний креди́т
Groß - [übersteigt 15% des haftenden Eigenkapitals des Kapitalgebers]	- бо́льшой креди́т
Kreditverhandlungen	- переговоры по креди́ту
einen - aufnehmen	- получи́ть / получа́ть креди́т; взять / брать ссу́ду
einen - beantragen	- запроси́ть / запра́шивать креди́т
einen - erhalten	- получи́ть / получа́ть креди́т
Kreditabkommen	- креди́тное соглаше́ние
Kreditabteilung	- креди́тный отде́л
Kreditakte	- досье́ клие́нта ба́нка, получи́вшего креди́т
Kreditaktept	- фина́нсовый (креди́тный) акце́пт
Kreditangebot	- предложе́ние креди́та
Kreditaufnahme	- получе́ние креди́та
Kreditantrag	- зая́вка на кре́дит
Kreditauskunft	- да́нные (све́дения) о кредитоспосо́бности
Kreditausweitung	- креди́тная экспа́нсия
Kreditbank	- креди́тный банк
Kreditbedarf	- спрос на креди́т
Kreditbedingungen	- креди́тные усло́вия
Kreditbetrug	- мошенни́чество с це́лью получе́ния креди́та
Kreditbeziehungen	- креди́тные отноше́ния
Kreditblockade	- креди́тно- фина́нсовая блока́да
Kreditbrief	- аккредити́в, креди́тное письмо́
Kreditbürgschaft	- поручи́тельство по креди́ту
Kreditbüro	- креди́т- бюро́
Kreditdauer	- срок креди́та
Kreditdeckung	- обеспече́ние креди́та
Kreditdeflation	- креди́тная дефля́ция
Kreditdisziplin	- креди́тная дисципли́на
Krediteinräumung	- предоставле́ние креди́та
Krediteröffnung	- откры́тие креди́та
Kreditfähigkeit	- кредитоспосо́бность
Kreditfonds	- фонд кредитова́ния
Kreditfrist	- срок креди́та

Kreditgeber - кредитор, заимодавец
Kreditgeld - кредит (денежные средства)
Kreditgenossenschaft - кредитное (кооперативное) товарищество, кредитная кооперация
Kreditgeschäft - кредитная сделка
Kreditgesellschaft - кредитное общество
Kreditgesetz - закон о кредитных операциях
Kreditgewährung - предоставление кредита
Kredithandel - торговля в кредит
Kreditinflation - кредитная инфляция
Kreditinstitut - кредитный банк, кредитный институт
Kreditinstitutionen - кредитные учреждения
Kreditinstrument - инструмент кредитования
Kreditkarte (American Express , Visa International , Eurocard) - кредитная карточка
Kreditkasse - кредитная касса
Kreditkauf - покупка в кредит
Kreditkonto - кредитный счёт
Kreditkontrolle - контроль над кредитными операциями
Kreditkosten - кредитные расходы
Kreditkrise - кредитный кризис
Kreditkündigung - закрытие кредита
Kreditkürzung - уменьшение объёма предоставляемых кредитов, сокращение кредитования
Kreditlaufzeit - срок кредита
Kreditleistung - пособия кредита
Kreditlimit - лимит кредитования
Kreditlinie - кредитная линия
kreditlos - без кредита
Kreditmangel - нехватка кредитных средств
Kreditmarge - кредитная маржа
Kreditmarkt - рынок ссудного капитала
Kreditmasse - конкурсная масса
Kreditmethode - метод финансирования посредством использования кредитов
Kreditmittel - кредитные средства
Kreditnachfrage - спрос на ссудный капитал
Kreditnehmer - заёмщик
Kreditnota - кредит- нота, кредитовое авизо
Kreditoperation - кредитная операция
Kreditpapiere - 1. кредитные средства обращения 2. кредитные ценные бумаги
Kreditplafond - предел кредитования
Kreditplanung - кредитное планирование
Kreditpolitik - кредитная политика
Kreditpreis - 1. цена при продаже в кредит 2. величина процента за кредит
Kreditprovision - комиссия за предоставленный кредит
Kreditrahmen - рамки кредита, кредитные рамки
Kreditreserven - резервы, создаваемые в целях размещения кредитных ресурсов

	ресурсов
Kreditrisiko	- кредитный риск
Kreditsaldo	- кредитное сальдо
Kreditsanktionen	- кредитные санкции
Kreditschöpfung	- выделение (предоставление) дополнительных кредитов
Kreditschulden	- задолженность по кредиту
kreditschwach	- некредитоспособный
Kreditseite	- кредитовая сторона
Kreditsperre	- лишение кредита, кредитная рестрикция
Kreditspritze	- кредитная инъекция
Kreditstundung	- отсрочка платежей по кредиту
Kreditsumme	- сумма кредита
Kreditsystem	- кредитная система
Kredittilgung	- погашение кредита, погашение задолженности по кредитам
kreditunfähig	- некредитоспособный
Kreditunsicherheit	- неустойчивость кредита
Kreditunterlagen	- документация, служащая основанием для предоставления кредита
Kreditvergabe	- предоставление кредита
Kreditverhältnisse	- кредитные отношения
Kreditverhandlung	- переговоры о кредите
Kreditverkauf	- продажа в кредит
Kreditverlängerung	- продление кредита
Kreditverminderung	- уменьшение кредита
Kreditverpflichtung	- обязательство по кредиту
Kreditvertrag	- договор о предоставлении кредита
Kreditvolumen	- объём кредитования
Kreditwucher	- ростовщичество
kreditwürdig	- кредитоспособный
Kreditwürdigkeit (Bonität) [überprüft von der Schufa]	- кредитоспособность
Kreditzinsen	- проценты по кредиту
Kreditzurückziehung	- аннулирование кредита
Kreditierung:	**- кредитование , предоставление кредита :**
kreditieren	- 1. кредитовать, предоставить/ предоставлять кредит 2. кредитовать, занести / заносить в кредит
-, befristete	- срочное кредитование
-, direkte	- прямое кредитование
- durch die Banken	- банковское кредитование
-, garantierte	- кредитование по гарантии
-, gegenseitige	- взаимное кредитование
-, indirekte	- косвенное кредитование
-, limitfreie	- безлимитное кредитование
- nach (anteilmäßiger) Beteiligung	- кредитование по долевому участию
- nach Warenumsatz	- кредитование по товарообороту
-, rückzahlbare	- возвратное кредитование

-, verzinsliche	- возме́здное кредитова́ние
- von Beständen	- кредитова́ние оста́тков
Kreditor (Gläubiger:)	**- креди́тор, заимода́вец:**
-, begünstigter	- привилеги́рованный (преиму́щественный) креди́тор
-, betreibender	- креди́тор, да́вший ход конку́рсному де́лу; креди́тор, яви́вшийся инициа́тором назначе́ния конку́рса
-, bevorrechtigter	- привилеги́рованный креди́тор
-, bisheriger	- пре́жный креди́тор
-, gerichtlich anerkannter	- креди́тор, при́знанный в суде́бном поря́дке
-, handschriftlicher	- заимода́вец по просто́й распи́ске
-, hypothekarischer	- ипоте́чный креди́тор, креди́тор по закладно́й
Gläubigeranfechtung	- оспа́ривание креди́тором свои́х прав на (спо́рное) иму́щество
Gläubigeranmeldefrist	- срок зая́вления прете́нзий креди́торами
Gläubigerausschuß	- конку́рсное управле́ние
Gläubigerbank	- банк- креди́тор
Gläubigerbegünstigung	- предоставле́ние преиму́ществ одно́му из креди́торов
Gläubigerbeirat	- сове́т креди́торов
Gläubigerbenachteiligung	- причинение уще́рба кредиторам
Gläubigerland	- страна́-креди́тор
Gläubigerschaft	- креди́торы
Gläubigerstaat	- госуда́рство- креди́тор
Gläubigerverzug	- просро́чка креди́тора в приня́тии исполне́ния обяза́тельства должнико́м
Gläubigerarten:	**- ви́ды креди́торов:**
Buch -	- креди́тор по пи́сьменным обяза́тельствам
Gesamt -	- солида́рный креди́тор
Gesellschafts -	- креди́тор това́рищества
Haupt -	- гла́вный креди́тор
Hypotheken -	- ипоте́чный креди́тор
Konkurs -	- креди́тор- уча́стник конку́рсного произво́дства
Obligations -	- креди́тор по облига́циям
Original -	- превонача́льный креди́тор
Pfand -	- креди́тор по зало́гу
Staats -	- креди́тор госуда́рства
Kreditrückzahlung	- погаше́ние креди́тов
in Raten:	**- в рассро́чку**
die Rate	- 1. ста́вка, но́рма

2. часть, доля, взнос

auf - kaufen	- купить / покупать в рассрочку
auf - erwerben	- приобрести / приобретать в рассрочку
in - zahlen	- уплатить / платить в рассрочку
-, kurzfristige	- краткосрочная ставка
-, langfristige	- долгосрочная ставка
- des Mehrproduktes	- норма прибавочного продукта
- des Mehrwertes	- норма прибавочной стоимости
-, offene	- открытая фрахтовая ставка
- der Verwertung	- норма возрастания стоимости
- der Warenumschlagsgeschwindigkeit	- норма оборачиваемости товаров
- des Zinsfußes	- норма процента
Ratenanleihe	- заём, погашаемый равными годовыми долями
Ratenanstieg	- повышение (рост) ставок
Ratenarten:	- виды ставок:
Basis -	- основная ставка
Mindest -	- минимальная ставка
Kreditsicherung:	- **кредитное обеспечение:**
durch :	- путём гарантий
Anzahlunggarantie	- задаточная гарантия
Bankgarantie	- банковская гарантия
Bietungsgarantie	- сумма, внесённая фирмой в качестве гарантии своего твёрдого предложения
Leistungsgarantie	- гарантия, выдаваемая поставщиками экспортной продукции
Lieferungsgarantie	- гарантия поставки
Zahlungsgarantie	- гарантия платежа
oder	- или
Bürgschaft	- поручительство
Grundpfandrechte	- ипотеки
(Hypothek:)	- **(ипотека:)**
eine - aufnehmen	- взять / брать ипотечную ссуду
mit einer - belasten	- заложить / закладывать имущество под ипотеку, обременить / обременять имущество ипотекой
hypothekieren	- заложить / закладывать под ипотеку
-, erste	- первая закладная
Hypothekablösung	- погашение ипотечной ссуды
Hypothekar	- ипотекодержатель, кредитор по закладной
Hypothekardarlehen	- ипотечная ссуда, ссуда под недвижимое имущество

hypothekarisch	- ипоте́чный, зало́говый
Hypothekarkredit	- ипо́течный креди́т
Hypothekarlebensversicherung	- страхова́ние жи́зни, при кото́ром страхова́я су́мма слу́жит для погаше́ния ипоте́чной ссу́ды
Hypothekarobligation	- ипоте́чная облига́ция
Hypothekenabtretung	- переда́ча (усту́пка) ипоте́ки
Hypothekanleihen	- ипоте́чные за́ймы
Hypothekanstalt	- ипоте́чный банк
Hypothekenbrief	- ипоте́чный акт, акт о регистра́ции ипоте́ки в зе́мельном када́стре
Hypothekeneintragung	- ипоте́чная за́пись, за́пись в ипоте́чную кни́гу
hypothekenfrei	- свобо́дный от ипоте́ки, незало́женный
Hypothekengeschäfte	- ба́нковские опера́ции по вы́даче ипоте́чных ссу́д
Hypothekengläubiger	- ипотекодержа́тель, креди́тор по закладно́й
Hypotheken - Kreditversicherung	- страхова́ние ипоте́чных креди́тов
Hypothekenpfandbrief	- (ипоте́чый) закладно́й лист
Hypothekenpfandbriefgeschäfte	- ба́нковские опера́ции по вы́даче ипоте́чных ссуд и вы́пуску закладны́х листо́в
Hypothekenrecht	- ипоте́чное (зало́говое) пра́во
Hypothekenregister	- ипоте́чная кни́га
Hypothekenschuld	- ипоте́чная задо́лженность, ипоте́чный долг
Hypothekenschulden	- ипоте́чные за́ймы
Hypothekenschuldner	- должни́к по ипоте́ке
Pfandrechte an einer beweglichen Sache	- зало́говое (ипоте́чное) пра́во на дви́жимости
Sicherungsübereignung	- переда́ча креди́тору пра́ва со́бственности
Hypothekenarten:	- **ви́ды ипоте́ки:**
Annuitäten -	- амортизацио́нная ипоте́ка
Bank -	- ба́нковская ипоте́ка
Brief -	- 1. а́ктовый залог 2. ипоте́ка, подтверждённая а́ктом, оборо́тная ипоте́ка
Darlehens -	- ипоте́ка, обеспе́чивающая ссу́ду
Fälligkeits -	- ипоте́ка с определённым сро́ком вы́купа
Fest -	- ипоте́ка с твёрдым сро́ком вы́купа
General -	- о́бщая ипоте́ка; ипоте́ка внесённая в када́стр с указа́нием
Höchstbetrags -	- ипоте́ка максима́льной су́ммы сто́имости, ипоте́ка зе́мельного уча́стка
Industrie -	- ипоте́ка на уча́сток, за́нятый промы́шленными предприя́тиями
Inhaber -	- ипоте́ка на предъяви́теля
Korreal -	- о́бщая ипоте́ка
Lebensversicherungs -	- ипоте́ка страхова́ния жи́зни
Schiffs -	- су́довая ипоте́ка

Sparkassen -	- ипотéка сберегáтельных касс
Kreditversicherung:	- **страховáние кредúтов:**
Ausfallbürgschafts -	- страховáние на слýчай утрáты трéбования кредúтором, получúвшим поручúтельство
Ausfuhrkredit -	- страховáние экспортных кредúтов
Kautions -	- страховáние обеспечéния
Teilzahlungskredit -	- страховáние потребúтельских кредúтов с рассрóчкой платежá
Warenkredit -	- страховáние делькрéдере, страховáние товáрного кредúта
Vertrauensschaden -	- страховáние от убы́тков, котóрые мóгут возникнуть из-за довéрия к действúтельности договóра
Zins m	- **(ссýдный) процéнт m**
Zinsarten:	- **вúды процéнта:**
-, akkumulierter	- накóпленный процéнт
-, einfacher	- простóй процéнт
-, fester	- твёрдый процéнт
-, kommerzieller	- коммéрческий процéнт
-, natürlicher	- естéственный процéнт
-, vertragsmäßiger	- договóрный процéнт
Aufzins	- лáж; áжио
Bankzins	- бáнковский процéнт
Börsen -	- биржевóй процéнт
Brutto -	- процéнт на капитáл, óбщий процéнт
Darlehens -	- процéнт по ссýде или по зáйму
Effektiv -	- фактúческий/ действúтельный дохóд от процéнтов по цéнным бумáгам
Geldmarkt -	- стáвка процéнта дéнежного ры́нка
Geld -	- ссýдный процéнт; процéнт с капитáла; рéнта
Güter -	- процéнты с инвестúрованного капитáла или цéнных бумáг
Handels -	- торгóвый процéнт
Investitions -	- процéнт для определéния эффектúвности капитáльных вложéний
Kapital -	- процéнт на капитáл
Leih -	- ссýдный процéнт
Leit -	- ведýщий/ ключевóй/ основнóй процéнт
Natural -	- процéнт по натурáльной ссýде
Netto -	- 1. нéтто-процéнт 2. чúстый процéнт по кредúту
Normal -	- обы́чный процéнт
Passiv-	- пассúвный процéнт; процéнт, уплáчиваемый кредúтным учреждéнием
Pfandhaus -	- процéнт, взимáемый ломбáрдом
Privat -	- чáстный процéнт

Prozeß -	- процéнт, присуждáемый ссýдом вы́игравшей стороне́
Versicherungs -	- стрáховой процéнт
Verzugs -	- пéня за просрóчку исполнéния обязáтельства
Zins/ Zinsen	- **процéнт/ процéнты**
auf -	- слóжные процéнты
Zinsabbau	- понижéние процéнта
Zinsabkommen	- соглашéние о процéнтах по креди́ту
Zinsanleihe	- процéнтный заём
Zinsarbitrage	- валю́тный арбитрáж
Zinsausfall	- потéря процéнтов
Zinsausgleichssteuer	- процéнтно- уравни́тельный налóг
zinsbar	- принóсящий процéнты
Zinsbetrag	- сýмма взнóса в счёт погашéния процéнтов; сýмма (начи́сленных) процéнтов
Zinsbildung	- образовáние процéнта
Zinsbogen	- купóнный лист
zinsbringend	- принóсящий процéнты; процéнтный
Zinsdarlehen	- ссýда под процéнты; процéнтный заём
Zinsdivisor	- постоя́нный процéнтный дели́тель
Zinseinkünfte	- дохóды от процéнтов
zinsen	- уплати́ть / плати́ть процéнты кому -л.
Zinsendienst	- вы́плата процéнтов
Zinsenstamm	- талóн купóнного листá, даю́щий прáво на получéние нóвого купóнного листá
Zinsenverzinsung	- начислéние процéнтов на процéнты, начислéние слóжных процéнтов
Zinsenzahlung	- погашéние (уплáта) процéнтов
Zinsertrag	- дохóд от процéнтов и расхóдов по процéнтам
Zinsertragsbilanz	- балáнс дохóдов и расхóдов по процéнтам
Zinsertragssteuer	- налóг на дохóд от процéнтов
Zinseszinsen	- слóжные процéнты
Zinseszinsnomogramm	- номогрáмма слóжных процéнтов
Zinseszinsrechnung	- исчислéние (расчёт) слóжных процéнтов
Zinsforderung	- трéбование уплáты процéнтов
Zinsform	- фóрма процéнта
Zinsformel	- фóрмула для исчислéния процéнтов
zinsfrei	- беспроцéнтный
Zinsfuß	- процéнтная стáвка, ýровень (размéр) процéнта
-, fester	- твёрдая процéнтная стáвка
-, gesetzlicher	- процéнтная стáвка, устанóвления закóном
Zinsgarantie	- гарáнтия получéния устанóвленного процéнта
Zinsgefälle	- разни́ца в ýровнях процéнта, разни́ца мéжду процéнтными стáвками
Zinsgenuß	- получéние процéнтов
Zinsgutschrift	- зáпись о начислéнии нарóсших процéнтов
Zinshöchstsatz	- максимáльная процéнтная стáвка
Zinsintensität	- величинá процéнта

Zinsklausel - оговóрка о начислéнии процéнтов в слýчае задéржки исполнéния обязáтельства
Zinskonto - счёт по процéнтам
Zinskonversion - 1. изменéние процéнтной стáвки
2. снижéние ýровня процéнта зáйма путём конвéрсии
Zinskosten - издéржки оплáты процéнтов по кредѝту
zinslos - беспроцéнтный
Zinsnehmen - взимáние процéнтов
Zinsnote - авѝзо о начислéнии процéнтов
Zinspapiere - процéнтные бумáги
zinspflichtig - обя́занный плáтить процéнты
Zinsrate - процéнтная стáвка, нóрма процéнта
-, natürliche - естéственная нóрма процéнта
-, wirkliche - реáльная нóрма процéнта
Zinsrechnung - исчислéние (расчёт) процéнтов, учёт процéнтов
Zinsreduktion - снижéние процéнтной стáвки
Zinsrückerstattung - возврáт процéнтов
Zinsrückstände - неуплáченные процéнты, процéнтные недоѝмки
Zinssatzangleichnung - вырáвнивание (сближéние) стáвок
Zinsschein - процéнтный купóн, купóн процéнтных бумáг
den - abtrennen - отрéзать процéнтный купóн процéнтных бумáг
Zinssenkung - снижéние óбщего ýровня процéнта
Zinsspanne - мáржа, рáзница мéжду процéнтными стáвками, рáзница в ýровнях процéнтных стáвок
Zinsspannenrechnung - исчислéние мáржи
Zinsstaffelmethode - штáфельный мéтод исчислéния процéнтов, мéтод исчислéния процéнтов по штáфельной фóрме
Zinstabelle - таблѝца для вычислéния процéнта
Zinstage - дни кладýщиеся в оснóву исчислéния процéнтов, дни за котóрые начисля́ются процéнты
Zinsteiler - постоя́нный процéнтный делѝтель
Zinstermin - срок уплáты процéнтов
zinstragend - принóсящий процéнты, процéнтный
Zins- und Dividendenschein - купóн по процéнтам и дивидéндам
Zinsverbot - запрещéние взимáния
Zinsvergütung - начислéние процéнтов вклáдчику или ссýдившему
Zinsverjährung - ѝсковая дáвность по процéнтам
Zinsverzicht - откáз от взимáния процéнтов
Zinsverzug - просрóчка в уплáте процéнтов
Zinsvoraus - превышéние общеобязáтельных процéнтных стáвок по вклáдам
Zinsweise - в вѝде процéнтов
Zinswucher - ростовщѝчество
Zinszahl - процéнтное чѝсло, процéнтный нóмер
Zinszahlung - уплáта процéнтов
Zinszuschlag - причислéние процéнтов к капитáлу

Zinsen pl - **процéнты**

die - ablösen - откупѝться / откупáться от уплáты процéнтов

	единовре́менным взно́сом
die - auszahlen	- вы́платить / выпла́чивать проце́нты
die - berechnen	- исчи́слить / исчисля́ть проце́нты
die - einbringen	- принести́ / приноси́ть проце́нты
die - einnehmen	- взима́ть проце́нты
die - erhalten	- получи́ть / получа́ть проце́нты
die - erheben	- взима́ть проце́нты
die - kapitalisieren	- преврати́ть / превраща́ть проце́нты в капита́л
die - tragen	- принести́ / приноси́ть проце́нты
die - vergüten	- уплати́ть / плати́ть проце́нты по вкла́дам
die - zum Kapital schlagen	- начи́слить / начисля́ть проце́нты
Zinsenarten:	- **ви́ды проце́нтов:**
-, angefallene	- наро́сшие проце́нты
-, anstehende	- перепла́ченные проце́нты
-, fällige	- проце́нты, подлежа́щие упла́те (за наступле́нием сро́ка)
- für langfristige Einzelfertigung	- проце́нты по специа́льным зака́зам, свя́занные с дли́тельным сро́ком их исполне́ния
-, jährliche	- годовы́е проце́нты
-, kalkulatorische	- проце́нты на со́бственный капита́л, включа́емые в калькуля́цию
-, kommerzielle	- проце́нты по комме́рческому креди́ту
-, rückständige	- неупла́ченные /просро́ченные проце́нты
Ab -	- нахожде́ние первонача́льной су́ммы по недои́мки за́данной нара́щенной су́мме
Anleihe -	- проце́нты по за́йму
Bau -	- проце́нты на капита́л, вло́женный в строи́тельство
Dauerschuld -	- проце́нты по долгосро́чным обяза́тельствам
Einlage -	- проце́нты по вкла́дам
Export -	- проце́нты по э́кспортным опера́циям
Haben -	- проце́нты, упла́чиваемые ба́нком по вкла́дам и проце́нты по и́мпортным опера́циям
Interkalar -	- проце́нты, накопи́вшиеся за вре́мя созда́ния акционе́рного о́бщества
Jahres -	- годовы́е проце́нты
Kredit -	- проце́нты по креди́ту
Schuld -	- проце́нты по креди́ту
Soll -	- проце́нты, получа́емые кредито́ром
Spar -	- проце́нты, выпла́чиваемые по вкла́дам
Stundungs -	- проце́нты по отсро́чке
Teilzahlungskredit-	- проце́нты за по́льзование потреби́тельским креди́том с рассро́чкой платежа́
Verspätungs -	- пе́ня (штраф) за просро́чку платежа́
Wechsel -	- проце́нты, упла́чиваемые регресса́том регресса́нту
Wucher -	- ростовщи́ческие проце́нты

Zinssatz	**- проце́нтная ста́вка, ста́вка проце́нта**
den - erhöhen	- повы́сить / повыша́ть проце́нтную ста́вку
den - ermäßigen	- пони́зить / понижа́ть проце́нтную ста́вку
-, ermäßigter	- льго́тная проце́нтная ста́вка по креди́ту
-, fester	- твёрдая проце́нтная ста́вка
-, gesetzlicher	- проце́нтная ста́вка, устано́вленная зако́ном проце́нта (проце́нтных ста́вок)
Zinssatzregulierung	- регули́рование проце́нтной ста́вки
Zinssatzarten:	**- ви́ды проце́нтных ста́вок:**
Höchst -	- максимальная процентная ставка
Mindest -	- минимальная процентная ставка
Schuld	**- долг**
Schuldarten:	**- ви́ды долго́в:**
-, ablösbare	- погаша́емый долг
-, aufgeschobene	- отсро́ченный долг
-, ausstehende	- непогашённый долг
-, dubiose	- сомни́тельный долг
-, flottierende	- краткосро́чный (госуда́рственный) долг
-, fundierte	- долгосро́чный (госуда́рственный) долг
-, gestundete	- отсро́ченный долг
-, konsolidierte	- консолиди́рованный долг
-, kurzfristige	- краткосро́чый долг
-, langfristige	- долгосро́чный долг
-, laufende	- теку́щий долг
-, mittelfristige	- среднесро́чный долг
-, rückständige	- непогашённый долг
-, schwankende	- краткосро́чный (госуда́рственный) долг
-, staatliche garantierte	- долг, погаше́ние кото́рого гаранти́ровано госуда́рством, долг под госуда́рственную гара́нтию
-, tote	- долг, погашённый за да́вностью
-, unfundierte	- краткосро́чный / госуда́рственный долг
-, verjährte	- просро́ченный долг
Anleihe -	- долг по займу
Auslands -	- вне́шний долг
Außen -	- вне́шняя задо́лженность, вне́шний долг
Brief -	- (де́нежный) долг, подтверждённый докуме́нтами
Darlehens -	- долгово́е обяза́тельство по догово́ру за́йма
Dauer -	- долгосро́чное обяза́тельство
Finanz -	- фина́нсовый долг
Gattungs -	- долг, погаша́емый путём возвра́та
Gegen -	- обою́дный/ взаи́мный долг
Grund -	- долг, обеспе́ченный зало́гом недви́жимого

иму́щества; ипоте́чный долг

Geld- - де́нежный долг
Gemein - - конку́рсная ма́сса
Inlands - - вну́тренний долг, вну́тренняя задо́лженность
National - - национа́льный долг
Nominal - - номина́льный долг
Renten - - ре́нтный долг
Rest - - оста́ток долга
Staats - - госуда́рственный долг
Steuer - - задо́лженность по нало́гу, нало́говая недои́мка
Stück - - долг, погаша́емый путём переда́чей индивидуа́льного иму́щества
Wechsel - - долг в ве́ксельной фо́рме, долг по ве́кселю

Schuld - **долг**

eine - abtragen - погаси́ть / погаша́ть долг; погаси́ть / погаша́ть (ликвиди́ровать) задо́лженность
eine - ausbuchen - списа́ть / спи́сывать долг
eine - begleichen - производи́ть платёж по обяза́тельствам
eine - besitzen - име́ть долг, задо́лженность
eine - einziehen - взыска́ть / взы́скивать долг

Schuldabänderung - догово́р об измене́нии содержа́ния до́лга
Schuldanerkenntnis - догово́р о призна́нии должнико́м существу́ющего
Schuldbeitritt - приня́тие на себя́ чужо́го обяза́тельства совме́стно с первонача́льным должнико́м
Schuldbrief - долгово́е обяза́тельство, заёмное письмо́
-, unverzinslicher - беспроце́нтное долгово́е обяза́тельство
-, verzinslicher - проце́нтное обяза́тельство
Schuldbuch - кни́га госуда́рственного до́лга, долгова́я кни́га
Schuldbuchforderung - тре́бование, осно́ванное на за́писях в долгово́й кни́ге, тре́бование по долгово́й кни́ге
Schuldforderung - долгово́е тре́бование
Schuldforderungsklage - иск о взыска́нии до́лга
Schuldherr - креди́тор, заимода́вец
Schuldhöhe - разме́р до́лга
Schuldklage - иск о взыска́нии до́лга
Schuldmitübernahme - приня́тие на себя́ чужо́го обяза́тельства
Schuldpapier - долгово́е обяза́тельство
Schuldposten - 1. пасси́вы, долги́, обяза́тельства 2. пози́ция (статья́) задо́лженности
Schuldrecht - обяза́тельственное (облигацио́нные) пра́во
Schuldregister - долгова́я кни́га
Schuldschein - долгово́е обяза́тельство
Schuldscheindarlehen - ссу́да под долгово́е обяза́тельство
Schuldsumme - су́мма до́лга (задо́лженности)
Schuldtilgung - погаше́ние (упла́та) до́лга
Schuldtitel - исполни́тельный лист, докуме́нт с иполнительной

по́дписью

Schuldübernahme - приня́тие на себя́ до́лга друго́го лица́, перево́д до́лга

-, kumulative - приня́тие на себя́ чу́жого обяза́тельства совме́стно с первонача́льным должнико́м

-, privative - приня́тие на себя́ чу́жого обяза́тельства с освобожде́нием первонача́льного должника́ от его исполне́ния

Schuldüberweisung - перево́д до́лга

Schuldumschreibung - нова́ция (долгово́го обяза́тельства)

Schuldurkunde - долгово́е обяза́тельство

Schuldverbindlichkeit - долгово́е обяза́тельство

Schuldverhältnis - правовы́е отноше́ния между креди́тором и должнико́м

Schuldverpflichtung - долгово́е обяза́тельство

Schuldverschreibung - долго́вое обяза́тельство, вы́пущенное акционе́рным о́бществом в ви́де облига́ции, облига́ция, вы́пущенная акционе́рным о́бществом

- auf den Inhaber - долгово́е обяза́тельство на предъяви́теля

- mit Gewinnbeteiligung - облига́ция с уча́стием в при́былях, облига́ция даю́щая пра́во на уча́стие в при́былях

Schuldversprechen - догово́р о приня́тии на себя́ обяза́тельства, долгово́е обяза́тельство

Schuldvertrag - догово́р, регули́рующий правовы́е отноше́ния ме́жду креди́тором и должнико́м

Schuldwechsel - 1. тра́тта; ве́ксель к платежу́
2. сме́на должника́

Schuldzinsen - проце́нты на креди́т

Schulden - долги́

-, abgeschriebene - долги́ спи́санные в убы́ток

-, öffentliche - госуда́рственные долги́

-, uneinbringliche - безнадёжные долги́

Schuldenabkommen - соглаше́ние о долга́х

Schuldenabtragung - платёж по долгово́му обяза́тельству; погаше́ние долго́в, ликвида́ция задо́лженности

Schuldenaufnahme - приня́тие до́лга на себя́

Schuldenbegleichung - платёж по долгово́му обяза́тельству, погаше́ние долго́в

schuldenbelastet - обременённый долга́ми

Schuldenbezahlung - платёж по долгово́му обяза́тельству, погаше́ние долго́в

Schuldendienst - (ежего́дные) платежи́ в погаше́ние долгосро́чного (госуда́рственного) до́лга

Schuldenerlaß - освобожде́ние от долго́в

schuldenfrei - свобо́дный от долго́в

Schuldenlast - бре́мя долго́в

Schuldenmasse	- о́бщая су́мма долго́в несостоя́тельного должника́, подлежа́щих удовлетворе́нию из конку́рсной ма́ссы
Schuldenregelung	- урегули́рование долговы́х обяза́тельств
Schuldenregelungsgesetz	- зако́н о поря́дке урегули́рования долго́вых
Schuldenrückzahlung	- возвра́т долго́в
Schuldentilgungsfonds	- фонд погаше́ния долговы́х обяза́тельств
Schuldenarten:	- **ви́ды долго́в :**
Alt -	- ста́рые долги́
Auslands -	- заграни́чные долги́
Eventual -	- вероя́тные долги́
Hypotheken -	- ипоте́чные за́ймы
Masse -	- долги́, покрыва́емые из конку́рсной ма́ссы
Teil -	- долевы́е долги́ обяза́тельств совме́стно с первонача́льным должнико́м
Schuldner:	- **должни́к , деби́тор**
-, böswilliger	- зло́стный должни́к
-, insolventer	- несостоя́тельный должни́к
- in Verzug geratener	- неисправи́мый должник
-, säumiger	- неисправи́мый должник
-, unsicherer	- ненадёжный должник
-, zahlungsunfähiger	- несостоя́тельный должни́к
Schuldnerbank	- банк- деби́тор, банк- должни́к
Schuldnerbegünstigung	- незако́нные де́йствия лица́ в по́льзу несостоя́тельного должника́
Schuldnereigentum	- иму́щество должника́
Schuldnerland	- страна́- должни́к
Schuldnermehrheit	- должники́, свя́занные солида́рным (совоку́пным) обя́зательством
Schuldnerstaat	- госуда́рство- должни́к
Schuldnerverzug	- просро́чка должнико́м исполне́ния обяза́тельства
Darlehen n	- **ссу́да; заем**
Darlehensarten:	- **ви́ды ссуды:**
-, befristetes	- сро́чная ссуда; сро́чный заем
-, fälliges	- ссу́да, по кото́рой наступи́л срок погаше́ния
-, gedecktes	- обеспе́ченная ссу́да; обеспе́ченный заем
- gegen Lombardierung von Wertpapieren	- ссу́да под це́нные бума́ги
-, handelsmäßiges	- торго́вый заем
-, hypothekarisch gesichertes	- ссу́да, обеспе́ченная ипоте́кой; ипоте́чный креди́т
-, kurzfristiges	- краткосро́чная ссу́да
-, langfristiges	- долгосро́чная ссу́да

- mit Rückzahlungsverpflichtung	- возвра́тная ссу́да
-, nicht rückzahlbares	- безвозвра́тная ссу́да
- ohne Rückerstattung	- безвозвра́тная ссу́да
-, on-call -	- о́нкольная ссу́да
-, partiarisches	- ссу́да, за предоставле́ние кото́рой кредито́р вме́сто проце́нтов получа́ет пра́во на долево́е уча́стие в при́былях
-, rückzahlbares	- возвра́тная ссу́да
-, täglich fälliges	- ссу́да до востре́бования
-, überfälliges	- просро́ченная ссу́да; просро́ченный заем
-, ungedecktes	- необеспе́ченная ссу́да; необеспе́ченный заем
-, unverzinsliches	- беспроце́нтная ссу́да; беспроце́нтный заем
-, verlorenes	- безвозвра́тная ссу́да
-, zinsloses	- беспроце́нтная ссу́да; беспроце́нтный заем
- zu Vorzugsbedingungen	- льго́тная ссу́да
-, zweckgebundenes	- целева́я ссу́да; целево́й заем
Amortisations -	- 1. ссу́да, погаша́емая в поря́дке амортизацио́нных платеже́й 2. целева́я ссу́да на произво́дство амортизацио́нных платеже́й
Anschaffungs	- заку́почная ссу́да, покупна́я ссу́да
Bank -	- ба́нковская ссу́да
Bar -	- ссу́да нали́чными
Bau -	- ссу́да на строи́тельство
Bauspar -	- ссу́да для накопле́ния средств на жили́щное строи́тельство
Direkt -	- пряма́я ссу́да
Geld -	- де́нежная ссу́да
Hypothekar -	- ипоте́чная ссу́да, ссу́да под недви́жимое иму́щество
Kommunal -	- коммуна́льный креди́т
Liquiditäts -	- (краткосро́чный) креди́т, предоставля́емый для пополне́ния ликви́дных средств
Lombard -	- ломба́рдная ссуда
Natural -	- натура́льная ссу́да, ссу́да в натура́льной фо́рме
Police -	- ссу́да под (страховой) полис, ссуда в счет полиса
Schuldschein -	- ссу́да под долгово́е обяза́тельство
Zins -	- ссу́да с проце́нтами
Darlehen	- **ссу́да**
ein - aufnehmen	- взять / брать ссу́ду
ein - beanspruchen	- потре́бовать / тре́бовать ссу́ду
ein - gewähren	- предоста́вить / предоставля́ть ссу́ду
ein - löschen (tilgen)	- погаси́ть / погаша́ть ссу́ду
Darlehenanspruch	- тре́бование, вытека́ющее из догово́ра займа
Darlehensbegründung	- обоснова́ние ссу́ды
Darlehensempfänger	- заёмщик, должни́к, ссудополуча́тель
Darlehensfinanzierung	- финанси́рование путём получе́ния ссуд от тре́тьих лиц

Darlehensforderung	- требование, вытекающее из договора займа
Darlehensgeber	- заимодатель, кредитор, лицо, предоставляющее ссуду
Darlehensgenossenschaft	- (кооперативное) ссудное товарищество
Darlehensgeschäft	- ссудная (заёмная) операция
Darlehensgewährung	- предоставление ссуды или займа
Darlehensgläubiger	- заимодатель, кредитор, лицо предоставляющее ссуду
Darlehenshypothek	- ипотека, обеспечивающая ссуду
Darlehenskapital	- ссудный капитал
Darlehenskasse	- ссудная касса
Darlehenskassenschein	- обязательство ссудной кассы
Darlehenskassenverein	- Союз кредитных товариществ; Объединение ссудных касс
Darlehensklage	- иск о возврате предоставленной ссуды
Darlehenskonto	- ссудный счёт (в банке)
Darlehenskontrakt	- договор займа
Darlehensmethode	- форма кредитования
Darlehensnehmer	- заёмщик, должник, ссудополучатель
Darlehensschuld	- долговое обязательство по договору о займе
Darlehensschuldner	- заёмщик, должник, ссудополучатель
Darlehenssicherung	- обеспечение ссуды
Darlehensvaluta	- валюта ссуды или займа
Darlehensverein	- (кооперативное) ссудное товарищество
Darlehensverkehr	- операции по предоставлению ссуд
Darlehensverpflichtung	- долговое обязательство по договору о займе
Darlehensversprechen	- соглашение, по которому одна сторона обязуется предоставить другой стороне ссуду, предварительное соглашение о заключении договора о займе; обещание предоставить заем
Darlehensvertrag	- договор о займе
darlehensweise	- заимообразно
Darlehenswucher	- (денежное) ростовщичество
Darlehenszins	- процент по ссуде или по займу

Geldanlage — **помещение денежных средств**

Geld — **деньги**

Geldarten:	**- виды денег:**
-, aufgenommenes	- деньги, полученные в качестве ссуды
-, akzessorisches	- акцессорные деньги
- auf Kündigung	- ссуда до востребования
-, bares	- наличные деньги
-, billiges	- дешёвые деньги
-, effektives	- свободные деньги
-, fakultatives	- деньги, не обязательные к приёму
-, festes	- деньги, отданные взаймы на определённый срок

-, flüssiges	- свободные, наличные деньги
-, fundiertes	- вложенные деньги
-, gefälschtes	- фальшивые деньги
-, hartes	- металлические деньги (звонкая монета)
-, heißes	- "горячие" деньги
-, ideelles	- идеальные деньги
-, internationales	- мировые деньги, международная валюта
-, nicht konvertierbares	- неконвертируемая валюта
-, obligatorisches	- деньги, обязательные к приёму
-, provisorisches	- временные деньги
-, prozessierendes	- самодвижущиеся деньги
-, tägliches	- однодневная ссуда
-, ungedecktes	- необеспеченные деньги
-, ungültig erklärtes	- аннулированные деньги
-, valutarisches	- валютные деньги
-, verfügbares	- свободные средства
-, verwendbares	- пригодные деньги
-, vorgeschossenes	- авансовые деньги
-, wertbeständiges	- деньги, имеющие постоянную стоимость, твёрдая валюта
-, Zinsen tragendes	- деньги, приносящие проценты
-, Zinseszinsen tragendes	- деньги, приносящие проценты на проценты
-, zirkulierendes	- деньги, находящиеся в обращении
-, zuschüssiges	- добавочные деньги
Abstands -	- отступные деньги, компенсация
Auslösungs -	- выкупные деньги
Bau -	- денежные средства, отпущенные на строительство
	- абонентная плата, плата за подписку
Binnen -	- деньги, используемые во внутреннем (денежном) обращении
Bringe -	- плата за доставку товара
Durchleit -	- переходящие суммы
Falsch -	- фальшивые деньги
Fest -	- срочный вклад
Giral (Buch) -	- деньги банковского жирооборота
Gold -	- золотые деньги, золотая монета
Halbjahres -	- шестимесячный кредит
Handels -	- торговые деньги
Hart -	- металлические деньги
Hol -	- долг, взыскиваемый по месту жительства
Kauf -	- покупная или продажная цена
Klein -	- разменная монета, мелочь, мелкие деньги
Kredit -	- кредитные деньги
Kunden -	- деньги клиентов
Landes -	- национальные деньги
Liege -	- демередж
Lohn -	- деньги на выплату заработной платы

Manko -	- денежное вознаграждение выплачиваемое кассирам или счётным работникам на случай возможного возмещения ими недостающих сумм
Metall -	- металлические деньги
Monats -	- месячная ссуда
Münz -	- монета, металлические деньги
Nichtmetall -	- неметаллические деньги
Noten -	- банкнота
Papier -	- бумажные деньги
Präsenz -	- суточные деньги
Silber -	- серебряные деньги
Staats -	- государственные финансовые средства, деньги государственного бюджета,
Tage-	- однодневная (банковская) ссуда
Termin -	- деньги на срочном вкладе
Ultimo -	- ссуда, которая должна быть погашена в последний день месяца
Wechsel -	- разменные деньги
Geld	- **деньги**
das - akkumulieren	- накопить / накапливать деньги
das - anlegen	- поместить / помещать деньги
das - erwerben	- заработать / зарабатывать деньги
das - auf Zinsen geben	- дать / давать деньги в рост
das - gegen Zinsen verleihen	- дать / давать деньги в рост
das - unterschlagen	- совершить / совершать растрату
das - vom Konto abheben	- снять / снимать, взять / брать деньги со счёта
Geldabgabe	- денежный сбор
Geldabholer	- разъездной инкассатор
Geldabschöpfung	- изъятие из обращения избыточной массы денег
Geldabwertung	- девальвация, обесценение денег
Geldabzug	- денежный вычет
Geldakkomodation	- аккомодация денежного обращения
Geldakkord	- аккордная заработная плата
Geldakkumulation	- накопление денег, процесс накопления денег
Geldangebot	- 1. предложение денег 2. спрос денег
Geldanhäufung	- накопление денег
Geldanlage	- помещение (вложение) денежных средств, инвестиция
Geldanleihe	- заем в денежной форме, денежная ссуда
Geldanpassung	- аккомодация денежного обращения
Geldanweisung	- денежный перевод
Geldaufwand	- денежные расходы, издержки, затраты
Geldaufwertung	- повышение стоимости денег
Geldausdruck	- денежное выражение стоимости
Geldausgabe	- выдача денег
Geldauszahlung	- выплата денег; ассигновка

Geldäquivalent - денежный эквивалент

Geldaristokratie - финансовая аристократия

Geldbedarf - потребность в деньгах

Geldbeitrag - денежный взнос

Geldbeleg - денежный вклад, денежный документ

Geldbelohnung - денежное вознаграждение

Geldbeschaffung - привлечение денежных средств

Geldbestand - денежная наличность, денежные средства

Geldbewegung - движение денег

Geldbewilligung - ассигнование денежных средств

Geldbeziehungen - денежные отношения

Geldbilanz - баланс денежных доходов и расходов

Geldbörse - 1. фондовая (валютная) биржа
2. биржа ссудного капитала

Geldbuße - денежный штраф

Gelddarlehen - денежная ссуда

Gelddeckung - 1. товарное покрытие выпущенных в обращение бумажных денег
2. ликвидные средства, находящиеся в распоряжении предприятия

Gelddepositum - денежный вклад в банк, депозит

Gelddisposition - расчётный отдел банка

Geldeingang - поступление денежных средств

Geldeinheit - денежная единица

Geldeinkommen - доходы в денежной форме

Geldeinkünfte - доходы в денежной форме, денежные поступления

Geldeinlage - денежный вклад в банк, депозит

Geldeinzahler - вкладчик, вносящий в банк

Geldeinzug - инкассация наличных денег

Geldemission - эмиссия денег, выпуск денег

Geldempfänger - 1. инкассатор
2. получатель денег

Geldentschädigung - денежная компенсация

Geldentwertung - обесценивание денег

Gelderhebung - сбор (взимание) денег

Gelderlös - выручка, денежные поступления

Gelderwerb - получение денег

Geldfaktor - денежный фактор

Geldfälschung - подделка (фальсификация) денег

Geldfonds - денежный фонд

Geldforderung - денежное требование

Geldfunktion - функция денег

Geldgeber - кредитор, заимодатель, инвестор

Geldgebühren - денежные сборы, налоги взимаемые в денежной форме

Geldgeschäft - денежная (финансовая) сделка

Geldhandel - торговля деньгами

Geldhort - деньги, превращённые в сокровище, тезаврирование денег

Geldinstitut - кредитное учреждение

Geldkapital - денежный капитал

Geldkassette - ящик с отделениями для разменной монеты
Geldknappheit - нехватка денег
Geldkontraktion - дефляция
Geldkredit - денежный кредит
Geldkrise - денежный кризис
Geldkurs - валютный курс, курс покупателей
Geldkurszettel - курсовой бюллетень, валютная котировка
Geldlage - состояние денежного рынка, положение на валютном рынке
Geldleihe - заём денег
Geldleistung - платёж наличными
Geldlohn - денежная форма оплаты труда
Geldmakler - биржевой маклер по валюте
Geldmarkt - денежный рынок
Geldmarktpapiere - ценные бумаги, обращающиеся на денежном рынке
Geldmarktsatz - ставка процента денежного рынка
Geldmasse - денежная масса
Geldmaßstab - денежный (стоимостный) масштаб
Geldmechanismus - денежный механизм
Geldnachfrage - спрос на деньги
Geldnehmer - заёмщик, должник
Geldnotierung - валютная котировка, курс денег
Geldordnung - денежная система
Geldpacht - арендная плата
Geldpanik - паника на валютном рынке
Geldpapiere - ценные бумаги
Geldpolitik - валютная политика
Geldprämie - денежная премия
Geldpreis - валютный курс, курс денег
Geldrechnung - 1. денежный учёт
2. счёт
Geldreform - денежная реформа
Geldregulierung - регулирование денежного обращения
Geldrente - денежная рента
Geldrepartierung - частичное выполнение поручений на покупку
Geldrimesse - римесса, денежный перевод
Geldsatz - учётный процент, учётная ставка
Geldschein - денежный знак, банкнота
Geldschöpfung - эмиссия (выпуск) бумажных денег
Geldschuld - денежный долг
Geldsendung - денежный перевод
Geldsorten - валюта (различных стран)
Geldstabilität - стабильность денег
Geldsteuer - денежный сбор, налог взимаемый в денежной форме
Geldstillegung - нуллификация денег
Geldstock - основной капитал
Geldstrafe - денежный штраф, пеня
Geldstückelung - подсчёт денег по купюрам
Geldsurrogat - денежный знак

Geldsystem - денежная система
Geldtauschverkehr - денежный обмен
Geldübermittlung - перевод денег
Geldüberschuß - избыток денег
Geldüberweisung [z.B. Postanweisung, bis zu 1000 DM] - денежный перевод, перевод денег по безналичноиу расчёту
Geldumlauf - денежное обращение
Geldumtausch - обмен денег
Geldumtauschstelle - пункт обмена денег
Geldunterstützung - денежное пособие
Geldvergütung - денежное возмещение
Geldverhältnisse - 1. денежные отношения
2. положение на денежном рынке
Geldverkehr - денежный оборот, денежное обращение
Geldverleiher - кредитор, заимодатель
Geldverlust - (денежный) ущерб, убыток
Geldvermögen - капитал, ценности
Geldvernichtung - изъятие частными лицами на время наличных денег из обращения
Geldverpflichtung - денежное обязательство
Geldverschreibung - денежное обязательство
Geldvolumen - объём денежного обращения
Geldvorschuß - денежный аванс
Geldwanderung - миграция денег
Geldware - деньги- товар, деньги как товар
Geldwechsel - 1. размен денег
2. обмен (иностранной) валюты
3. пункт обмена валюты
Geldwechsler - меняла
Geldwert - 1. стоимость (курс) денег
2. денежная стоимость
Geldwesen - финансы, система финансовых отношений
Geldwirtschaft - денежное хозяйство
Geldwucher - ростовщичество
Geldzahlung - платёж наличными
Geldzeichen - денежный знак
Geldzins - ссудный процент, процент с капитала, рента
Geldzirkulation - денежное обращение
Geldzufluß - приток денег

Gelder - **деньги, денежные средства**

-, aufgenommene - средства, полученные в качестве ссуды
-, ausstehende - недоимка
-, durchlaufende - свободные от налогового обложения суммы возмещения затрат, связанных с исполнением служебных обязанностей

-, feste - 1. срочные вклады
2. деньги, данные взаймы на определённый срок
3. суммы на специальных счетах, блокированные

	при проведении денежной реформы
-, kurzfristige	- краткосрочные вклады, краткосрочные кредиты
-, langfristige	- долгосрочные вклады
Anlage	- **вложение, помещение (капитала)**
Anlagearten:	- **виды вложений:**
Geld-	- вложение денежных средств
Geschäfts-	- вложение в предприятие
Kapital-	- вложение капитала
Kredit-	- кредитные вложения
Neu-	- новое вложение
Anlage	- **вложение, помещение (капитала)**
von fixem Kapital	- вложение в основной капитал
von Vorräten	- накопление запасов
Anlageaufstockungsposten	- статья баланса, отражающая рост основного капитала
Anlageberatung	- консультационная служба для вложения капитала
Anlagefeld,des Kapitals	- сфера приложения капитала
Anlagefonds	- основные фонды, основные средства
-,nichtproduktive	- непроизводственные основные фонды основные фонды непрозводственного назначения
Anlagefondsbilanz	- баланс основных фондов
Anlagegesellschaft	- инвестиционный трест; холдинг- компания
Anlagegewinn	- доходы от капиталовложений
Anlagegüter	- основные средства (производства)
Anlageinvestitionen	- инвестиции, капиталные вложения, капиталовложения
Anlagekapital	- основной капитал (предприятия)
Anlagekonto	- имущественный счёт
Anlagekosten	- издержки, связанные с вложением в основной капитал
Anlagekredit	- долгосрочный (инвестиционный) кредит
Anlagemittel	- основные средства, основные фонды
Anlagen	- инвестиции, капиталные вложения, капиталовложения
-, direkte	- прямые инвестиции, прямые капиталовложения
-, kurzfristige	- краткосрочные инвестиции, краткосрочные капиталовложения
-, langfristige	- долгосрочные инвестиции
Anlagenbuchführung	- (бухгалтерский) учёт основных средств
Anlagenerweiterung	- увеличение объёма основных средств
Anlagenfinanzierung	- финансирование инвестиций
Anlagenintensität	- фондоёмкость

anlagenintensiv	- фондоемкий
Anlagenkartei	- картотека основных фондов
Anlagennachweis	- (бухгалтерский) учет основных средств
Anlagepapiere	- ценные бумаги, основанные на инвестированном капитале
Anlageplan	- план инвестиции
Anlagerichtlinien	- порядок использования средств, предоставленных банком
Anlagesphäre	- сфера приложения капитала
Anlage- und Umlaufmittel	- основные и оборотные средства
Anlagevermögen	- основной капитал
-, abnutzbares	- основные средства (производства), подвергающиеся износу
-, bewegliches	- оборотный капитал
Anlagewagnis	- риск предприятия, связанный с преждевременным износом основных средств
Anlagewerte	- ценные бумаги, основанные на инвестированном капитале
Risiko	**- риск**
Risikoarten:	**- виды риска:**
Beschlagnahme -	- риск конфискации
Erst -	- первоначальный риск
Extra -	- особый риск
Geschäfts -	- коммерческий риск
Kredit -	- кредитный риск
Valuta -	- валютный риск
Zahlungs (Inkasso) -	- риск неплатежа
Zweit -	- второй риск
Risiko	**риск**
- im Außenhandelsgeschäft	- внешнеторговый риск
das - erhöhen	- повысить / повышать риск
das - senken	- снизить / снижать риск
- der Abnahmeverweigerung	- риск непринятия товара
-, kalkulatorisches	- калькулируемый риск
- kundenanonymer Fertigung	- риск выпуска продукции для анонимного потребителя
-, versicherbares	- страхуемый риск
Risikoanalyse	- анализ риска
-, vereinigte	- сводный анализ риска
Risikoaufschlag	- надбавка на риск
Risikobeitrag	- часть страхового взноса, необходимая для

	покрытия страхового риска
Risikograd	- степень риска
Risikokumulation	- кумуляция риска
Risikolebensversichung	- страхование на случай смерти
Risikomischung	- снижение риска затоваривания путём расширения ассортимента производства
Risikoprämie	- 1. премия за риск 2. спекулятивная рента
Risikoprüfung	- проверка наличия и степени риска
Risikostreuung	- дробление риска
Risikoübernahme	- принятие (на себя) риска
Risikoverhältnis	- отношение риска
Risikoversicherung	- 1. страхование от риска 2. страхование на случай смерти
Risikoverteilung	- дробление риска
Risikozuschlag	- надбавка на риск

Das Einlagengeschäft - **приём вкладов**

Sparen - **накопление денег**

Sparanlage	- помещение накоплений в сберегательную кассу
Sparbank	- сберегательный банк, сбербанк
Sparbeitrag	- сберегательный взнос
Sparbetrag	- сумма вклада
Sparbuch	- сберегательная книжка
Spareinlage	- вклад, вклад в сбербанк
-, bedingte	- условный вклад
-, befristete	- срочный вклад
-, fristlose	- бессрочный сберегательный вклад
sparen	- 1. накопить / копить, отложить / откладывать 2. беречь, сэкономить /экономить деньги
Sparen	- 1. накопление денег 2. бережливое (экономное) расходование 3. хранение денег в сбербанке
-, liquides	- образование ликвидных сбережений
- mit täglicher Verfügungsmöglichkeit	- бессрочное хранение сбережений
- mit vereinbarter Kündigungsfrist	- хранение сбережений в течение обусловленного срока
-, nichtliquides	- образование неликвидных сбережений
Sparer	- вкладчик
Sparerschaden	- ущерб, нанесённый владельцам сбережений валютной реформой
Sparfreudigkeit	- готовность (населения) хранить деньги в сбербанке
Spargelder	- сумма вкладов на сберегательных счетах сбережения
Spargirokonto	- жиросчёт, переводно-чековый счёт
Spargiroverkehr	- жирорасчёт в системе сбербанков

Spargroschen	- сбережения на чёрный день
Sparguthaben	- вклад в сбербанк; текущий счёт в сбербанке; сбережения
-, festes	- срочный вклад
- der Versicherten	- резерв для покрытия притязаний страхователей жизни
Sparhang	- склонность (населения) к накоплению
Sparhaushalt	- бюджет, составленный с учётом проводимого режима экономии средств
Sparheft	- сберегательная книжка, сберкнижка
Sparinstitution	- учреждение, в котором можно хранить деньги
Sparkarte	- карточка для наклейки марок сберкассы
Sparkasse	- сберегательная касса, сберкасса
Bausparkasse	- кредитное учреждение, выдающее долгосрочные ссуды для индивидуального стройтельство
Lohnsparkasse	- сберкасса, в которую перечисляется заработная плата
Postsparkasse	- почтово- сберегательная касса
Spar- und Darlehenskasse	- ссудосберегательная касса
Sparkassenbuch	- сберегательная книжка, сберкнижка
Sparkasseneinlage	- денежный вклад
Sparkassenfonds	- фонд сберкасс
Sparkassensatzung	- устав сберкасс, положение о сберкассах
Sparkassen- und Giroverbände	- Объединения союзов сберкасс и жироцентров (ФРГ)
Sparkonto	- (лицевой) счёт в сберкассе
Sparkunde	- вкладчик
Sparleistung	- 1. взнос вкладчика в сберкассу 2. сумма сбережений вкладчика
Sparmittel	- средство образования сокровищ, средство накопления
Sparneigung	- склонность к накоплению
Sparprämien	- премия, выплачиваемая активным вкладчикам
Sparprogramm	- программа режима экономии
Sparprozeß	- процесс образования капиталов путём создания сбережений
Sparquote	- часть дохода, идущая на вклады
Sparrate	- норма сбережений
Sparregime	- режим экономии
sparsam	- 1. бережливый, расчётливый, экономный 2. хозяйственный
Sparsamkeit	- 1. бережливость, расчётливость, экономность 2. хозяйственность
Sparsamkeitsprämie	- премия за экономию
Sparsamkeitsprinzip	- принцип режима экономии
Spartätigkeit	- помещение населением денег на вклады в сберегательных кассах
Sparverein	- общество взаимного кредита
Sparverkehr	- оборот сберкассы; сберегательные операции

Sparvertrag - договóр со сберкáссой или другúм учреждéнием, предназнáченным для хранéния сбережéний

-, allgemeiner - óбщий договóр

-, vermögenswirksamer - имýщественно- дéйствующий договóр

Sparvorgang - процéсс образовáния капитáлов путём создáния сбережéний

Sparzinsen - процéнты, выплáчиваемые по вклáдам

Sparformen - **фóрмы хранéния в сбербáнке**

Sondersparformen: - специáльные фóрмы накоплéния дéнег

Bausparen - 1. накоплéние средств на жилúщное строúтельство 2. взнóсы в фонд строúтельной организáции

Dauerauftragssparen - долгосрóчное поручéние на совершéние определённых оперáций

Prämiensparen - 1.мéтод хранéния вклáдов в сбербáнке, при котóром дохóд выплáчивается в вúде вы́игрышей 2.вы́дача прéмии покупáтелю, сдéлавшему определённое колúчество покýпок в óдном и тóм же магазúне

Sparbrief - вéксель, цéнная бумáга, письмó для накоплéния дéнег

Bundesschatzbrief - письмó государственной кáзны

Vermögenssparen - накоплéние дéнег на имýщество

Zuwachssparen - накоплéние на прúрост

Depositen pl - **депозúты pl**

Depositenannahme - принятие на хранéние вклáдов или цéнных бумáг

Depositenbank - депозúтный банк

Depositenbewahrer - 1. хранúтель вклáда или цéнных бумáг 2. депозитáрий

Depositenbuch - депозúтная кнúжка

Depositenforderung - трéбование на вы́дачу вклáда

Depositengeld - дéнежные сýммы, вносúмые на хранéние в кредúтные учреждéния

Depositengeschäft - депозúтная оперáция

Depositenguthaben - цéнные бумáги, передавáемые на хранéние в кредúтные учреждéния

Depositenkapital - капитáл, вносúмый на хранéние в кредúтные учреждéния

Depositenkasse - депозúтная кáсса

Depositenkonto - депозúтный счёт

Depositenschein - депозúтный/вклáдной билéт, сохрáнная распúска

Depositenversicherung - депозúтное страховáние

Depositenvertrag - договóр о принятии дéнежных сумм или цéнных бумáг на хранéние (в депозúт)

Depositenwechsel - обеспéченный вéксель, вéксель, пéреданный бáнку

	в ка́честве обеспе́чения
Depositenzahlung	- платежи́ по вкла́дам
Depositor	- вкла́дчик
Depositorium	- ме́сто хране́ния депози́тов
Depositum	- 1. де́нежные су́ммы, вноси́мые на хране́ние в креди́тные учрежде́ния, вклад, депози́т 2. це́нные бума́ги (а́кции, облига́ции), передава́емые на хране́ние в креди́тные учрежде́ния
-, befristetes	- сро́чный депози́т
-, irreguläres	- депози́т, кото́рым креди́тное учрежде́ние может свобо́дно распоряжа́ться
-, kurzfristiges	- краткосро́чный депози́т
-, offenes	- депози́т, вноси́мый по о́писи
-, reguläres	- депози́т, вноси́мый то́лько на хране́ние
-, unbefristetes	- бессро́чный депози́т
-,verschlossenes	- депози́т, храня́щийся в запеча́танном ви́де
Effektengeschäft	**сде́лка с це́нными бума́гами; фо́ндовые опера́ции**
Effekten pl	**це́нные бума́ги (а́кции, облига́ции) pl**
die - lombardieren lassen	- заложи́ть / закла́дывать (сдава́ть в зало́г) це́нные бума́ги
Effektenabteilung	- фо́ндовый отде́л
Effektenarbitrage	- фо́ндовый арбитра́ж
Effektenbank	- фо́ндовый банк
Effektenbelehnung	- ссу́да под зало́г це́нных бума́г
Effektenbörse	- фо́ндовая би́ржа, би́ржа це́нных бума́г
Effektengeschäft	- сде́лка с це́нными бума́гами, фо́ндовые опера́ции
Effektenhandel	- 1. фо́ндовый арбитра́ж 2. сде́лка с це́нными бума́гами 3. торго́вля це́нными бума́гами
Effektenhändler	- торго́вец це́нными бума́гами
Effektenkommission	- комиссио́нная торго́вля це́нными бума́гами
Effektenkonto	- счёт це́нных бума́г
Effektenkurs	- курс це́нных бума́г, коти́рующихся на би́рже
Effektenlombardgeschäft	- вы́дача ссуд под це́нные бума́ги
Effektenlombardierung	- получе́ние ссу́ды под зало́г це́нных бума́г
Effektenmakler	- ма́клер по опера́циям с це́нными бума́гами
Effektenmarkt	- фо́ндовый ры́нок, ры́нок це́нных бума́г
Effektenrechnung	- 1. исчисле́ние факти́ческой сто́имости це́нных бума́г 2. исчисле́ние проце́нтов, получа́емых с це́нных бума́г
Effektenspekulation	- спекуля́ция це́нными бума́гами
Effektenumsatzsteuer	- нало́г с оборо́та по фо́ндовым опера́циям
Effektenarten:	**- ви́ды це́нных бума́г:**

Effekten mit festem Ertrag (Rentenpapiere):	- це́нные бума́ги с твёрдом дохо́дом
Bankbrief	- ба́нковское письмо́
Industriebrief	- промы́шленное письмо́
Kommunalobligation	- облига́ция коммуна́льного за́йма
Pfandbrief	- закладно́й лист
Schuldverschreibung	- до́лговое обяза́тельство
Anleihe:	- **зае́м:**
eine - auflegen	- вы́пустить / выпуска́ть заем
eine - aufnehmen	- сде́лать / де́лать заем, взять / брать ссу́ду
eine - ausgeben	- вы́пустить / выпуска́ть заем
eine - ausreichen	- дать / дава́ть заем кому-л.
eine - ausschreiben	- размести́ть / размеща́ть заем
eine - begeben	- вы́пустить / выпуска́ть заем, размести́ть / размеща́ть заем
eine - emittieren	- вы́пустить / выпуска́ть заем
eine - gewähren	- предоста́вить / предоставля́ть заем
eine - herausgeben	- вы́пустить / выпуска́ть заем
eine - überzeichnen	- превыша́ть заплани́рованную су́мму подпи́ски на заем
eine - unterbringen	- размести́ть / размеща́ть заем
eine - zeichnen	- подписа́ться на заем
eine - zur Zeichnung vorlegen	- объяви́ть / объявля́ть подпи́ску на заем
Anleiheabkommen	- соглаше́ние (догово́р) о предоставле́нии займа
Anleiheablösung	- погаше́ние займа
Anleiheablösungsschuld	- задо́лженность, погаша́емая вновь вы́пущенным займом
Anleiheaufnahme	- вы́пуск займа
Anleiheausschreibung	- размеще́ние займа, кампа́ния по размеще́нию займа
Anleihebesitzer	- займодержа́тель
Anleihedeckung	- покры́тие займа
Anleiheemission	- вы́пуск займа
Anleihegeber	- креди́тор по займу, займода́тель
Anleihegläubiger	- креди́тор по займу
Anleihehalter	- займодержа́тель
Anleihekonsortium	- консо́рциум по реализа́ции займов
Anleihekonto	- ссу́дный счёт
Anleihekonversion	- конве́рсия займа
Anleihemarkt	- де́нежный ры́нок, ры́нок ссу́дных капита́лов
Anleihemittel	- ссу́да
Anleihenehmer	- зае́мщик, должни́к по займу, ссудополуча́тель
Anleiheschein	- облига́ция займа
Anleiheschuld	- долг (задо́лженность) по займу
Anleiheschuldner	- зае́мщик, должни́к по займу
Anleiheserie	- разря́д займа
Anleihestück	- облига́ция займа
Anleihetilgung	- погаше́ние займа

Anleiheverschuldung	- задо́лженность по за́йму
Anleihezahlung	- вы́плата по за́йму
Anleihezeichner	- подпи́счик на заем
Anleihezeichnung	- подпи́ска на заем
Anleihezinsendienst	- вы́плата проце́нтов по за́йму
Anleihearten:	**- ви́ды за́йма:**
-, äußere	- вне́шний заём
-, fundierte	- фунди́рованный заём
-, garantierte	- гаранти́йный заём
-, gedeckte	- фунди́рованный заём
-, hochprozentig verzinste	- высокопроце́нтный заём
-, kommunale	- комму́на́льный заём
-, konsolidierte	- фунди́рованный заём
-, konvertible	- конверти́руемый заём
-, kurzfristige	- краткосро́чный заём
-, langfristige	- долгосро́чный заём
- mit Golddeckung	- заём с золо́тым покры́тием
- mit Staatsgarantie	- заём, обеспе́ченный гара́нтией госуда́рства, заём с госуда́рственной гара́нтией
-, nicht beanspruchte	- невы́данный заём
-, öffentliche	- госуда́рственный заём, прави́тельственная ссу́да
- ohne Rückzahlungstermin	- бессро́чный заём
-, profitverheißende	- заём, су́лящий при́быль
-, ungedeckte	- заём, не покры́тый обеспече́нием
-, unkündbare	- бессро́чный заём
-, unverzinsliche	- беспроце́нтный заём
-, verzinsliche	- проце́нтный заём
-, zinsfreie	- беспроце́нтный заём
Auslands -	- вне́шный заём
Garantie -	- гаранти́йный заём
Gemeinde -	- муниципа́льный заём
Hypotheken -	- ипоте́чный заём
Inlands -	- вну́тренный заём
Natural -	- натура́льный заём
Obligations -	- заём, в ви́де облига́ции
Prämien -	- беспро́игрышный заём
Privat -	- ча́стный заём
Regierungs -	- межправи́тельственный заём
Schuldbuch -	- безоблигацио́нный заём
Serien -	- сери́йный заём
Staats -	- госуда́рственный заём
Tilgungs -	- погаша́емый заём
Valuta -	- валю́тный заём
Effekten mit veränderlichen Ertrag	**- це́нные бума́ги с переме́нным дохо́дом**

Aktie: - а́кция:

Aktienabschnitt - дивиде́ндный купо́н а́кции
Aktienabstempelung - измене́ние номина́льной сто́имости (номина́льной цены) а́кции путём штемпелева́ния
Aktienanteil - пай в акционе́рном капита́ле; до́ля в акционе́рном капита́ле
Aktienausgabe - вы́пуск а́кций
Aktienaustausch - обме́н а́кций
Aktienbank - акционе́рный банк
Aktienbeitrag - взнос за а́кцию
Aktienbesitz - 1. владе́ние а́кциями
2. паке́т а́кций
Aktienbesitzer - акционе́р, держа́тель а́кций
Aktienbeteiligung - переда́ча ча́сти а́кций креди́тору акционе́рного о́бщества для ча́стного удовлетворе́ния его тре́бований
Aktienbezugsrecht - пра́во на получе́ние а́кций
Aktienbörse - фо́ндовая би́ржа
Aktienbuch - кни́га регистра́ции со́бственников именны́х а́кций
Aktien-Depositenbank - акционе́рный депози́тный банк
Aktieneinzahlung - взнос на а́кцию
Aktienemission - вы́пуск а́кций
Aktienfonds - фонд акционе́рного о́бщества
Aktiengattungen - ви́ды а́кций
Aktiengesellschaft - акционе́рное о́бщество / АО, акционе́рная компа́ния
Aktiengesetz - зако́н об акционе́рных о́бществах
Aktiengesetzgebung - законода́тельство, регламенти́рующее де́ятельность акционе́рных о́бществ
Aktienhalter - акционе́р, держа́тель а́кций
Aktienhandel - ку́пля- прода́жа а́кций
Aktienindex - и́ндекс котиро́вки а́кций, и́ндекс ку́рсов а́кций
Aktieninhaber - акционе́р
Aktienkapital - акционе́рный капита́л
Aktienkommerzbank - акционе́рный комме́рческий банк
Aktienkontrollpaket - контро́льный паке́т а́кций
Aktienkurs - курс а́кций
Aktienmakler - биржево́й ма́клер, посре́дничающий при ку́пле- прода́же а́кций
Aktienmarkt - 1. фо́ндовая би́ржа
2. ры́нок а́кций
Aktiennovelle - нове́лла, регули́рующая акционе́рное пра́во
Aktienpaket - паке́т а́кций
Aktienportefeuille - портфе́ль а́кций
Aktienposten - (небольшо́й) паке́т а́кций
Aktienrecht - акционе́рное пра́во
Aktienspekulant - биржево́й игро́к (биржеви́к), спекули́рующий на ку́рсах а́кций
Aktienspekulation - игра́ на ку́рсах а́кций

Aktienstimmrecht	- пра́во го́лоса акционе́ров
Aktienstreuung	- прода́жа а́кций широ́кому кругу́ ме́лких и сре́дних акционе́ров, распыле́ние а́кций
Aktienumtausch	- обме́н а́кций
Aktienunternehmen	- акционе́рное предприя́тие
Aktienzeichnung	- подпи́ска на а́кций
Aktienarten:	**- ви́ды а́кции:**
-, alte	- а́кция пе́рвого вы́пуска , основна́я а́кция
-, auf den Namen lautende	- именна́я а́кция
-, bevorrechtete	- привилеги́рованная а́кция
-, eigene	- а́кция в портфе́ле, со́бственная а́кция
-, eingetragene	- зарегистри́рованная а́кция
-, gewöhnliche	- обыкнове́нная а́кция
-, junge	- но́вая а́кция
-, konvertierbare	- конверти́руемая а́кция
-, kumulative	- кумуляти́вная а́кция
-, landwirtschaftliche	- а́кция сельскохозя́йственного предприя́тия
- mit mehrfachem Stimmrecht	- " многоголо́сая " а́кция
- mit Nennwert	- а́кция с нарица́тельной (с номина́льной) сто́имостью
- mit dem Recht der Beteiligung am Gewinnüberschuß	- а́кция с пра́вом уча́стия в оста́тке при́былей
-, nicht stimmberechtigte	- " безголо́сная " а́кция
-, nicht volleingezahlte	- а́кция с непо́лной опла́той , части́чно (непо́лностью) опла́чиваемая а́кция
- ohne Nennwert	- а́кция без нарица́тельной сто́имости
- ohne Stimmrecht	- " безголо́сая " а́кция
-, stimmberechtigte	- а́кция, даю́щая пра́во го́лоса
-, umtauschfähige	- преврати́мая а́кция
-, vinkulierte	- именна́я а́кция, кото́рая мо́жет быть пе́редана в тре́тьие ру́ки то́лько с разреше́нием акционе́рного о́бщества
-, vollbezahlte	- по́лностью опла́ченная а́кция
Arbeitnehmer -	- рабо́чая а́кция
Bank -	- ба́нковская а́кция
Belegschafts -	- а́кция коллекти́ва рабо́чих и слу́жащих предприя́тия
Gesamt -	- глоба́льная а́кция
Gratis -	- беспла́тная а́кция
Gründer -	- учреди́тельская а́кция
Industrie -	- промы́шленная а́кция
Inhaber -	- а́кция на предъяви́теля, предъяви́тельская а́кция
Namens -	- именна́я а́кция
Nachzugs -	- второочередна́я а́кция
Stamm -	- обыкнове́нная, основна́я акция
Volks -	- наро́дная а́кция
Vorzugs -	- привилеги́рованная а́кция

Zusatz -	- дополни́тельная а́кция
Zwischen -	- вре́менная а́кция
Aktiendividende:	- **акционе́рный дивиде́нд:**
die - abwerfen	- принести́ / приноси́ть дивиде́нд
die - ausschütten	- вы́платить / выпла́чивать дивиде́нд
die - bringen	- принести́ / приноси́ть дивиде́нд
-, erklärte,ausgeschüttete	- объя́вленный дивиде́нд
-, exklusive	- привилеги́рованный дивиде́нд
-, kulmulative	- дивиде́нд, выпла́чиваемый за предше́ствующие го́ды
-, unbehobene	- невостре́бованный дивиде́нд
Dividendenabgabe	- 1. нало́г на дивиде́нды 2. вы́плата двиде́ндов
Dividendenabschnitt	- дивиде́ндный купо́н
Dividendenarten:	- ви́ды дивиде́нда:
Abschlags -	- предвари́тельный дивиде́нд
Mindest -	- гаранти́йный дивиде́нд
Vorzugs -	- привилеги́рованный дивиде́нд
Zusatz -	- дополни́тельный дивиде́нд
Dividendenausschüttung	- вы́плата дивиде́ндов распределе́ние дивиде́ндов
Dividendenberechtigung	- пра́во на получе́ние дивиде́ндов
Dividendenbogen	- купо́нный лист
Dividendendienst	- вы́плата дивиде́ндов
Dividendenerklärung	- установле́ние разме́ра дивиде́ндов
Dividendenfonds	- су́ммы, подлежа́щие распределе́нию между акционе́рами
Dividendengarantie	- гара́нтия вы́платы обусло́вленного ми́нимума дивде́ндов
Dividendenhöhe	- разме́р выпла́чиваемых дивиде́ндов
Dividendenkonto	- счёт дивиде́ндов
Dividendenpapier	- це́нные бума́ги
Dividendenpolitik	- поли́тика в о́бласти дивиде́ндов
Dividendenreserve	- резе́рв для вы́платы дивиде́ндов
Dividendenschein	- дивиде́ндный купо́н
Dividendenscheineinlösung	- инкасси́рование дивиде́ндного купо́на
Dividendenstopp	- устано́вленный зако́ном запре́т на повыше́ние разме́ра дивиде́ндов
Dividendenverteilung	- распределе́ние дивиде́нда
Dividendenverwässerung	- разводне́ние дивиде́ндов
Mischformen:	- **сме́шанные фо́рмы:**
Investmentzertifikat	- инвестицио́нный сертифика́т
Optionsanleihe	- заём опцио́на, опцио́нный заём
Wandelschuldverschreibung	- облига́ция конверсио́нного займа

Wertpapiere pl	**ценные бумаги**
-, aufgerufene	- изъятие из обращения, аннулированные ценные бумаги
-, ausgeloste	- ценные бумаги, вышедшие в тираж
-, außer Kurs gesetzte	- изъятые из обращения ценные бумаги
-, börsengängige	- ценные бумаги, котирующиеся на бирже
-, erstklassige	- первоклассные ценные бумаги
-, festverzinsliche	- (государственные) ценные бумаги, приносящие твёрдый процент
-, lieferbare	- ценные бумаги, допущенные к обращению на бирже
-, mündelsichere	- первоклассные ценные бумаги
-, vernichtete	- уничтоженные ценные бумаги
-, vertretbare	- заменимые ценные бумаги
Wertpapierarbitrage	- фондовый арбитраж
Wertpapierbereinigung	- урегулирование расчётов по ценным бумагам
Wertpapierbestand	- портфель ценных бумаг
Wertpapierbörse	- фондовая биржа, биржа ценных бумаг
Wertpapieremission	- эмиссия (выпуск) ценных бумаг
Wertpapierkurs	- курс ценных бумаг
Wertpapiermarkt	- рынок ценных бумаг
Wertpapiersparen	- образование сбережений путём покупки ценных бумаг
Wertpapierspekulation	- спекуляция ценными бумагами
Wertpapiersteuer	- налог на ценные бумаги
Wertpapierumschreibung	- передача именных ценных бумаг
Wertpapierversicherung	- страхование ценных бумаг от потерь на курсе в момент их погашения
Wertpapierverwahrung	- хранение ценных бумаг
Wertpapierdepot:	- **депо ценных бумаг:**
in - geben	- внести / вносить на хранение в депо ценных бумаг
-, irreguläres	- хранение ценных бумаг без описи; хранение ценных бумаг которыми кредитное учреждение может свободно распоряжаться
-, lebendes	- книга лицевых счетов депонентов
-, offenes	- хранение ценных бумаг по описи
-, reguläres	- хранение ценных бумаг с описью, депозит, вносимый только на хранение
-, verschlossenes	- хранение ценных бумаг в запечатанном виде
Depotabteilung	- 1. отдел вкладов и текущих счетов 2. отдел сейфов (хранения ценности)
Depotaktien	- акции, сданные банку на хранение и управление
Depotaufbewahrung	- депонирование ценных бумаг
Depotauszug	- выписка из депозитных счетов
Depotbank	- депозитный банк

Depotbedingungen	- усло́вия прие́ма депози́тов
Depotbuch	- кни́га вкла́дов, кни́га депози́тов
-, lebendes	- кни́га лицевы́х счето́в депози́тов
-, totes	- кни́га уче́тов це́нности, при́нятых на хране́ние
Depoteffekten	- це́нные бума́ги, передава́емые на хране́ние
Depot- Einlieferungsbestätigung	- сохра́нное свиде́тельство
Depotgebühr	- ба́нковский сбор за хране́ние це́нных бума́г
Depotgeschäfte	- депози́тные опера́ции; опера́ции по вкла́дам
Depotgesetz	- зако́н о вкла́дах
Depotgestellung	- внесе́ние депози́та
Depotinhaber	- владе́лец вкла́да
Depotkonto	- депози́тный счёт
Depotpapiere	- це́нные бума́ги, передава́емые на хране́ние
Depotprüfung	- контро́ль деятельности креди́тных учрежде́ний, принима́ющих на хране́ние или осуществля́ющих комиссио́нные опера́ции с це́ннными бума́гами
Depotschein	- депози́тный биле́т, сохра́нная распи́ска
Depotstellung	- внесе́ние депози́та
Depotstimmrecht	- пра́во уча́стия ба́нка в дела́х акционе́рного о́бщества по а́кциям, сда́нным ему на хране́ние и управле́ние
Depotunterschlagung	- незако́нное испо́льзование при́нятых на хране́ние це́нных бума́г
Depotvertrag	- догово́р о сда́че це́нных бума́г на хране́ние
Depotverwahrung	- хране́ние де́нежных сумм или це́нных бума́г
Depotwechsel	- обеспечи́тельский ве́ксель, ве́ксель пе́реданный ба́нку в ка́честве обеспече́ния
Depotarten:	- **ви́ды депо́:**
Aber -	- закла́д це́нных бу́маг в ба́нке, приобрета́ющем пра́во со́бственности на эти бума́ги до их выкупа
Ander -	- вклад, принадлежа́щий не депоне́нту, а тре́тьему лицу́
Bar -	- де́нежное депо́
Eigen -	- вклад, слу́жащий ба́нку зало́гом (гара́нтией) соблюде́ния обяза́тельств депоне́нта
Spezial -	- осо́бое депо́
Tausch -	- хране́ние це́нных бума́г с пра́вом обме́на их на це́нные бума́ги того́ же ви́да
Sonstige Leistungen der Bank	- **про́чие услу́ги ба́нка/ ба́нковские услу́ги**
1. Dienstleistungen (Geschäft mit privaten Kunden und Firmen)	- **услу́ги ба́нка/ ба́нковские услу́ги**
Allfinanz (Bank als Dienstleistungszentrum für alle Geldfragen)	- общефина́нсовая де́ятельность
Datenverarbeitungsservice	- се́рвис обрабо́тки да́нных
Finanzinnovationen	- фина́нсовая иннова́ция

Swapgeschäft - сво́п (опера́ция одновре́менной поку́пки или прода́жи иностра́нной валю́ты за нали́чные и прода́жи или поку́пки её на срок)

Gewährung von Risikokapital - предоставле́ние капита́ла с ри́ском
Immobiliengeschäfte - сде́лки с недви́жимостью
Safevermietung - арендова́ть / брать в аре́нду сейф
Vermittlung bei Verkauf von Unternehmungen - посре́дничество при прода́жи предприя́тий
Vermittlung von Versicherungen - посре́дничество страхова́ния
Vermögensverwaltung - управле́ние иму́ществом

2. Eigengeschäfte - **2. опера́ции ба́нка, производи́мые за со́бственный счёт**
(Geschäfte mit anderen Banken)

Devisen- und Wertpapiergeschäfte - валю́тные сде́лки, сде́лки с це́нными бума́гами

Devisen: (unbare ausländische Zahlungsmittel) pl - **иностра́нная валю́та**

-, blockierte (eingefrorene) - блоки́рованная валю́та
-, freie - свобо́дная валю́та

Devisenablieferungspflicht - обяза́тельная сда́ча в банк (иностра́нной) валю́ты; обяза́тельная прода́жа ба́нку (иностра́нной) валю́ты
Devisenablieferungsprämie - надба́вка к официа́льному ку́рсу
Devisenabteilung - валю́тный отде́л ба́нка
Devisenanforderung - зая́вка на (иностра́нную) валю́ту

Devisenanmeldung - заявле́ние центра́льному ба́нку о поступле́ниях (иностра́нной) валю́ты
Devisenarbitrage - валю́тный арбитра́ж
Devisenaufkommen - о́бщая су́мма валю́тных поступле́ний
Devisenaufwand - расхо́ды в (иностра́нной) валю́те
Devisenausfall - недовы́ручка (иностра́нной) валю́ты
Devisenausfuhrsperre - запре́т на вы́воз (иностра́нной) валю́ты
Devisenausland - грани́ца (по отноше́нию к стране́ да́нной валю́ты)
Devisenausländer - нерезиде́нт (лицо́, не прожива́ющее постоя́нно в стране́ да́нной валю́ты)
Devisenbank - валю́тный банк
Devisenbedarf - потре́бности в (иностра́нной) валю́те
Devisenberater - консульта́нт по валю́тным вопро́сам
Devisenbeschaffung - получе́ние валю́ты; обеспече́ние валю́тных поступле́ний
Devisenbeschränkungen - валю́тные ограниче́ния, валю́тный контро́ль
Devisenbestand - валю́тный резе́рв, валю́тный запа́с
Devisenbewirtschaftung - валю́тные ограниче́ния, валю́тный контро́ль; систе́ма валю́тных ограниче́ний
Devisenbewirtschaftungsgesetz - зако́н о валю́тных ограниче́ниях (о валю́тном контро́ле)
Devisenbewirtschaftungsstelle - о́рган, осуществля́ющий валю́тный контро́ль

Devisenbilanz	- валютный баланс
Devisenbonus	- валютная скидка
Devisenbörse	- валютная биржа
devisenbringend	- обеспечивающий поступления (иностранной) валюты
Devisenclearing	- клиринговые расчёты в (иностранной)валюте
Devisendeckungsbescheinigung	- сертификат валютного покрытия
Devisendefizit	- валютный дефицит
Devisendisposition	- валютное распоряжение
Deviseneingang	- валютные поступления, поступления в (иностранной) валюте
Devisenerklärung	- валютная декларация
Devisenerlös	- доход (выручка) в (иностранной) валюте
Devisenertrag	- валютные поступления, поступления в (иностранной) валюте
Devisenerwerb	- получение валюты; обеспечение валютных поступлений
Devisenfonds	- валютный фонд, фонд в (иностранной) валюте
Devisenfreibetrag	- часть экспортной выручки в иностранной валюте, оставляемая в распоряжении экспортёра
Devisengegenwert	- валютный эквивалент
Devisengenehmigung	- валютный сертификат
-, nachträgliche	- валютный сертификат, имеющий обратную силу
Devisengeschäft	- валютная сделка, валютная операция
Devisengesetzgebung	- валютное законодательство
Devisengrenze	- валютная граница
devisengünstig	- обеспечивающий крупные поступления иностранной валюты
Devisenhandel	- торговля (иностранной) валютой
Devisenindex	- валютный индекс
Deviseninland	- территория, расположенная в пределах валютной границы данной страны; страна данной валюты
Deviseninländer	- резидент (лицо, постоянно проживающее в стране данной валюты)
Devisenkauf	- покупка (иностранной) валюты
Devisenknappheit	- валютный дефицит
Devisenkontingent	- инвалютные квоты, валютный контингент
Devisenkonto	- инвалютный счёт
Devisenkontrolle	- валютный контроль, валютные ограничения
Devisenkontrollerklärung	- валютная декларация
Devisenkonvertibilität	- обратимость валют
Devisenkredit	- кредит в (иностранной) валюте, валютный кредит
Devisenkurs:	- валютный (вексельный) курс
-, überbewerteter	- завышенный валютный курс
-, unterbewerteter	- заниженный валютный курс
Brief -	- курс продавцов, продажный курс, "предложение"
Geld -	- денежный курс
Mittel -	- средний курс
Usancen -	- курс узанса
Devisenkursbericht	- курсовой бюллетень иностранных валют

Devisenkursbildung - формирование валютных курсов
Devisenkursnotierung - котировка (иностранной) валюты, валютная котировка
Devisenkurszettel - курсовой бюллетень иностранной валюты
Devisenmangel - девизный валютный голод
Devisenmarkt - валютный рынок
Devisenmittel - валютные средства
Devisennotierung - валютная котировка
Devisenoperation - валютная операция, валютная сделка
Devisenoption - валютный опцион
Devisenordnung - положения, регламентирующие порядок осуществления валютных операций
Devisenplanung - валютное планирование, планирование поступления и расхода (иностранной) валюты
Devisenpolitik - валютная политика
Devisenprämie - надбавка к официальному курсу
Devisenpreis - цена в (иностранной) валюте
Devisenpreiskalkulation - калькуляция/ расчёт цен в (иностранной) валюте
Devisenprüfung - контроль/ проверка соблюдения девизного законодательства
Devisenquoten - инвалютные квоты, валютный контингент
Devisenrechnung - 1. расчёт в (иностранной) валюте
2. расчёт стоимости (иностранных) векселей в валюте
Devisenrecht - валютное право
devisenrechtlich - имеющий отношение к валютному праву
Devisenregelung - валютное регулирование, валютный режим
Devisenrentabilität - валютная рентабельность, валютная эффективность
Devisenreserve - валютные резервы, валютные запасы
Devisenrestriktion - валютные ограничения, валютный контроль
Devisenschieber - спекулянт валютой, валютчик
Devisenschwindel - валютная спекуляция
Devisenstock - валютные резервы, валютные запасы
Devisentermingeschäft - срочная сделка в иностранной валюте
Devisentransaktion - валютная операция, валютная сделка
Devisenüberschußland - страна, имеющая крупные валютные резервы
Devisenüberwachung - валютный контроль, валютные ограничения
Devisenumrechnungsfaktor - валютный коэффициент пересчёта
Devisenverkehr - валютное обращение
Devisenverstoß - нарушение валютного законодательства
Devisenvorschrift - положения, регламентирующие порядок осуществления валютных операций
Devisenwert - стоимость, выраженная в (иностранной) валюте
Devisenwerte - девизы, (иностранная) валюта
Devisenwirtschaftlichkeit - валютная рентабельность, валютная эффективность
Devisenzahlungsausgleich - валютный клиринг
Devisenzertifikat - валютный сертификат
Devisenzufluß - приток (иностранной) валюты
Devisenzuteilung - распределение (иностранной) валюты
Devisenzuteilungsbestätigung - подтверждение о получении валютных ассигнований

Devisenzwangsbewirtschaftung	- систе́ма валю́тных ограниче́ний (валю́тного контро́ля)
Devisenzwangwirtschaft	- систе́ма обяза́тельной сда́чи иностра́нной валю́ты госуда́рству
Valuta (bare ausländische Zahlungsmittel) f	- валю́та
	- 1. де́нежные едини́цы разли́чных стран 2. проце́нтные купо́ны це́нных бума́г в иностра́нной валю́те
-, feste	- усто́йчивая/ твёрдая валю́та
-, freikonvertierbare	- свобо́дно конверти́руемая валю́та
-, harte	- усто́йчивая/ твёрдая валю́та
- des Käuferlandes	- валю́та покупа́теля
-, nichtkonvertierbare	- неконверти́руемая валю́та
-, stabile	- усто́йчивая/ твёрдая валю́та
-, unbeständige	- неусто́йчивая/ нетвёрдая валю́та
-, unveränderliche	- усто́йчивая / твёрдая валю́та
-, veränderliche	- неусто́йчивая/ нетвёрдая валю́та
- des Verkäuferlandes	- валю́та продавца́
-, vollwertige	- полноце́нная валю́та
-, weiche	- нетвёрдая/ неусто́йчивая валю́та
- der Zahlung	- валю́та платежа́
Valutaakzept	- акце́пт (акцепто́ванный ве́ксель), вы́ставленный в иностра́нной валю́те
Valutaanleihen	- долговы́е обяза́тельства в иностра́нной валю́те
Valutaaufkommensplan	- план поступле́ний валю́ты, план валю́тных поступле́ний
Valutaaufwertung	- ревальва́ция
Valutaausgaben	- валю́тные расхо́ды
Valutabankkredit	- ба́нковский креди́т в иностра́нной валю́те
Valutabedarfsplan	- план потре́бностей в валю́те
Valutabewirtschaftung	- валю́тное регули́рование
Valutabeschränkungen	- валю́тные ограниче́ния
Valutabonds	- долговы́е обяза́тельства в иностра́нной валю́те
Valutadumping	- валю́тный де́мпинг
Valutaeinkaufspreis	- поку́пная цена́ и́мпортного това́ра, выраженная в иностра́нной валю́те
Valutaeinnahmen	- валю́тные поступле́ния
Valutaentwertung	- обесцене́ние валю́ты
Valutaerklärung	- валю́тная деклара́ция
Valutaerlös	- валю́тная вы́ручка
Valutafonds pl	- валю́тные фо́нды
Valutagegenwert	- валю́тный эквивале́нт
Valutageschäft	- валю́тная опера́ция, валю́тная сде́лка
Valutagesetzgebung	- валю́тное законода́тельство
Valutahunger	- валю́тный го́лод
Valutaintervention	- валю́тная интерве́нция
Valutaklausel	- валю́тная огово́рка

Valutakonto	- инвалю́тный счёт, счёт в иностра́нной валю́те
Valutakontrolle	- валю́тный контро́ль; валю́тные ограниче́ния
Valutakredit	- креди́т в иностра́нной валю́те
Valutakrise	- валю́тный кри́зис
Valutakupon m	- валю́тный купо́н
Valutakurs	- валю́тный (ве́ксельный, интервалюта́рный) курс
Valutamangel	- валю́тный го́лод
Valutamittel	- валю́тные ресу́рсы
Valutamonopol	- валю́тная монопо́лия
Valutanotierung	- валю́тная котиро́вка
Valutapapiere	- це́нные бума́ги в иностра́нной валю́те
Valutaparität	- валю́тный парите́т
Valutaplanung	- валю́тное плани́рование
Valutapolitik	- валю́тная поли́тика
Valutapreis	- цена́, вы́раженная в иностра́нной валю́те
Valutapreiskalkulation	- калькуля́ция/ расчёт цен в иностра́нной валю́те
Valutapreisverbesserung	- повыше́ние валю́тного ку́рса
Valutapreisverschlechterung	- пониже́ние валю́тного ку́рса
Valutaregulierung	- валю́тное регули́рование
Valutareserven	- валю́тные резе́рвы
valutarisch	- валю́тный
Valutarisiko	- риск поте́ри на колеба́ниях валю́тных ку́рсов
Valutaschuld	- валю́тная задо́лженность
Valutaspekulation	- валю́тная спекуля́ция
Valutaverkaufspreis	- прода́жная цена́ э́кспортного това́ра, вы́раженная в иностра́нной валю́те
Valutaverrechnungspreis	- расчётная цена́ в иностра́нной валю́те
Valutaversicherung	- страхова́ние, предусма́тривающее вы́плату страхово́й су́ммы в иностра́нной валю́те (при наступле́нии страхово́го слу́чая за грани́цей)
Valutawerte	- валю́тные це́нности
Valutazone	- валю́тная зо́на
Währung	- **валю́та**
die - abwerten	- девальви́ровать валю́ту
in der - ausdrücken	- вы́разить / выража́ть в валю́те (стран)
- der Zahlung	- валю́та платежа́
Währungsabkommen	- валю́тное соглаше́ние
Währungsabwertung	- девальва́ция
Währungsaufwertung	- ревальва́ция
Währungsbank	- валю́тный банк
Währungsbasis	- валю́тная ба́за
Währungsbeschränkungen	- валю́тные ограниче́ния
Währungsbeziehungen	- валю́тные отноше́ния
Währungsblock	- валю́тный блок
Währungschaos	- валю́тный ха́ос
Währungscocktail	- валю́тный кокте́йль

Währungsdeckung - валю́тное покры́тие
Währungsdisparität - валю́тная ра́зница
Währungsdumping - валю́тный де́мпинг
Währungseinheit - валю́тная едини́ца
Währungsfaktura - счёт- факту́ра в иностра́нной валю́те
Währungsfonds m - валю́тный фонд
Währungsgebiet - валю́тная зо́на
Währungsgeld - валю́та
Währungsgewinnabgaben - уравни́тельные нало́ги на при́быль, полу́ченную в результа́те де́нежной рефо́рмы
Währungsgrundlage - валю́тная ба́за
Währungsguthaben - акти́вы в иностра́нной валю́те
Währungsintegration - валю́тная интегра́ция
Währungsklausel - валю́тная огово́рка
Währungskonto - валю́тный счёт
Währungskonvertibilität - конверти́руемость/ обрати́мость валю́т
Währungskorb - валю́тная корзи́на
Währungskreditsystem - валю́тная креди́тная систе́ма
Währungskrise - валю́тный кри́зис, валю́тно- фина́нсовый кри́зис
Währungskurs - валю́тный курс
Währungsmechanismus - валю́тный механи́зм
Währungsmetall - валю́тный мета́лл
Währungsordnung - валю́тный поря́док
Währungsparität - валю́тный парите́т
Währungspolitik - валю́тная поли́тика
währungspolitisch - отно́сящийся к валю́тной поли́тике, примени́тельно к валю́тной поли́тике
Währungspreis - валю́тная цена́, цена́ в иностра́нной валю́те
Währungsraum, freier - зо́на стран свобо́дно конверти́руемых валю́т
Währungsreform - валю́тно- фина́нсовая рефо́рма
Währungsrelation - соотноше́ние валю́т
Währungsrembours - валю́тный рамбу́рс
Währungsreserven - валю́тные резе́рвы
Währungsrisiko - валю́тный риск
Währungsscheck - чек в иностра́нной валю́те
Währungsschuld - валю́тная задо́лженность
Währungsschutzzoll - покрови́тельственная/ протекциони́стская по́шлина
Währungsschwankungen - колеба́ния ку́рсов валю́т
Währungsstabilisierung - стабилиза́ция валю́ты
Währungsstabilität - стаби́льность/ усто́йчивость валю́ты
Währungssystem - валю́тная систе́ма, валю́тно- фина́нсовая систе́ма
Währungstabellen - табли́цы валю́т стран ми́ра
Währungsumstellung - измене́ние золото́го содержа́ния валю́ты
Währungs- und Finanzmechanismus - валю́тно- фина́нсовый механи́зм
Währungs- und Goldpolitik - измере́ние соотноше́ния зо́лота и валю́ты
Währungsunion - валю́тный сою́з
Währungsvorräte - валю́тные резе́рвы
Währungswechsel - валю́тный ве́ксель
Währungswirbel - валю́тная лихора́дка
Währungszerrüttung - валю́тный ха́ос

Währungszone	- валютная зона
Währungszuschlag	- валютная надбавка
Währungsarten:	- **виды валюты:**
-, ausländische	- иностранная валюта
-, beschränkt konvertierbare	- частично конвертируемая/ частично обратимая валюта
-, effektive	- наличная валюта
-, einfache	- монометаллическая денежная система, монометаллизм
-, entwertete	- обесцененная валюта
-, feste	- устойчивая/ твёрдая валюта
-, freie	- свободная валюта
-, frei konvertible	- свободно конвертируемая / свободно обратимая валюта
-, gebundene	- валюта, имеющая твёрдое золотое содержание
-, geschlossene	- замкнутая валюта
-, gesteuerte	- регулируемая валюта
-, harte	- устойчиавя / твёрдая валюта
-, hinkende	- "хромающая" валюта
-, kollektive	- коллективная валюта
-, konvertierbare	- конвертируемая/ обратимая валюта
-, manipulierte	- регулируемая валюта
-, nicht konvertierbare	- неконвертируемая/ необратимая валюта
-, stabile	- устойчивая / твёрдая валюта
-, teilkonvertierbare	- частично конвертируемая / частично обратимая валюта
-, unbeständige	- неустойчивая валюта
-, unkonvertierbare	- неконвертируемая/ необратимая валюта
-, unveränderliche	- устойчивая/ твёрдая валюта
-, veränderliche	- неустойчивая валюта
-, vereinbarte	- обусловленная договором валюта
-, weiche	- неустойчивая валюта
Auslands -	- иностранная валюта
Binnen -	- национальная валюта
Doppel -	- биметаллизм, денежная система, при которой роль всеобщего эквивалента играют два благородных металла
Einzel -	- монометаллизм
Index -	- регулируемая валюта
Kolonial -	- колониальная валюта
Landes -	- национальная валюта
Leit -	- ведущая/ основная валюта
Not -	- временная валюта
Papier -	- бумажная валюта
Parallel -	- параллельная валюта
Reserve -	- резервная валюта
Verrechnungs -	- расчётная/ клиринговая валюта

Buchhaltung	- бухга́лтерский учёт, счетово́дство
Aktiva	- 1. акти́вы - 2. акти́вная часть бала́нса; дебе́т
- , brachliegende	- мёртвые а́ктивы
- , freie	- ликви́дные акти́вы
- , frei verfügbare	- ликви́дные акти́вы
- , nicht realisierbare	- мёртвые акти́вы
- , normierte	- норми́рованные акти́вы
- , richtsatzfreie (Umlaufmittel)	- ненорми́рованные акти́вы
- , richtsatzgebundene	- норми́рованные акти́вы
- , ständige	- усто́йчивые акти́вы
- , transistorische	- расхо́ды бу́дущих пери́одов
Aktivforderung	- долгово́е тре́бование
Aktivgeschäft	- креди́тная опера́ция
Aktivhandel	- внешнеторго́вый оборо́т
Aktivierung der Grundfonds	- включе́ние основны́х фо́ндов в произво́дственный проце́сс
Aktivierungsquote	- соотноше́ние уже́ отражённых в бала́нсе о́бщих капиталовложе́ний
Aktivkapital	- нали́чный капита́л
Aktivkonto	- акти́вный счёт
Aktivkredit	- креди́т из со́бственных сре́дств
Aktiv-, Passivkonto	- акти́вно-пасси́вный счёт
Aktivposten	- акти́вная статья́ бала́нса
Aktivrückstände	- невзы́сканная задо́лженность
Aktivsaldo	- акти́вное /дебе́тное са́льдо
Aktivvseite	- акти́в бала́нса
Aktivvermögen	- 1. со́бственные акти́вы 2. нали́чное иму́щество
Aktivzins	- дебе́товый проце́нт по креди́ту
Beleg	- **1. докуме́нт** **2. счётный / учётный докуме́нт оправда́тельный докуме́нт** **3. спра́вка; квита́нция** **4. документа́ция; докуме́нты**
belegen	- подтверди́ть / подтвержда́ть что-л. - удостове́рить / удостоверя́ть что-л. - доказа́ть / дока́зывать кому-л., что-л. - документи́ровать что-л.
einen - ablegen	- сдать / сдава́ть квита́нцию / спра́вку
einen - aufbewahren	- храни́ть квита́нцию /несов/
einen - numerieren	- пронумери́ровать / нумери́ровать квита́нцию
einen - ordnen	- вложи́ть / вкла́дывать квита́нцию в па́пку
einen - überprüfen	- перепрове́рить квита́нцию
einen - vorkontieren	- сде́лать / де́лать предопла́ту по докуме́нту

-, einmaliger	- разовый / счётный / учётный документ
-, externer	- внешний документ
-, häufig anfallender	- массовый документ
-, interner	- внутренний документ
-, künstlicher	- документ, служащий основанием для бухгалтерской записи
-, natürlicher	- внешний документ
-, standardisierter	- стандартный документ
-, technologischer	- технологический документ
-, ursprünglicher	- превичный документ
-, vereinheitlichter	- типовой /унифицированный документ
Belegausfertigung	- составление документа
Belegausfertigung	- заполнение документа
Belegbuchhaltung	- метод ведения бухгалтерии, основанный на подшивании справок и документов в бухгалтерские книги
Belegdurchlauf	- документооборот, прохождение документов
-, geradliniger	- прямое прохождение документов
Belegdurchlaufplan	- план / график документооборота
Belegenrechnung	- начисление в соответствии с представленными справками
Belegerfassung	- учёт документов
Belegerstellung	- выставление документов
Beleggestaltung	- 1. формы документального учёта - 2. макет документа
Belegkarte	- паспорт
Belegkontrolle	- проверка /отчётной/ документации
belegmäßig	- документальный
Belegprinzip	- принцип бухгалтерских записей по документам
Arten von Belegen	**- виды документов**
Absorbierbeleg	- комплектационный документ
Auszahlungsbeleg	- расходный документ
Buchungsbeleg	- бухгалтерский / учётный документ
Dauerbeleg	- накопительный /учётный/ документ
Eigenbeleg (interner Beleg)	- внутренний документ
Belege über:	- документы /справки о :
- Abschlußbuchungen	- заключительной бухгалтерской записи
- Privatentnahmen	- собственных / частных расходах
- Storno	- сторно / обмене
- Umbuchungen	- перенесение с одного счёта на другой, перечисление на другой счёт
Durchschriften von:	- копии чего-л.:
- Ausgangsrechnungen	- исходящих счетов
- Begleitbriefen zu Schecks und Wechseln	- сопроводительных записок к чекам и векслям
- Lohn- und Gehaltslisten	- списки / ведомости на заработную плату
- Materialentnahmeschein	- квитанции на выдачу материалов
- Materialrückgabeschein	- квитанции на возврат материалов

- Quittungsdurchschriften	- копии (мн.ч.) квитанций
Einzahlungsbeleg	- приходный документ
Einzelbeleg	- индивидуальный / разовый документ
Fremdbeleg (externer Beleg)	- внешний документ
Ausgangsrechnungen	- исходящие счета
Bankbeleg	- банковская декларация
Begleitbriefe zu erhaltenen Schecks/ Wechseln	- сопроводительные записки к полученным чекам и векселям
Briefe	- письма, переписка
Briefdurchschriften	- копии писем
Durchschriften	- копии
Eingangsrechnungen	- входящие счета
Geschäftsbriefe	- деловые письма
Frachtpapiere	- грузовые документы
Gutschriften	- товарные накладные
Kontoauszüge	- выписки из счёта, извлечение из счёта
Postbelege	- почтовые квитанции
Rücksendungen	- возврат
Kassenbeleg	- кассовый документ
Kommissionsbeleg	- комиссионное поручение
Primärbeleg (Urbeleg)	- первичный документ; элементарный документ
Prioritätsbeleg	- приоритетный документ
Prüfbeleg	- контрольный документ, сигнальная декларация
Tagesbeleg	- документ дня
Verfügungsbeleg	- распорядительный документ
	- оправдательный документ
Zwischenbeleg	- промежуточный документ
	- не окончательный документ
Bestand	- **1. наличность, наличие,инвентарь**
(Inventar)	**2. состав**
	3. фонд, запас(ы)
den - aufnehmen	- провести / проводить инвентаризацию
	- переучесть / переучитывать что-л.
	- инвентаризовать что-л.
-, buchmäßig ausgewiesener	- остаток по данным бухгалтерского учёта
-, laufender	- текущие запасы; наличность
	- оборотные запасы
-, laut Stellenplan	- наличность / остатки согласно штатного расписания
-, spekulativer	- предполагаемая наличность
-, transistorischer	- переходящий остаток
-, ungenutzter	- свободный остаток
der Versicherung	- страховой портфель
Bestandbuch	- инвентарная книга, инвентаризационный журнал
Bestandsabbau	- сокращение запасов, сокращение остатков
Bestandsabgang	- уменьшение запасов
Bestandsanalyse	- анализ наличия /основных и оборотных средств/
Bestandsänderung	- изменение величины запасов

Bestandsaufnahme (Inventur)	- инвентариза́ция; инвентаризацио́нная о́пись
-, körperliche	- веще́ственная инвентариза́ция
Bestandsausgleich	- бала́нсовая увя́зка запа́сов
	- бала́нсовая увя́зка оста́тков
Bestandsbewegung	- движе́ние фо́ндов
Bestandsbewertung	- 1. де́нежная оце́нка произво́дственных фо́ндов
	2. оце́нка оста́тков
Bestandsbildung	- образова́ние запа́сов/ фо́ндов, формиро́вание запа́сов / фо́ндов
Bestandsentwicklung	- дина́мика запа́сов / фо́ндов
Bestandsergänzung	- пополне́ние запа́сов / фо́ндов
Bestandserhöhung	- увеличе́ние запа́сов / фо́ндов
Bestandsermittlung	- определе́ние величины́ запа́сов / фо́ндов
Bestandsfinanzierung	- финанси́рование запа́сов / фо́ндов
Bestandsfortschreibung	- перено́с оста́тков
Bestandsführung	- учёт нали́чия
Bestandshaltung	- 1. хране́ние запа́сов
	2. переходя́щие запа́сы / фо́нды
Bestandshöhe	- величина́ запа́сов / фо́ндов
Bestandskarte	- /пе́рфо/ка́рта нали́чия
Bestandskartei	- 1. картоте́ка нали́чия
	- 2. инвента́рная картоте́ка
-, laufende	- теку́щая картоте́ка нали́чия
Bestandskonten	- 1. акти́вные и пасси́вные счета́
	2. инвента́рные счета́
Bestandskontrolle	- контро́ль запа́сов / фо́ндов
Bestandskorekturkoeffizient	- попра́вочный коэффицие́нт запа́сов/ фо́ндов
Bestandskredit	- краткосро́чный креди́т, предоставля́емый на финанси́рование запа́сов
Bestandsliste	- ве́домость нали́чного иму́щества;
	- ве́домость нали́чия
	- инвентаризацио́нная о́пись
Bestandsnachweis	- ве́домость нали́чия
Bestandsnorm	- но́рма запа́сов / фо́ндов
Bestandsnormativ	- нормати́в произво́дственных запа́сов
Bestandsnorm(ier)ung	- нормиро́вание запа́сов
Bestandsplan	- план движе́ния запа́сов / фо́ндов
Bestandsplanung	- плани́рование запа́сов
Bestandsposition	- статья́ запа́сов
Bestandsrichtwert	- 1. показа́тель эффекти́вности содержа́ния запа́сов
	2. нормати́в произво́дственных запа́сов
Bestandsstatistik	- стати́стика запа́сов
Bestandsstruktur	- структу́ра запа́сов
Bestandsüberwachung	- контро́ль за состоя́нием и движе́нием запа́сов
Bestandsveränderung	- измене́ние объёма /величины́/запа́сов
Bestandsverzeichnis	- 1. инвентаризацио́нная о́пись; инвента́рная ве́домость
	2. ве́домость учёта запа́сов
Bestandswert	- сто́имость запа́сов
	- величина́ фо́ндов

Bestandszunahme	- увеличе́ние запа́сов
Belegenrechnung	- начисле́ние в соотве́тствии с предста́вленными спра́вками
Bestände	**- запа́сы**
-, absatzfähige	- запа́сы, кото́рые могут быть реализо́ваны
-, illiquide	- неликви́ды
-, plangebundene	- нормати́вные запа́сы
-, planwidrige	- сверхнормати́вные запа́сы
Beständebilanz	- бала́нс оста́тков
Arten von Beständen	**- ви́ды запа́сов**
Bestand an Bargeld	- оста́ток нали́чных средств
Bestand an Waren	- това́рные запа́сы
Bestand an Werkzeugmaschinen	- маши́нный парк, станки́
Bestand der Kasse	- ка́ссовая нали́чность; оста́ток в ка́ссе
Istbestände	- факти́ческая величина́ запа́сов
Sollbestand	- 1. дебе́товое са́льдо, оста́ток по дебе́ту 2. пла́новое нали́чие
Bilanz	**- бала́нс; ито́г**
die - anfertigen	- соста́вить / составля́ть бала́нс
die - aufstellen	- свести́ / своди́ть бала́нс
die - ausgleichen	- уравнове́сить / уравнове́шивать бала́нс - сбаланси́ровать / баланси́ровать
die - auswerten	- подвести́ / подводи́ть ито́г
die - erstellen	- соста́вить / составля́ть бала́нс
die - frisieren	- подчища́ть бала́нс - /за-/вуали́ровать
die - ziehen	- 1. соста́вить / составля́ть бала́нс 2. подвести́ / подводи́ть ито́г
in der - ausweisen	- показа́ть / пока́зывать в бала́нсе что-л.
außerhalb der -	- внебала́нсовый
nicht in der - erscheinend	- внебала́нсовый
-, abgeleitete	- произво́дный бала́нс
-, aktive	- акти́вный бала́нс
-, betriebsinterne	- бала́нс для вну́треннего по́льзования
-, buchhalterische	- бухга́лтерский бала́нс
-, doppelte	- двойно́й бала́нс
-, dynamische	- динами́ческий бала́нс
-, einmalige	- одновре́менный бала́нс
der Einnahmen und Ausgaben	- бала́нс дохо́дов и расхо́дов
-, endgültige	- оконча́тельный бала́нс
-, externe	- бала́нс для вне́шнего по́льзования
-, genehmigte	- одо́бренный /при́нятый/ бала́нс
im Geldausdruck	- бала́нс в де́нежном вы́ражении
im Wertausdruck	- бала́нс в сто́имостном вы́ражении

-, interne - бала́нс для вну́треннего по́льзования
in zusammengefaßter Form - сво́дный бала́нс
-, konsolidierte - консолиди́рованный бала́нс
-, materielle - материа́льный бала́нс
-, monatlich aufzustellende - ме́сячный бала́нс
ohne Regulierungsposition - не́тто- бала́нс
-, passive - пасси́вный бала́нс
-, perspektivische - перспекти́вный бала́нс
der Planperiode - пла́новый бала́нс
-, provisorische - предвари́тельный бала́нс
-, regelmäßige - регуля́рный бала́нс
-, regionale - региона́льный бала́нс
-, schachbrettförmige - ша́хматный бала́нс
-, statistische - статисти́ческий бала́нс
-, totale - генера́льный бала́нс
-, unausgeglichene - неуравнове́шенный бала́нс
-, vereinfachte - упрощённый бала́нс
-, volkswirtschaftliche - народнохозя́йственный бала́нс
-, vorläufige - предвари́тельный бала́нс
-, zusammengefaßte - сво́дный бала́нс

Bilanzabfassung - составле́ние бала́нса
Bilanzableitung - составле́ние бала́нса
Bilanzabschluß - подведе́ние бала́нса
Bilanzabschnitt - разде́л бала́нса
Bilanzanalyse - ана́лиз бала́нса
Bilanzänderung - измене́ние бала́нса
Bilanzarten - ви́ды бала́нса
Bilanzaufbau - структу́ра бала́нса
Bilanzaufbereitung - подгото́вка стате́й бала́нса к прове́рке
Bilanzaufstellung - составле́ние бала́нса
Bilanzausweis - показа́ние бала́нса или ча́сти бала́нса
Bilanzbeispiel - образе́ц бала́нса
Bilanzbereinigung - исправле́ние бала́нса; очи́стка бала́нса
Bilanzberichtigung - исправле́ние бала́нса
Bilanzbewertung - бала́нсовая оце́нка
Bilanzbuch - бала́нсовая кни́га
Bilanzbuchhalter - бухга́лтер, привлека́емый к составле́нию бала́нса
Bilanzdelikte - неправоме́рные де́йствия при составле́нии и предъявле́нии бала́нса

Bilanzentscheidung - бала́нсовое реше́ние
Bilanzergebnis - ито́ги бала́нса
Bilanzfälschung - фальсифика́ция бала́нса
Bilanzgenehmigung - утвержде́ние /одобре́ние/ приня́тие/ бала́нса
Bilanzgewinn - бала́нсовая при́быль
Bilanzgleichung - бала́нсовое ура́внивание
Bilanzgliederung - структу́ра бала́нса
Bilanzgruppe - бала́нсовая гру́ппа

Bilanzierung	- 1. составле́ние бала́нса, балансиро́вка, балансирование 2. /фина́нсовая/ увя́зка 3. подведе́ние ито́гов
- der Ergebnisse	- составле́ние материа́льных бала́нсов по отде́льным изде́лиям
- der Konsumgüter	- составле́ние бала́нсов предме́тов потребле́ния
bilanzieren	- 1. состави́ть / составля́ть бала́нс, /с-/балансировать 2. подвести́ / подводи́ть ито́ги
-, territoriale	- баланси́рование в территориа́льном разре́зе
Bilanzierungsgrundsätze	- при́нципы составле́ния бала́нсов
Bilanzierungstätigkeit	- де́ятельность, свя́занная с составле́нием бала́нсов
Bilanzierungsvorschriften	- инстру́кции по составле́нию бала́нсов
Bilanzjahr	- отчётный год
Bilanzklarheit	- при́нцип преде́льной то́чности и я́сности бала́нса
Bilanzkonto	- ба́лансовый счёт
Bilanzkritik	- крити́ческий ана́лиз бала́нса
Bilanzliquidität	- ликви́дные / свобо́дные сре́дства бала́нса
bilanzmäßig	- бала́нсовый
Bilanzmethode	- бала́нсовый ме́тод
Bilanzmodell	- бала́нсовая моде́ль
Bilanznomenklatur	- номенклату́ра бала́нса
Bilanzordnung	- положе́ние о поря́дке составле́ния бала́нса; - пра́вила составле́ния бала́нса
Bilanzperiode	- отчётный пери́од
Bilanzposten	- бала́нсовая статья́
Bilanzprüfer	- ревизо́р бала́нса
Bilanzrechnung	- прове́рка / реви́зия бала́нса
Bilanzreserve	- бала́нсовый резе́рв
Bilanzschema	- схе́ма бала́нса
Bilanzstatistik	- бала́нсовая стати́стика
Bilanzstichtag	- день, на кото́рый составля́ется бала́нс
Bilanzstruktur	- структу́ра бала́нса
Aktivseite (Vermögen)	- акти́в /бала́нса/ - иму́щество
Passivseite (Kapital)	- пасси́в /бала́нса/ - капита́л
Bilanzsumme	- бала́нсовый ито́г
Bilanzsystem	- систе́ма бала́нсов
Bilanztabelle	- бала́нсовая табли́ца
Bilanzunterkonto	- бала́нсовый счёт второ́го поря́дка
Bilanzvariante	- вариа́нт бала́нса
Bilanzvereinheitlichung	- унифика́ция бала́нсов
Bilanzvergleich	- сопоставле́ние бала́нсов
Bilanzverkürzung	- сокраще́ние бала́нса
Bilanzverlängerung	- увеличе́ние бала́нса
Bilanzwahrheit	- достове́рность бала́нса

Bilanzwert	- балансовая стоимость, балансовая оценка
Bilanzzahlen	- показатели баланса
Bilanzziehen	- 1. составление / сведение баланса 2. подведение итога
Bilanzziffer	- показатель баланса
Arten von Bilanzen	- **виды баланса**
Abschlußbilanz	- заключительный баланс
Auseinandersetzungsbilanz	- разъяснительный баланс
Bewegungsbilanz	- сводный баланс движения имущества и капитала
Bilanz der Abrechnungsperiode	- отчётный баланс - баланс за отчётный период
Bilanz der Anlagefonds	- баланс основных фондов
Bilanz der Arbeitskräfte	- баланс труда, баланс рабочей силы
Bilanz des Arbeitskräftepotentiale	- баланс трудовых ресурсов
Bilanz der Aufwendungen und der Produktion	- баланс затрат и выпуска продукции
Bilanz des Außenhandels	- баланс внешней продукции, внешнеторговый баланс
Bilanz der Bargelddispositionen	- эмиссионный баланс
Bilanz der Berichtsperiode	- отчётный баланс
Bilanz der Bodenschätze	- баланс природных ресурсов
Bilanz der Einnahmen und Ausgaben	- баланс доходов и расходов
Bilanz des gesellschaftlichen Gesamtprodukts	- баланс совокупного общественного продукта
Bilanz der internationalen Verbindlichkeiten und Forderungen	- баланс международных обязательств и требований
Bilanz der Konsumtionsmittel	- баланс предметов потребления
Bilanz der Produktionsmittel	- баланс средств производства
Bilanz der Rechenschaftsperiode	- отчётный баланс
Bilanz des Staatshaushaltes	- баланс государственного бюджета
Einzelbilanz	- баланс по одному виду продукции
Erfolgsbilanz	- результативный баланс
Ertragsbilanz	- баланс доходов
Fusionsbilanz	- объединительный баланс
Gemeinschaftsbilanz	- общий баланс
Gründungsbilanz	- вступительный / начальный баланс
Handelsbilanz	- торговый баланс
Jahrensbilanz	- годовой баланс
Konzernbilanz	- баланс концерна
Liquiditätsbilanz	- ликвидационный баланс
Liquiditätseröffnungsbilanz	- первоначальный ликвидационный баланс
Liquiditätsschlußbilanz	- заключительный ликвидационный баланс
Monatsbilanz	- ежемесячный баланс
-, interne	- ежемесячный баланс для внутреннего пользования
Mehrmonatsbilanz	- баланс на несколько месяцев
Sanierungsbilanz	- оздоровительный баланс
Soldenbilanz	- сольдовый баланс
Sonderbilanz	- баланс, составляемый по особенному случаю

Steuerbilanz	- бала́нс, соста́вленный для определе́ния су́ммы нало́гового обложе́ния
Summenbilanz	- сумма́рный бала́нс
Totalbilanz	- о́бщий бала́нс, оконча́тельный бала́нс
Umwandlungsbilanz	- бала́нс, соста́вленный при измене́нии предприя́тием правово́й фо́рмы
Verpflechtungsbilanz	- бала́нс межотраслевы́х свя́зей - ша́хматный / межотраслево́й бала́нс
Vergleichsbilanz	- сравни́тельный /сопостави́тельный/ бала́нс
Vermögensbilanz	- иму́щественный бала́нс
Wochenbilanz	- еженеде́льный бала́нс
Buch	**- бухга́лтерская кни́га, счётная кни́га** **- торго́вая кни́га**
ein - führen	- вести́ бухга́лтерский учёт
zu Buche nehmen	- внести́ / вноси́ть в бухга́лтерскую кни́гу - занести́ / заноси́ть в бухга́лтерскую кни́гу
Buchauszug	- вы́писка из /бухга́лтерских/ книг
Buchbestand	- нали́чие по да́нным бухга́лтерского учёта
Bucheinsicht	- просмо́тр торго́вых книг
Bucheinsichtsrecht	- пра́во на просмо́тр торго́вых книг
Bucheintragung	- за́пись в торго́вую кни́гу
Buchhypothek	- ипоте́ка, зарегистри́рованная в земе́льной кни́ге
Buchinventur	- прове́рка / реви́зия бухга́лтерских книг
Buchkartei	- картоте́ка в фо́рме кни́ги
Buchprüfer	- ауди́тор; бухга́лтер-ревизо́р - ревизо́р бухга́лтерских книг - фина́нсовый инспе́ктор
Buchprüfung	- реви́зия / прове́рка бухга́лтерских книг
Buchsachverständige	- прися́жные ревизо́ры бухга́лтеских книг, прися́жные бухга́лтеры-ревизо́ры
Buchschuld	- задо́лженность по торго́вым кни́гам
Arten von Büchern	**- ви́ды книг**
Ausgabenbuch	- расхо́дная кни́га
Auszahlungsbuch	- кни́га платеже́й
Bilanzbuch	- бала́нсовая кни́га
Einnahmenbuch	- прихо́дная кни́га
Einnahmen- und Ausgabenbuch	- прихо́до-расхо́дная кни́га
Geschäftsbuch	- бухга́лтерская кни́га
Grundbuch	- земе́льная кни́га
Hauptbuch	- гла́вная кни́га, основна́я кни́га
Hypothekenbuch	- ипоте́чная кни́га
Kassenbuch	- ка́ссовая кни́га
Kontobuch	- счётная / счетово́дная кни́га
Lieferbuch	- кни́га поста́вок
Rechnungsbuch	- счетово́дная кни́га

Rechnungseingangsbuch	- фактурная книга
Sammelbuch	- сводная книга
Schuldbuch	- долговая книга
Wareneingangsbuch	- книга учёта поступивших товаров
Wechselbuch	- вексельная книга
Wirtschaftsbuch	- приходно-расходная книга
buchen	**- сделать/ делать бухгалтерскую проводку**
als Einnahme buchen	- записать / записывать в приход
als Kosten buchen	- списать / списывать на издержки
als Rückstand (überfällig) buchen	- перечислить / перечислять в недоимки
als Verlust buchen	- списать / списывать на убытки
auf ein Konto buchen	- записать / записывать на счёт
Ausgaben (ver)buchen	- записать / записывать расходы
buchen (verbuchen)	- занести / заносить в бухгалтерскую книгу - провести / проводить по /бухгалтерским/ книгам - провести по счетам бухгалтерского учёта
Buch führen	- вести / водить бухгалетрский учёт
buchmäßig erfassen	- провести / проводить по книгам
eine Forderung (ver)buchen	- записать / записывать причитающуюся сумму
etwas buchen auf	- сделать / делать бухгалтерскую проводку
im Haben (Soll) buchen	- занести / заносить в кредит/ в дебет/ - записать / записывать в кредит /в дебет/
umbuchen	- перевести / переводить /бухгалтерскую запись/ на другой счёт - перечислить / перечислять на другой счёт
zu Gunsten (zu Lasten) buchen	- занести / заносить в кредит/ в дебет/ - записать / записывать в кредит /в дебет/
Buchen, das	- проводка по счетам бухгалтерского учёта
Buchführung	**- ведение бухгалтерского учёта; - ведение бухгалтерских книг; - счетоводство**
-, doppelte	- двойная система счетоводства - двойная бухгалтерия - двойная система бухгалтерского учёта - двойное счетоводство
-, einfache	- простая система счетоводства
-, kaufmännische	- торговое счетоводство
-, über Kreditgeschäfte	- учёт кредитных операций
Buchführungsformular	- учётный регистр
Buchführungsorganisation	- организация бухгалтерского учёта
Buchführungspflicht	- обязанность ведения торговых книг
Buchführungsrichtlinien	- предписание /инструкции/ положения о порядке ведения бухгалтерского учёта

Buchführungssystem	- систе́ма бухга́лтерского учёта
Buchführungsunterlagen	- бухга́лтерская документа́ция
Buchführungsverordnung	- пра́вила бухга́лтерского учёта и бухга́лтерской отчётности
Buchführungsvorschriften	- инстру́кции, регули́рующие поря́док бухга́лтерского учёта
Arten der Buchführung	- ви́ды счетово́дства
Bankbuchführung	- ба́нковское счетово́дство
Depositenbuchführung	- депози́тное счетово́дство
Finanzbuchführung	- фина́нсовое счетово́дство
Haushaltsbuchführung	- бюдже́тное счетово́дство
Materialbuchführung	- материа́льное счетово́дство
Buchhalter	- **бухга́лтер**
Buchprüfer	- бухга́лтер- ревизо́р
Hauptbuchhalter	- гла́вный бухга́лтер
Oberbuchhalter	- ста́рший бухга́лтер
Buchhaltung	- **бухгалте́рия**
Buchhaltungsbilanz	- бухга́лтерский бала́нс
Buchhaltungsformen	- фо́рмы бухга́лтерского учёта
Buchhaltungskonten	- бухга́лтерские счета́
Buchhaltungsrevisor	- ревизо́р бухга́лтерских книг, ревизо́р бухга́лтерской отчётности
Buchhaltungsrichtlinien	- основны́е положе́ния бухга́лтерского учёта
Buchhaltungssystem	- систе́ма бухга́лтерского учёта
Buchhaltungsunterlagen	- бухга́лтерские докуме́нты
Arten der Buchhaltung	- **ви́ды бухгалте́рии**
Anlagenbuchhaltung	- /бухга́лтерский/ учёт основны́х средств
Bankbuchhaltung	- ба́нковская бухгалте́рия
Bilanzbuchhaltung	- о́бщая бухгалте́рия
Filialbuchhaltung	- бухгалте́рия филиа́ла
Hauptbuchhaltung	- гла́вная бухгалте́рия
Kontokorrentbuchhaltung	- контокорре́нтный бухга́лтерский учёт
Lagerbuchhaltung	- складско́й учёт, складска́я бухгалте́рия
Lohnbuchhaltung	- расчётная бухгалте́рия
Materialbuchhaltung	- бухга́лтерский учёт материа́лов
Nebenbuchhaltung	- фо́рмы вспомога́тельного бухга́лтерского учёта
Provisionabuchhaltung	- бухга́лтерский учёт комиссио́нных
Sachkontenbuchhaltung	- бухга́лтерский учёт инвента́ров
Steuerbuchhaltung	- нало́говая бухгалте́рия
Wechselbuchhaltung	- бухга́лтерский учёт ве́кселей
Zentralbuchhaltung	- централизо́ванная бухгалте́рия

Buchung	**- проводка по /бухгалтерским/книгам**
	- занесение в бухгалтерскую книгу
	- бухгалтерская запись
eine - durchführen	- сделать / делать проводку по бухгалтерским книгам
eine - vornehmen	- сделать / делать проводку
-, chronologische	- хронологическая бухгалтерская запись
-, laufende	- текущая бухгалтерская запись
Buchungsanweisung	- бухгалтерская инструкция
	- инструкция по ведению бухгалтерских книг
Buchungsbeleg	- отчётный документ; оправдательный бухгалтерский документ; мемориальный ордер
Buchungsfehler	- ошибка в бухгалтерском учёте
Buchungsjournal	- бухгалтерский журнал
Buchungskontrolle	- контроль правильности ведения бухгалтерских книг
Buchungsmaschinen	- бухгалтерские машины
Buchungsnachweis	- отчётный документ
Buchungsorder	- бухгалтерская инструкция, инструкция по ведению бухгалтерских книг
Buchungsposten	- статья бухгалтерского учёта
Buchungsregister	- учётный регистр
Buchungssatz	- 1. счётная формула
	2. проводка
-, einfacher	- простая проводка
-, zusammengesetzter	- сложная проводка
Buchungssystem	- система бухгалтерского учёта
Buchungstag	- день внесения записей в бухгалтерские книги
Buchungsunterlagen	- материалы / документация для проводки по бухгалтерским книгам
Buchungsverfahren	- метод бухгалтерского учёта
Buchungsverweis	- ссылка на запись в бухгалтерских книгах
Buchungsvorfall	- операция, находящая отражение в бухгалтерской документации
Buchungszeile	- строка записи в бухгалтерских книгах
Buchungszentrum	- 1. центральная бухгалтерия
	2. машиносчётное бюро
Buchungszwang	- обязанность занесения в /бухгалтерскую/ книгу

Arten von Buchungen	**- виды проводок**
Abschlußbuchung	- заключительная бухгалтерская запись
Eröffnungsbuchung	- начальная проводка
Erstbuchung	- первичная запись,первоначальная запись
Gegenbuchung	- ответная проводка
Habenbuchung	- запись в кредит
(Gutschrift)	- кредитовая проводка, кредитование

Memorialbuchung	- мемориа́льная прово́дка
Sollbuchung (Lastschrift)	- за́пись в дебе́т
	- дебе́товая прово́дка
Stornobuchung (Storno)	- сто́рно
Rückbuchung	- исправи́тельная прово́дка
Umbuchung	- перено́с / перенесе́ние на друго́й счёт
	- перечисле́ние на друго́й счёт
Geschäftsfall	**- хозя́йственная опера́ция**
(Geschäftsvorfall)	**- комме́рческая опера́ция**
Arten von Geschäftsfällen	**- ви́ды опера́ций**
Anschaffung von Anlagegütern	- приобрете́ние основны́х средств /произво́дства/
Aufwandbuchungen	- бухга́лтерский учёт расхо́дов, бухга́лтерская за́пись расхо́дов
Bußgeld	- де́нежный штраф
Gehalt	- за́работная пла́та /слу́жащих/
Löhne	- за́работная пла́та /рабо́чих/
Ordnungsgeld	- де́нежный штраф
Verpflegungsaufwand	- расхо́ды на пита́ние
Begleichen einer Rechnung	- произво́дство расчёта
Einkauf von :	- ку́пля, заку́пка, поку́пка; ску́пка:
Betriebsstoffen	- произво́дственных материа́лов
Hilfsstoffen	- вспомога́тельных материа́лов
Rohstoffen	- сырья́
Waren	- това́ров
Erlösbuchungen	- прово́дки по счёту при́были
Geldbewegungen	- движе́ние де́нег
Banküberweisung	- 1. ба́нковское перечисле́ние де́нег
	2. ба́нковский перево́д
Kasse	- 1. ка́сса; сейф
	2. сберега́тельная ка́сса
	3. нали́чные де́ньги
Kasseneingang	- при́ход /по ка́ссе/
Kassenausgang	- расхо́д /по ка́ссе/
Kassensturz	- реви́зия ка́ссы
Gutschreibung von Zinsen	- за́пись проце́нтов в креди́т
Tilgung von :	- погаше́ние / упла́та :
Darlehensschulden	- долговы́х обяза́тельств по за́йму
Hypotheken	- ипоте́к / ипоте́чных ссуд
Inventar	**- 1. инвента́рь**
	- 2. инвентаризацио́нная /инвента́рная/ о́пись
das - aufführen	- провести́ / проводи́ть инвента́рную о́пись
das - aufnehmen	- провести́ / проводи́ть инвентариза́цию
	- инвентаризова́ть /сов. и несов./
das - ermitteln	- прове́рить / проверя́ть инвента́рную о́пись
ein - erstellen	- соста́вить / составля́ть о́пись чего-л.

inventarisieren	- инвентаризи́ровать что-л., провести́ / проводи́ть инвентариза́цию
-, lebendes	- живо́й инвента́рь
-, totes	- мёртвый инвента́рь
Inventaraufnahme	- инвентариза́ция
Inventarbestand	- инвента́рь, инвента́рный парк
Inventarbewertung	- инвента́рная оце́нка
Inventarerrichtung	- составле́ние инвентаря́ /о́писи/
Inventarfrist	- срок составле́ния о́писи
Inventarkonto	- инвента́рный счёт
Inventarliste	- инвентаризацио́нная о́пись
Inventarnummer	- инвента́рный но́мер
Inventarobjekt	- инвента́рный объе́кт
Inventarpark	- инвента́рь, инвента́рный парк
Inventarrecht	- пра́во на о́пись
Inventarstück	- инвента́рный объе́кт
Inventaruntreue	- преднаме́ренно непо́лное или непра́вильное составле́ние о́писи насле́дственного иму́щества
Inventarisierung	- страхова́ние инвентаря́
Inventarverzeichnis	- инвентаризацио́нная /инвента́рная/ о́пись
Arten des Inventars	**- ви́ды инвентаря́**
Anfangsinventar	- нача́льный инвента́рь
Betriebsinventar	- хозя́йственный инвента́рь - произво́дственный инвента́рь
Handelsinventar	- торго́вый инвента́рь
Kleininventar	- ме́лкий инвента́рь
Liquidationsinventar	- ликвидацио́нный инвента́рь
Produktionsinventar	- произво́дственный инвента́рь
Inventur (Bestandsaufnahme)	**- инвентариза́ция; учёт** **акт инвентариза́ции**
eine - durchführen	- провести́ / проводи́ть инвентариза́цию
-, effektive	- инвентариза́ция това́рно-материа́льных це́нностей и де́нежных средств
-, laufende	- теку́щая инвентариза́ция
-, permanente	- пермане́нтная / постоя́нная инвентариза́ция - пермамне́нтный учёт
-, planmäßige	- пла́новая инвентариза́ция
-, unerwartete	- внеза́пная инвентариза́ция
Inventurabstimmung	- све́рка результа́тов инвентариза́ции
Inventurausverkauf	- /сезо́нная/ распрода́жа
Inventurauswertung	- подведе́ние ито́гов инвентариза́ции

Inventurbestand	- инвентарь, инвентарный парк
Inventurbilanz	- инвентаризационный баланс
Inventurdifferenz	- недостачи или излишки, выявленные в ходе инвентаризации
-, negative	- недостачи, выявленные в ходе инвентаризации
-, positive	- излишки, выявленные в ходе инвентаризации
Inventurgruppe	- группа по проведению инвентаризации
Inventurliste	- инвентаризационная / инвентарная опись
inventurmäßig	- соответственно инвентаризации
Inventurmethode	- инвентарный метод оценки незавершённого производства
Inventurminusdifferenz	- недостача, выявленная в ходе инвентаризации
Inventurpark	- инвентарь - инвентарный парк
Inventurprotokoll	- протокол / акт инвентаризации
Inventurprüfung	- инвентарная ревизия
Inventurverkauf	- /сезонная/ распродажа товаров
Inventurvermögen	- инвентарное имущество
Arten der Inventur	**-виды инвентаризации**
Buchinventur	- проверка/ ревизия бухгалтерских книг - аудиторство
Generalinventur	- генеральная инвентаризация
permanente Inventur	- перманентная/ постоянная инвентаризация - перманентный учёт
Stichprobeninventur	- выборочная инвентаризация
Stichtagsinventur	- однодневная инвентаризация, выборочная инвентаризация - инвентаризация на определённую дату
Abschlußstichtag	- день, по курсу которого производится расчёт по сделке
Stichtag	- день инвентаризации
Teilinventur	- частичная инвентаризация
Übergabeinventur	- инвентаризация при смене материально ответственного лица
verlegte Inventur	- отложенная инвентаризация
Vollinventur	- полная инвентаризация
Kapital	**- 1. капитал** **- 2. крупная собственность**
das - anlegen	- вложить / вкладывать капитал - /поместить/ помешать капитал
das - binden	- связать / связывать капитал
das - einschießen	- вложить /вкладывать капитал
das - erwerben	- составить / составлять себе капитал
das - festlegen	- превратить / превращать оборотный постоянный капитал в постоянный
das - in Grundbesitz anlegen	- вложить / вкладывать в недвижимое имущество

das - immobilisieren	- помести́ть / помеша́ть капита́л в недви́жимое иму́щество
das - investieren	- вложи́ть / вкла́дывать капита́л - инвести́ровать /сов. и несов./
das - kreieren	- созда́ть / создава́ть капита́л
das - placieren	- вложи́ть / вкла́дывать капита́л - помести́ть / помеща́ть капита́л
das - schöpfen	- созда́ть / создава́ть капита́л
das - sicherstellen	- вложи́ть / вкла́дывать капита́л в надёжное предприя́тие
das - unterbringen	- вложи́ть / вкла́дывать капита́л в что-л. - помести́ть / помеща́ть капита́л в что-л.
Arten von Kapital	**- ви́ды капита́ла**
Aktienkapital	- акционе́рный капита́л
Anlagekapital	- основно́й капита́л
Betriebskapital	- оборо́тный капита́л; оборо́тные сре́дства
Eigenkapital	- со́бственный капита́л
Finanzkapital	- фина́нсовый капита́л
Fremdkapital	- заёмный /привлечённый капита́л
Schulden	- долги́
Grundkapital	- основно́й капита́л
Leihkapital	- ссу́дный капита́л
Privatkapital	- ча́стный капита́л
-, akkumuliertes	- нако́пленный капита́л
-, angelegtes	- вло́женный / инвести́рованный капита́л
-, angewandtes	- испо́льзованный капита́л
-, ausgeliehenes	- ссу́женный капита́л
-, ausländisches	- иностра́нный капита́л
-, auswanderndes	- эмигри́рующий капита́л
-, betriebsnotwendiges	- капита́л, вло́женный в предприя́тие
-, bewegliches	- оборо́тный капита́л
-, brachliegendes	- мёртвый капита́л
-, disponibles	- свобо́дный /нали́чный/ капита́л
-, dividendenberechtigtes	- капита́л, прино́сящий дивиде́нды
-, eigenes	- со́бственный капита́л
-, eingefrorenes	- заморо́женный капита́л
-, eingeschossenes	- вло́женный капита́л
-, eisernes	- неприкоснове́нный капита́л
-, festgelegtes	- иммобилизо́ванный капита́л
-, fiktives	- фикти́вный капита́л
-, fixes	- основно́й капита́л
-, flüssiges	- оборо́тный капита́л; свобо́дный капита́л
-, flüssiges konstantes	- оборо́тный постоя́нный капита́л
-, flüssiges variables	- оборо́тный переме́нный капита́л
-, freigesetztes	- высвобождённый капита́л
-, fungierendes	- функциони́руюший капита́л
-, fusioniertes	- объединённный капита́л
-, gesellschaftliches	- акционе́рный капита́л

-, gut angelegtes	- выгодно помещённый капитал
-, haftendes	- уставный капитал
-, indisponibles	- несвободный капитал
-, individuelles	- индивидуальный капитал
-, in Effekten	- фондовый капитал
-, investiertes	- вложенный / инвестированный капитал
-, in Wertpaieren	- фондовый капитал
-, kaufmännisches	- торговый капитал
-, konstantes	- постоянный капитал
-, latentes	- скрытый капитал
-, leihbares	- ссудный капитал
-, mobiles	- мобильный капитал
-, potentielles	- потенциальный капитал
-, produktives	- производительный капитал
-, registriertes	- зарегистрированный капитал
-, sachliches	- вещный капитал, вещественный капитал
-, stehendes	- основной капитал
-, steriles	- бесплодный капитал
-, suspendiertes	- высвободившийся капитал
-, totes	- мёртвый капитал
-, überflüssiges	- избыточный капитал
-, umlaufendes	- оборотный капитал
-, unbeschäftigtes	- бездействующий капитал, свободный капитал
-, variables	- переменный капитал
-, verausgabtes	- израсходованный капитал
-, verfügbares	- наличный капитал
-, verleihbares	- ссудный капитал
-, verwertbares	- 1. использованный капитал 2. капитал, стоимость которого возросла
von durchschnittlicher Zusammensetzung	- капитал среднего строения
von hoher Zusammensetzung	- капитал высокого строения
von niedriger Zusammensetzung	- капитал низкого строения
-, vorgeschossenes	- авансированный капитал
-, zinstragenden	- капитал, приносящий проценты
-, zirkulierendes	- оборотный капитал
Kapital	**- 1. капитал 2. крупная собственность**
Kapitalabberufung	- изъятие капитала
Kapitalabfindung	- единовременное возмещение ущерба /убытков/
Kapitalabwanderung	- утечка; отлив; бегство капитала
Kapitalakkumulation	- накопление капитала
Kapitalangebot	- предложение капитала
Kapitalanhäufung	- накопление капитала
Kapitalanlage	- инвестиция, капиталовложение, помещение капитала
Kapitalanlagegesellschaft	- инвестиционная компания - инвестмент- трест
Kapitalanteil	- доля в капитале

Kapitalarmut	- нехва́тка капита́ла
Kapitalaufstockung	- увеличе́ние основно́го капита́ла (фи́рмы)
Kapitalaufwand	- затра́ты капита́ла, капита́льные затра́ты
Kapitalaufwendung	- затра́ты капита́ла - капита́льные затра́ты
Kapitalaufwertung	- увеличе́ние сто́имости капита́ла
Kapitalausfuhr	- вы́воз / э́кспорт капита́ла
Kapitalausgaben	- затра́ты капита́ла - капита́льные затра́ты
Kapitalbedarf	- потре́бность в капита́ле - спрос на капита́л
Kapitalbeschaffung	- привлече́ние капита́ла нало́гом
Kapitalbesteuerung	- обложе́ние капита́ла нало́гом
Kapitalbeteiligung	- долево́е уча́стие в /акционе́рном/ капита́ле
-, staatliche	- долево́е уча́стие госуда́рства в /акционе́рном/ капита́ле
Kapitalbetrag	- су́мма капита́ла
Kapitalbewegung	- движе́ние капита́ла
Kapitalbewilligung	- предоставле́ние капита́ла
Kapitalbilanz	- бала́нс / учёт капита́ла
kapitalbildend	- капиталообразу́ющий
Kapitalbildung	- образова́ние капита́ла
Kapitalcharakter	- хара́ктер капита́ла
Kapitaleigentum	- капита́л-со́бственность
Kapitaleinfuhr	- ввоз / и́мпорт капита́ла
Kapitalanlage	- долево́е уча́стие в капита́ле /акционе́рного/ о́бщества
Kapitalentwertung	- обесцене́ние капита́ла
Kapitalerhöhung	- увеличе́ние / рост основно́го капита́ла
Kapitalerneuerung	- обновле́ние капита́ла
Kapitalersatz	- возмеще́ние капита́ла
Kapitalertrag	- дохо́д с капита́ла
Kapitalertragssteuer	- нало́г на дохо́д с капита́ла
Kapitalexport	- э́кспорт капита́ла
Kapitalflucht	- уте́чка капита́ла
Kapitalfluß	- перели́в капита́ла
Kapitalgeber	- инве́стор
Kapitalgesellschaft	- о́бщество; кампа́ния
Kapitalgewinn	- при́быль на капита́л
Kapitalgüter	- основны́е сре́дства произво́дства
Kapitalherabsetzung	- сокраще́ние капита́ла
Kapitalinvestierung	- вложе́ние капита́ла, инвести́рование
Kapitalimport	- и́мпорт капита́ла
Kapitalkonto	- счёт капита́ла
Kapitalkosten	- капита́льные затра́ты
Kapitalmasse	- ма́сса капита́ла
Kapitalneuinvestionen	- но́вые инвести́ции, капиталовложе́ние
Kapitalpapier	- це́нная бума́га
Kapitalprofit	- при́быль с капита́ла
Kapitalreserve	- резе́рв / запа́с капита́ла

Kapitalrücklage	- 1. созда́ние резе́рвов капита́ла 2. резе́рв /запа́с капита́ла
Kapitalsteuer	- нало́г на капита́л
Kapitalsumme	- су́мма капита́ла
Kapitalüberschuß	- избы́ток капита́ла
Kapitalverbrauch	- потребле́ние капита́ла
Kapitalverkehr	- оборо́т капита́ла - движе́ние капита́ла
Kapitalverkehrsbilanz	- бала́нс обора́чиваемости капита́лов и креди́тов
Kapitalverlagerung	- перемеще́ние капита́ла
Kapitalverlust	- поте́ря капита́ла
Kapitalvermögen	- 1. капита́л 2. основны́е сре́дства произво́дства
Kapitalvorschuß	- аванси́рованный капита́л
Kapitalzins	- проце́нт на капита́л
Kapitalzusammensetzung	- соста́в капита́ла
Rücklagen	**- 1. запа́с; сбереже́ния, накопле́ния 2. резе́рвы, резе́рвные фо́нды**
-, freie	- свобо́дные резе́рвы
-, gesetzliche	- резе́рвы, устано́вленные зако́ном - обяза́тельные отчисле́ния в резе́рвный фонд
-, offene	- откры́тые резе́рвы
-, satzungsmäßige	- уста́вные резе́рвные фо́нды
-, steuerfreie	- резе́рвы, не облага́емые нало́гом
-, stille	- скры́тые резе́рвы
-, versteckte	- скры́тые резе́рвы
-, zusätzliche	- дополни́тельные резе́рвы
Rücklagefonds	- резе́рвный фонд
Rücklagenkonto	- счёт резе́рвов предстоя́щих платеже́й
Arten von Rücklagen	**- ви́ды резе́рвов**
Ermessensrücklagen	- резе́рвы, возни́кшие в результа́те примене́ния при́нципа са́мой ни́зкой оце́нки стате́й акти́ва
Gewinnrücklagen	- резе́рвы, возни́кшие за счёт при́были
Kapitalrücklagen	- 1. созда́ние резе́рвов / запа́сов капита́ла 2. резе́рвы / запа́сы капита́ла
Schätzungsrücklagen	- приме́рные резе́рвы /по предвари́тельной оце́нке/
Sonderrücklagen	- специа́льные резе́рвы
Willkürrücklagen	- резе́рвы, нали́чие кото́рых обусло́влено произво́льным заниже́нием оце́нок стате́й акти́ва
Zwangsrücklagen	- обяза́тельные резе́рвы
Konto	- счёт
auf ein - buchen	- занести́ / заноси́ть на счёт

auf ein - einzahlen	- внести́ / вноси́ть /де́ньги на/теку́щий/ счёт
auf ein - überweisen	- перевести́ / переводи́ть на /теку́щий/ счёт
ein - abschließen	- закры́ть / закрыва́ть счёт
ein - belasten	- дебетова́ть счёт
ein - eröffnen	- откры́ть / открыва́ть счёт
ein - führen	- вести́ / води́ть счёт
ein - sperren	- блоки́ровать /сов. и несов./счёт
ein - überziehen	- перекры́ть / перекрыва́ть счёт
-, analytisches	- аналити́ческий счёт
-, belastetes	- дебету́емый счёт
-, berührtes	- затро́нутый счёт
-, eingefrorenes	- блоки́рованный счёт
	- заморо́женный счёт
-, erkanntes	- кредиту́емый счёт
-, gemischtes	- сме́шанный счёт
-, gesperrtes	- блоки́рованный счёт
-, kombiniertes	- совмещённый счёт
-, laufendes	- теку́щий счёт
	- контокорре́нтный счёт
-, persönliches	- лицево́й счёт
-, synthetisches	- синтети́ческий счёт
-, umsatzloses	- счёт, по кото́рому отсу́тствуют за́писи
-, unbewegtes	- счёт, по кото́рому отсу́тсвуют за́писи
-, unverzinsliches	- беспроце́нтный счёт
-, zentrales	- централизо́ванный счёт
-, zinsloses	- беспроце́нтный счёт
Kontenabstimmung	- согласова́ние счето́в
Kontenart	- вид счето́в
Kontenausgleich	- сбаланси́рование счето́в, сальди́рование
Kontenbestand	- сре́дства, чи́слящиеся на счёте
Konteneintragung	- занесе́ние на счёт
	- прово́дка по счёту
Kontenführung	- ве́дение счёта / счето́в
Kontenführungspflicht	- обя́занность вести́ счето́в
Kontengliederung	- классифика́ция счето́в
Kontengruppe	- гру́ппа счето́в
Konteninhaber	- владе́лец счёта
Kontenklasse	- разде́л счётного пла́на
	- разде́л номенклату́ры счето́в
Kontennummer	- шифр счёта, но́мер счёта
Kontenplan	- план счето́в
	- счётный план
Kontenrahmen	- номенклату́ра счето́в
Großhandelskontenrahmen	- номенклату́ра опто́вой торго́вли
Industriekontenrahmen	- номенклату́ра промы́шленности
Kontenregister	- пе́речень счето́в
Kontensperre	- аре́ст счёта; аре́ст вкла́да; блоки́рование счёта
Kontenstand	- состоя́ние счето́в

kontieren	- оплачивать что-л.
Kontierung	- контировка, составление проводок, контировка на документе
Kontenumsatz	- обороты по счетам
Kontenuntergruppe	- подгруппа счетов
Kontenverfügung	- распоряжение счётом
Kontenverzeichnis	- реестр счетов
Konteraktivposten	- контраактивная статья
Konterpassivposten	- контрапассивная статья
Kontoabschluß	- закрытие счета
Kontoauszug	- выписка из счёта
Kontoeröffung	- открытие счёта
Kontogegenbuch	- расчётная книга
Kontoinhaber	- владелец личного счёта
Kontokorrent	- контокоррент
Kontonummer	- номер счёта
Kontosaldo	- сальдо счёта
Kontoseite	- сторона счёта
-, linke	- дебет
-, rechte	- кредит
Kontosperre	- блокировка счёта
Kontovertrag	- договор об открытии счёта

Arten von Konten - **виды счетов**

Abrechnungskonto	- расчётный счёт
Abschlußkonto	- окончательный счёт
Akkreditivkonto	- аккредитивный счёт
Aktivkonto	- активный счёт
Anlagekonto	- имущественный счёт
Anleihekonto	- ссудный счёт
Aufwandskonto	- расходный счёт
Ausgabekonto	- расходный счёт
Auszahlungskonto	- дисбурсментский счёт
Bankkonto	- банковский счёт
Bestandskonto	- основной счёт
Eigenfondskonto	- фондовый счёт
Materialbestandskonto	- материальный счёт
Bilanzkonto	- балансовый счёт /первого порядка/
Bilanzunterkonto	- балансовый счёт второго порядка
Eröffnungsbilanzkonto	- счёт вступительного баланса
Konto außerhalb der Bilanz	- забалансовый счёт
Schlußbilanzkonto	- счёт заключительного баланса
Darlehenskonto	- ссудный счёт
Depositenkonto	- депозитный счёт
Devisenkonto	- валютный счёт
Eigenkapitalskonto	- счёт, на который помещён собственный / основной капитал
Erfolgskonto	- результативный счёт
Erlöskonto	- счёт дохода
Eröffnungskonto	- вступительный счёт

Ertragskonto	- дохо́дный счёт, счёт дохо́да
Gegenkonto	- корреспонди́рующий счёт
	- двойно́й счёт
Gewinnkonto	- счёт при́былей
Gewinn- und Verlustkonto	- счёт при́былей и убы́тков
Grundmittelkonto	- счёт основны́х сре́дств
Habenkonto (Gutschriftkonto)	- кредиту́емый счёт
Haushaltskonto	- бюдже́тный счёт
Hilfskonto	- вспомога́тельный счёт
Inventarkonto	- инвента́рный счёт
Kalkulationskonto	- калькуляцио́нный счёт
Kapitalkonto	- счёт капита́ла
Kassenkonto	- счёт ка́ссы
Konto	- счёт
Kontokorrentkonto	- расчётный счёт, контокорре́нтный счёт
Kostenkonto	- счёт изде́ржек
Kreditkonto	- креди́тный счёт
Lohnabrechnungskonto	- счёт за́работной пла́ты
Nichtbilanzkonto	- внебала́нсовый счёт
Passivkonto	- пасси́вный счёт
Rücklagenkonto	- счёт резе́рва предстоя́щих платеже́й
Sachkonto	- инвента́рный счёт
	- основно́й счёт
Sammelkonto	- собира́тельно-распредели́тельный счёт
Sollkonto	- акти́вный счёт
(Lastschriftkonto)	- дебе́товый счёт
Sonderkonto	- специа́льный счёт
Unterkonto	- подсо́бный счёт, субсчёт
Verlustkonto	- счёт убы́тков
Verrechungskonto	- кли́ринговый счёт, расчётный счёт
Wechelkonto	- счёт ве́кселей
Wertpapierkonto	- счёт це́нных бума́г
Zinskonto	- счёт по проце́нтами
Passiva	- **1. пасси́вы, пасси́в**
	2. долги́, долговы́е обяза́тельства
-, ständige	- усто́йчивые пасси́вы
-, transistorische	- переходя́щие пасси́вы
Passivfinanzierung	- пасси́вное финанси́рование
Passivgeschäft	- пасси́вная /ба́нковская/ опера́ция
Passivkonto	- счёт пасси́ва
Passivmasse	- пасси́вная /долгова́я/ ма́сса
Passivposten	- статья́ пасси́ва
	- пасси́вная статья́ бала́нса
Passivsaldo	- пасси́вное са́льдо
Passivzins	- пасси́вный проце́нт
Passivzinssatz	- проце́нтная ста́вка по вкла́дам

Rechnung	- счёт; учёт
	- подсчёт
auf eigene Rechnung	- за свой счёт
auf die - setzen	- отнести / относить на счёт
	- включить / включать в счёт
eine - abschließen	- закрыть / закрывать счёт
eine - aufmachen	- выставить / выставлять счёт
	- предьявить / предьявлять счёт
eine - ausgleichen	- оплатить / оплачивать счёт
	- уплатить / уплачивать счёт
eine - ausstellen	- выставить / выставлять счёт
eine - begleichen :	- оплатить / оплачивать счёт :
durch Banküberweisung	- путём банковского перевода
durch Darlehensschuld	- за счёт займа
durch Zielkauf	- за счёт покупки /ценных бумаг/
gegen Bankscheck	- банковским чеком
gegen bar	- наличными
eine - bezahlen	- оплатить / оплачивать счёт
	- уплатить / уплачивать по счёту
eine - führen	- вести счёт
-, analytische	- аналитический счёт
-, endgültige	- итоговый счёт
-, fällige	- счёт, срок платежа по которому наступил
-, fiktive	- условный счёт, фиктивный счёт
-, fingierte	- фиктивный счёт
-, laufende	- текущий счёт
-, offene	- открытый счёт, неоплаченный счёт
-, provisorische	- временный счёт
-, quittierte	- счёт с распиской
-, spezifierte	- фактура-спецификация, подробный счёт
-, synthetische	- синтетический счёт
-, unbeglichene	- неоплаченный счёт
-, unbezahlte	- неоплаченный счёт
-, verfallene	- счёт, срок платежа по которому истёк
-, vorläufige	- предварительный счёт, счёт проформа
Rechnungsabgrenzung	- /бухгалтерское/ разграничение затрат и поступлений между смежными отчётными периодами
Rechnungsabschluß	- 1. закрытие счетов; сальдирование 2. заключительнный / годовой баланс
Rechnungsabteilung	- отдел учёта; бухгалтерия
Rechnungsamt	- финансовый отдел; финансовое управление
Rechnungsanfertigung	- оформление счёта
	- выписка счёта
Rechnungsart	- способ исчисления, способ расчёта
Rechnungsausgang	- результат счёта
Rechnungsausgangsbuch	- книга регистрации выписанных счетов
Rechnungsausgleich	- выведение сальдо; сальдо

Rechnungsausstellung	- выставле́ние / выпи́ска счёта
Rechnungsauszug	- вы́писка из счёта
Rechnungsbeleg	- оправда́тельный/ подтвержда́ющий докуме́нт к счёту
	- бухга́лтерский/ счётный/ учётный докуме́нт
Rechnungsbetrag	- су́мма счёта; факту́рная су́мма;
	- факту́рная сто́имость
Rechnungsbuch	- счётная/ факту́рная кни́га
	- кни́га счето́в
Rechnungsdefizit	- 1. дебе́товое са́льдо по счёту
	2. ка́ссовый дефици́т
Rechnungseingang	- поступле́ние счёта
Rechnungseingangsjournal	- журна́л поступа́ющих счето́в поставщико́в
Rechnungseingangskonto	- счёт поступи́вших счето́в поставщико́в
Rechnungseinheit	- 1. счётная едини́ца; расчётная едини́ца
	2. усло́вная расчётная едини́ца
Rechnungseinzugsverfahren	- ме́тод акце́птного расчёта
	- акце́птная фо́рма расчётов
Rechnungserteilung	- представле́ние счёта /к платежу́/
Rechnungsführung	- **1. счетово́дство; бухгалте́рия**
	2. учёт
	3. расчёт
-, analytische	- аналити́ческий учёт
-, gesamtstaatliche	- общегосуда́рственный учёт
-, in einer Verkaufsstelle	- внутримагази́нный расчёт
-, innerbetrieblich wirtschaftliche	- внутризаводско́й хозя́йственный расчёт
-, über Arbeitszeit und Lohn	- учёт труда́ и за́работной пла́ты
-, über den Kassenverkehr	- учёт ка́ссовых опера́ций
-, über die unvollendete Produktion	- учёт незавершённого произво́дства
-, unvollständig angewandte wirtschaftliche	- непо́лный хозя́йственный расчёт
-, vollständige wirtschaftliche	- по́лный хозя́йственный расчёт
-, wirtschaftliche	- хозя́йственный расчёт; хозрасчёт
	- хозя́йственный учёт
Rechnungsgrundlagen	- осно́вы учёта
Rechnungsjahr	- фина́нсовый/ бюдже́тный год, отчётный год
Rechnungslegung	- (фина́нсовый) отчёт, отчётность, представле́ние отчёта/ отчётности
rechnungsmäßig	- расчётный
Rechnungsnummer	- но́мер счёта
Rechnungsperiode	- отчётный пери́од
Rechnungsposition	- пози́ция счёта
Rechnungsposten	- бухга́лтерская статья́
Rechnungspreis	- факту́рная цена́
Rechnungsprüfer	- ревизо́р (счето́в), бухга́лтер-ревизо́р
Rechnungsprüfung	- прове́рка/ контро́ль счето́в, реви́зия отчётности

Rechnungsquartal	- отчётный квартал
Rechnungsüberschuß	- кредитовое сальдо по счёту
Rechnungswesen	**- учёт, счетоводство**
-, buchhalterisches	- бухгалтерский учёт
-, industrielles	- промышленный учёт и отчётность
-, volkswirtschaftliches	- народнохозяйственный учёт и отчётность
Arten von Rechnungen	**- виды счетов / учётов**
Anlagenrechnung	- учёт основных фондов
	- учёт основных средств
Artikelerfolgsrechnung	- учёт реализуемых товаров
Auftragsabrechnung	- калькуляция издержек по отдельным заказам
	- учёт затрат
Aufwands- und Ertragsrechnung	- счёт прибылей и убытков
-, laufende	- счёт прибылей и убытков текущего периода
Ausgangsrechnung	- исходящий счёт
Bestandsrechnung	- текущий счёт, учёт наличности
Eingangsrechnung	- счёт, выставляемый поставщиком
	- входящий счёт
Einkaufsrechnung	- счёт на купленный товар
Erfolgsrechnung	- 1. счёт прибылей и убытков
	2. итоговый подсчёт; подведение итогов
	3. отсчёт по реализации
Ergebnisrechnung	- финансово- результативный счёт
	- расчёт доходности
Ertragsrechnung	- финансово-результативный счёт
Finanzrechnung	- учёт финансов
Frachtrechnung	- счёт за фрахт
Freibetragsrechnung	- счёт свободной суммы
Gegenrechnung	- встречный счёт
Gewinn- und Verlustrechnung	- счёт прибылей и убытков
Investitionsrechnung	- 1. учёт капиталовложений
	2. расчёт рентабельности капиталовложений
Kostenrechnung	- ведение операционных счетов
	- учёт/ расчёт затрат
	- сметная стоимость, предварительная смета расходов
Deckungsbeitragskostenrechnung	- метод расчёта издержек, при котором они распределяются пропорционально между носителями
Istkostenrechnung	- калькуляция фактических издержек
	- подсчёт фактической стоимости
Kostenartenrechnung	- учёт расходов по видам
Kostenstellenrechnung	- 1. смета по месту возникновение затрат
	- 2. учёт затрат по месту их возникновения
	- учёт издержек производства по местам затрат
Kostenträgerrechnung	- учёт затрат по носителям / объектам
	- операционное ведение счетов по носителям затрат

Normalkostenrechnung	- калькуляция, составленная на основе средних / нормативных издержек
Teilkostenrechnung	- частичный учёт расходов
Leistungsrechnung	- учёт общего объёма произведённой продукции и предоставленных услуг
Lohnabrechnung	- расчёт заработной платы
Bruttolohnrechnung	- начисление общей суммы заработной платы
Nettolohnrechnung	- составление расчётноплатёжной ведомости
Materialbestandsrechnung	- 1. количественный учёт материальных запасов 2. учёт материалов на складах
Materialrechnung	- учёт товарно-материальных ценностей
Nettorechnung	- 1. учёт результатов хозяйственной деятельности - результативный учёт
Originalrechnung	- подлинный счёт
Personalrechnung	- расчёт оплаты персонала
Planberechnung	- расчёт плана
Plankostenrechnung	- расчёт плановых затрат
-, flexible	- временный расчёт плановых затрат
-, starre	- постоянный расчёт плановых затрат, стабильный расчёт плановых затрат
Primärberechnung	- первичный подсчёт
Primarkostenrechnung	- первичный подсчёт расходов / стоимости
Projektkostenrechnung	- подсчёт стоимости проекта
Prozeßkostenrechnung	- подсчёт судебных издержек
Rechnung über sonstige Leistungen	- нетоварный счёт
Rückrechnung	- возвращённый счёт
-, prognostische	- прогнозируемый счёт
Scheinrechnung	- условный счёт, фиктивный счёт
Schluß(ab)rechnung	- окончательный счёт
Sollkostenrechnung	- расчёт плановых издержек
Spesenrechnung	- счёт издержек
Verkaufsrechnung	- счёт продажи
Verrechnung	**- взаимный расчёт; расчёт**
-, bargeldlose	- безналичные расчёты
-, bilaterale	- двусторонние расчёты
-, innerbetriebliche	- внутренние расчёты - внутризаводские расчёты
Akkreditivverrechnung	- расчёты в форме аккредитивов
Akzeptverrechnung	- расчёты по акцептованным поручениям
Clearingverrechnung	- клиринговые расчёты
Sammelverrechnung	- денежные расчёты
Verrechnung, (gegenseitige)	- укрупнённые расчёты
der Forderungen und Verbindlichkeiten	- расчёты путём зачёта взаимных требований, расчёты путём зачёта встречных требований
Verrechnung für Exporte und Importe	- расчёты за экспортные и импортные товары
Verrechnung(en) für Waren und Leistungen	- расчёты за товары и услуги
Verrechnung gegen Kredit	- расчёт кредитами
Verrechnung über Abbuchungsauftrag	- безакцептные расчёты

Verrechnung über Sonderkosten	- расчёты по особым счетам
Verrechnung von Fremdgeldern	- расчёты по сторонним средствам
Versandrechnung	- счёт по отправке
Zinsrechnung	- счёт по процентам
Schuld (Fremdkapital; Bestandteil des Inventars; Passivseite der Bilanz)	- долг; обязательство
eine - abtragen	- погасить / погашать долг, погасить / погашать задолжность ликвидировать /сов. и несов./
eine - ausbuchen	- списать / списывать долг
eine - einklagen	- взыскать / взыскивать долг
	- простить / прощать долг
jem. etwas erlassen	- быть должным кому-л. какую-л. сумму
die - en begleichen	- произвести / производить платёж по обязательствам
Schulden haben	- иметь долги в судебном порядке
Schulden machen	- сделать / делать долги
-, ablösbare	- погашаемый долг
-, aufgeschobene	- отсроченный долг
-, ausstehende	- непогашённый
-, dublose	- сомнительный долг
-, fällige	- долг, подлежащий погашению
-, fundierte	- долгосрочный долг
-, gestundete	- отсроченный долг
-, kurzfristige	- краткосрочный долг
-, langfristige	- долгосрочный долг
-, laufende	- текущий долг
-, mittelfristige	- среднесрочный долг
-, rückständige	- непогашённый долг
-, tote	- долг, погашённый за давностью
-, unfundierte	- краткосрочный долг
-, verjährte	- просроченный долг
Schuldbrief	- долговое обязательство
	- заёмное письмо
Schuldbuch	- книга государственного долга
Schuldenabkommen	- соглашение о долгах
Schuldenabtragung	- платёж по долговому обязательству
	- погашение долгов, ликвидация задолженности
Schuldenaufnahme	- принятие долга на себя
Schuldenbegleichung	- погашение долга
	- платёж по долговому обязательству
Schuldenerlaß	- освобождение от долгов
schuldenfrei	- свободный от долгов
Schuldenlast	- бремя долгов
Schuldenrückzahlung	- возврат долгов

Schuldentilgungsfonds	- фонд погашения долговых обязательств
Schuldforderung	- долговое требование
Schuldforderungsklage	- иск о взыскании долга
Schuldherr	- кредитор, заимодавец
Schuldhöhe	- размер долга
Schuldner	- должник, дебитор
-, böswilliger	- злостный должник
-, säumiger	- неисправимый должник
-, unsicherer	- ненадежный должник
-, zahlungsunfähiger	- несостоятельный должник
Schuldnerbank	- банк-дебитор, банк-должник
Schuldnereigentum	- имущество должника
Schuldposten	- 1. пассивы, долги, обязательства
	2. позиция/ статья задолженности
Schuldschein	- долговое обязательство
Schuldscheindarlehen	- ссуда под долговое обязательство
Schuldsumme	- сумма долга / задолженности
Schuldtilgung	- погашение / уплата долга
Schuldübernahme	- принятие на себя долга другого лица
	- перевод долга кому-л.
Schuldüberweisung	- перевод долга
Schuldverschreibung	- долговое обязательство, облигация, выпущенная акционерным обществом
auf den Inhaber	- долговое обязательство на предъявителя
mit Gewinnbeteiligung	- облигация с участием в прибылях, облигация, дающая право на участие в прибылях
Schuldversprechen	- договор о принятии на себя обязательства
	- долговое обязательтство
Schuldvertrag	- договор, регулирующий правовые отношения между кредитором и должником
Schuldwechsel	- 1. тратта; вексель к платежу
	2. смена должника
Schuldzinsen	- проценты по кредиту

Arten von Schulden - **виды долгов**

Ausleiheschuld	- облигационная задолженность
Auslandsschuld	- внешняя задолженность
Bankschuld	- задолженность банку
Darlehen	- ссуда; заём
Gattungsschuld	- родовое обязательство
Hypothek	- ипотека, залог недвижимого имущества
Hypothekenschuld	- ипотечная задолженность
Inlandsschuld	- внутренняя задолженность
Kreditschulden	- кредитная задолженность
Rückstellungen (ungewisse Schulden)	- отчисления в резервный фонд
für künftige Zahlungen	- отчисления в резерв предстоящих платежей
für später geplante größere Investitionen	- отчисления (от прибыли) в резервный фонд (на финансирование крупных капиталовложений)
-, versicherungstechnische	- отчисления в резерв предстоящих

	платеже́й страховы́х сумм
Arten von Rückstellungen	- **ви́ды отчисле́ний**
Aufwandsrückstellung	- отчисле́ния на затра́ты
Garantierückstellung	- отчисле́ния на вы́полнение гаранти́йных обяза́тельств
Pensionsrückstellung	- отчисле́ния в пенсио́нный фонд
Rückstellungen für unvorhergesehene Kosten	- резе́рв на слу́чай непредви́денных расхо́дов
Rückstellungen für aufgeschobene Reparaturen	- отчисле́ния на предстоя́щий /отло́женный ремо́нт
Rückstellungen für drohende Verluste	- отчисле́ния на предполага́емые убы́тки
Steuerrückstellung	- отчисле́ния на налогообложе́ние
Valutaschuld	- валю́тный долг
Verbindlichkeit	- **1. обяза́тельство** - **2. задо́лженность**
(gegen....)	
-, abgeschriebene	- спи́санные задо́лженности
-, gegenseitige	- взаи́мные обяза́тельства
-, gegenüber einer Bank	- задо́лженность ба́нку
-, gesamtschuldnerische	- корреа́льное обяза́тельство
-, kurzfristige	- краткосро́чная задо́лженность
-, sonstige	- про́чие обяза́тельства, задо́лженности
-, über das Normalmaß hinausgehende	- задо́лженность, превыша́ющая но́рму
-, überfällige	- просро́ченная задо́лженность
-, ungedeckte	- необеспе́ченная задо́лженность
-, verjährte	- задо́лженность, по кото́рой истекла́ и́сковая да́вность
Arten von Verbindlichkeiten	- **ви́ды задо́лженностей**
Mindestverbindlichkeiten aus Lohn- und Gehaltzahlungen	- минима́льная задо́лженность по за́работной пла́те
Verbindlichkeiten aus Abschlagzahlungen	- абоне́нтская задо́лженность
Verbindlichkeiten aus noch auszuzahlenden Löhnen	- задо́лженность по невыпла́ченной за́работной пла́те
Verbindlichkeiten auf Grund von Warenlieferungen und Leistungen	- задо́лженность поставщика́м на осно́ве това́рных поста́вок и услу́г
Verbindlichkeiten aus Warenlieferungen	- задо́лженность по счета́м поставщико́в
Wechselverbindlichkeiten	- ве́ксельное обяза́тельство
Vermögen (Aktivseite der Bilanz; Bestandteil des Inventars)	- **1. иму́щество, состоя́ние; бога́тство**
das - flüssig machen	- преврати́ть / превраща́ть иму́щество в нали́чные де́ньги
das -besitzen	- владе́ть иму́ществом /несов./
das -erwerben	- приобрести́ / приобрета́ть иму́щество/ состоя́ние

-, beschlagnahmtes	- арестованное имущество
-, betriebsnotwendiges	- имущество, обеспечивающее нормальную деятельность предприятия
-, bewegliches	- движимое имущество
-, erbloses	- выморочное имущество
-, ererbtes	- наследственное имущество
-, flüssiges	- имущество в ликвидной форме
-, gemeinsames	- совместное имущество
-, genossenschaftliches	- кооперативное имущество
-, landwirtschaftliches	- имущество сельскохозяйственного предприятия
-, liquides	- имущество в ликвидной форме
-, mobiles	- движимое имущество
-, öffentliches	- государственная собственность - собственность коммунальных учреждений - собственность некорпоративных организаций
-, persönliches	- личное имущество
-, schuldenfreies	- имущество, свободное от долгов
-, staatliches	- государственное имущество
-, steuerpflichtiges	- имущество, облагаемое налогами
-, unbewegliches	- недвижимое имущество
vermögend	- состоятельный, зажиточный, имущий
Vermögensabgabe	- разовый налог на имущество
Vermögensänderungen	- изменение в имущественном состоянии
Vermögensaufnahme	- инвентаризация имущества
Vermögensaufstellung	- налоговый кадастер
Vermögensaufteilung	- разделение имущества
Vermögensbeschlagnahme	- наложение ареста на имущество
Vermögensbesitz	- владение имуществом
Vermögensbestand	- фактическое состояние имущества
Vermögensbestandskonto	- активный счёт
Vermögensbesteuerung	- обложение имущества налогом
Vermögensbewertung	- оценка имущества
Vermögensbilanz	- баланс имущественного состояния
Vermögensdelikt	- образование собственности и имущества
Vermögenseinziehung	- конфискация имущества
Vermögenserklärung	- налоговая декларация на имущество
Vermögensgemeinschaft	- общность имущества
Vermögenshaftung	- имущественная ответственность
Vermögenslage	- имущественное положение
Vermögensmehrung	- увеличение / прирост имущества
Vermögensnachweis	- 1. данные бухгалтерского учёта об имущественном положении 2. справка об имущественном состоянии налогообязанного лица
Vermögensschaden	- имущественный ущерб
Vermögensstatus	- имущественное состояние
Vermögenssteuer	- налог на имущество
Vermögensübernahme	- принятие имущества другого лица

	на договорной основе
Vermögensübersicht	- сводка / баланс имущественного состояния
Vermögensvergleich	- сравнение имущественного положения предприятия по состоянию на определённые даты
Vermögensverhältnisse	- 1. имущественное состояние 2. имущественные отношения
Vermögensversicherung	- страхование имущества
Vermögensverwaltung	- управление имуществом
Vermögenswerte	- имущество, имущественные ценности
Arten von Vermögen	**- виды имущества**
Anlagevermögen	- основной капитал
-, immaterielles	- нематериальный основной капитал
Anzahlungen	- задаток, плата в счёт
Konzession	- концессия;
(Zugeständnis)	- уступка
(Erlaubnis)	- разрешение
Lizenz	- лицензия
Patent	- патент
Rechte	- права
-, gewerbliche	- промысловые права
Schutzrecht	- право на охрану
Finanzanlagen	- вложенный капитал, капиталовложение
Anteile an Unternehmen	- акции предприятия
Ausleihungen	- предоставления кредитов
Beteiligungen	- участие
Wertpapiere	- ценные бумаги /основного капитала/
Sachanlagen	- вложенный недвижимый капитал
Ausstattung	- оборудование
Gebäude	- здание / здания (мн.ч.)
Grundstück	- участок /земли/
geleistete Anzahlungen	- внесённые задатки
Maschinen	- машины / станки
technische Anlagen	- технические оборудования
Umlaufvermögen	- оборотный капитал
Forderung	**- 1. требование /кому-л./претензия 2. долговое обязательство; счёт**
eine - ablehnen	- отклонить / отклонять требование
eine - anerkennen	- признать / признавать требование
eine - anmelden	- предъявить / предъявлять требование
eine - befriedigen	- удовлетворить / удовлетворять требование
eine - durchsetzen	- осуществить / осуществлять требование
eine - eintreiben	- взыскать / взыскивать требование
eine - einziehen	- получить / получать по счёту
eine - erheben	- выдвинуть / выдвигать требование
eine - geltend machen	- заявить / заявлять претензию
eine - zurückweisen	- отклонить / отклонять требование
Forderungen gegeneinander aufrechnen	- зачесть / зачитывать взаимные требования

von Forderungen Abstand nehmen	- отказаться / отказываться от требований
-, abgeschriebene	- списанные долги
-, ausstehende	- требование по открытому счёту
-, befristete	- срочное требование
-, betagte	- требование, исполнение которого просрочено
-, dingliche	- настоятельные требования
-, dubiose	- сомнительный долг - сомнительное требование
-, gerichtliche	- судебный иск
-, offene	- непогашённая задолженность
-, offenstehende	- требование по открытому счёту
-, private	- частная претензия
-, rechtmäßige	- законное требование
-, rückständige	- неоплаченный долг
-, strittige	- спорный долг
-, uneinbringliche	- безнадёжные требования; безнадёжные долги
-, vorgeschriebene	- предусмотренные требования
-, vorrechtslose	- непривилегированное требование
-, zweifelhafte	- сомнительное требование
Forderungsabtretung	- концессия, уступка, требования
Forderungsausfall	- утрата требования
Forderungsberechtigte	- кредитор
Forderungsbestand	- портфель требований
Forderungsbetrag	- сумма, причитающая кому-либо
Forderungseinziehung	- инкассация долгов
Forderungskauf	- покупка претензии / требования третьего лица
Forderungsklage	- иск по обязательствам, иск по долговому обязательству
Forderungskonto	- счёт дебиторов
Forderungskredit	- кредит под требование
Forderungspapiere	- ценные бумаги, содержащие товарные или денежные требования
Forderungsrecht	- право требования
Forderungsübergang	- переход требования
Forderungsverzicht	- отказ от требования
Arten von Forderungen	**- виды требований**
Forderungen an Industriebetriebe	- задолженность промышленных предприятий
Forderungen an Konzerngesellschaften	- задолженность /дочерних/обществ входящих в концерн
Forderungen aus Warenlieferungen und Leistungen	- задолженность покупателей и клиентов за товары и услуги
Forderung der Gläubiger	- претензия кредиторов
Geldforderung	- денежное требование
Nebenforderung	- дополнительное требование
Hauptforderung	- основное требование
Rückforderung	- обратное требование, требование возврата
Wechselforderung	- вексельное требование

Zahlungsforderung	- платéжное трéбование
Vorräte	- запáс; резéрвы
Betriebsstoffe	- произвóдственные материáлы
Erzeugnisse	- издéлия
-, fertige	- готóвые издéлия; готóвые продýкты
-, unfertige	- незавершённые издéлия
	- полуфабрикáты
geleistete Anzahlungen	- внесённые задáтки
Hilfsstoffe	- вспомогáтельные материáлы
Rohstoffe	- сырьё
Wertpapiere	- цéнные бумáги
Anteile	- часть, дóля
sonstiges Vermögen	- прóчее имýщество
Bankguthaben	- бáнковский актив / вклад
Geldmittel	- дéнежные срéдства
Guthaben bei Kreditinstituten	- вклáды в кредúтных учреждéниях
Kassenbestand	- кáссовая нали́чность
Postgiroguthaben	- вклад на жиросчёт
Scheck	- чек
Betriebsvermögen	- имýщество предприя́тия
Geschäftsvermögen	- имýщество предприя́тия
Privatvermögen	- чáстное имýщество
Reinvermögen	- чи́стое имýщество

Grundbegriffe des Rechnungswesens	- **Основны́е поня́тия счетовóдства**
Ausgabe	- **расхóды, затрáты, издéржки**
- , abzugsfähige	- расхóды предприя́тия, исключáемые из сýммы при́были, подлежáщей облажéнию налóгом
- , außeretatmäßige	- внебюджéтные расхóды
- , außerordentliche	- чрезвычáйные расхóды, непредви́денные расхóды
- , außerplanmäßige	- бескреди́тные расхóды, внебюджéтные расхóды, внеплáновые расхóды
- , einmalige	- единоврéменные расхóды, рáзовые расхóды, однокрáтные расхóды
- , etatmäßige	- бюджéтные расхóды
- , finanzielle	- дéнежные расхóды
- , fortdauernde	- постоя́нные расхóды
- , jährliche	- годовы́е расхóды, ежегóдные расхóды
- , konsumtive	- расхóды на потреблéние, потреби́тельские расхóды
- , laufende	- текýщие расхóды
- , nichtabzugsfähige	- расхóды предприя́тия, не исключáемые из сýммы при́были, подлежáщей обложéнию налóгом
- , nicht handelsbedingte	- неторгóвые расхóды
- , nicht notwendige	- изли́шние расхóды
- , öffentliche	- обществéнные расхóды, публи́чные расхóды
- , produktionsbedingte	- произвóдственные расхóды

- , produktionsbedingte	- производственные расходы
- , sonstige (finanzielle)	- прочие /денежные/ расходы
- , unproduktive	- непроизводительные расходы
- , unvorhergesehene	- непредвиденные расходы
- , zusätzliche	- дополнительные расходы
Ausgabebeleg	- оправдательный документ
Ausgabebudget	- расходный бюджет
Ausgabedatei	- массив выходных данных
Ausgabedaten	- выходная информация, выходные данные
Ausgabenberechnung	- исчисление расходов
Ausgabenbewilligung	- утверждение расходной части бюджета
Ausgabenbilanz	- баланс расходов
Augabenbuch	- расходная книга
Ausgabenelastizität	- эластичность расходов
Ausgabenetat	- расходная часть бюджета
Augabengliederung	- классификация расходов, структура расходов
Ausgabenlimit	- лимит расходов
Ausgabenplan	- смета расходов
Ausgabenposition	- статья расходов
Ausgabenspalte	- графа расходов
Ausgabenteil	- расходная часть
Augabenübersicht	- перечень расходов
Ausgabenverzeichnis	- перечень расходов
Ausgabereste	- неиспользованные сметные ассигнования
Ausgabeschalter	- касса, раздаточное окошко
Ausgabewerte	- выходная информация, выходные данные, выходные величины
Arten von Ausgaben	**- виды расходов**
Ausgaben für künftige Abrechenzeiträume	- расходы будущих периодов, расходы на предстоящие платежи
Vorleistungen	- расходы по предстоящим расчетам, расходы на авансирование
Ausgaben für Lagerhaltung	- складские расходы
Ausgaben für die laufende Instandhaltung	- расходы на текущий ремонт
Ausgaben für Neu- und Weiterentwicklungen	- расходы на опытно- конструкторские работы, расходы на работы по рационализации
Ausgaben für die Werterhaltung	- расходы на текущий ремонт
Ausgaben für produktionsvorbereitende Leistungen	- операционные работы
Betriebsausgeben	- расходы на ведение хозяйства, производственные расходы
Extraausgaben	- дополнительные расходы
Forschungsausgaben	- исследовательские расходы
Geldausgaben	- денежные расходы
Gemeindeausgaben	- общинные расходы
Gesamtausgaben общие расходы	- валовой расход /ед. ч./, расходы брутто,
Geschäftsausgaben	- операционные расходы, производственные расходы

Haushaltsausgaben	- бюдже́тные расхо́ды, расхо́ды бюдже́та, расхо́ды по ... бюдже́ту
Kassenausgabe	- ка́ссовый расхо́д
Mehrausgaben	- дополни́тельные расхо́ды
Reparaturausgaben	- расхо́ды по ремо́нту
Staatsausgaben	- госуда́рственные расхо́ды
Transportausgaben	- тра́нспортные расхо́ды
Verpackungsausgaben	- расхо́ды по упако́вке
Einnahme	- **дохо́д, поступле́ние, сбо́ры** - **при́ход**
als Einnahme verbuchen	- заприхо́довать /оприхо́довать/ прихо́довать что-л. - записа́ть/ запи́сывать в при́ход - зачи́слить/ зачисля́ть в при́ход
einnehmen	- 1. получи́ть/ получа́ть дохо́д 2. приня́ть/ принима́ть дохо́д
- , außerordentliche	- чрезвыча́йные дохо́ды, непредви́денные дохо́ды
- , außerplanmäßige	- внепла́новые дохо́ды
- , eigene	- закреплённые дохо́ды, со́бственные дохо́ды
- , erwirtschaftete	- дохо́ды, полу́ченные в резу́льта́те хозя́йственной де́ятельности
- , feste	- фикси́рованный дохо́д
- , fundierte	- дохо́ды с капита́ла от владе́ния землёй или недви́жимостью, фонди́рованные дохо́ды
- , geplante	- заплани́рованные дохо́ды
- , kalkulierte	- сме́тный дохо́д
- ,öffentliche	- поступле́ния в госуда́рственный бюдже́т
- , planmäßige	- сме́тный дохо́д, пла́новый дохо́д
- , regelmäßige	- постоя́нные дохо́ды
- , sonstige	- про́чие дохо́ды
- , staatliche	- госуда́рственные дохо́ды
- , überplanmäßige	- сверхпла́новые дохо́ды/ поступле́ния, сверхсме́тный дохо́д
- , veranschlagte	- сме́тный дохо́д
- , zusätzliche	- дополни́тельный дохо́д
Einnahmeausfall	- уменьше́ние/ сниже́ние/ сокраще́ние/ дохо́да, убы́ток
Einnahmebeleg	- приходна́я квита́нция, распи́ска о приня́тии чего-л.
Einnahmebuch	- приходна́я кни́га
Einnahmegliederung	- классифика́ция дохо́да
Einnahmehaushalt	- дохо́дный бюдже́т
Einnahmenbilanz	- бала́нс (де́нежных) дохо́дов
Einnahmen- und Augabenbilanz	- бала́нс дохо́дов и расхо́дов
Einnahmen- und Ausgabenrechnung	- счёт дохо́дов и расхо́дов
Einnahmenvoranschlag	- сме́та дохо́дов
Einnahmeorder	- приходно́й о́рдер
Einnahmeposten	- приходна́я статья́, статья́ дохо́дов
– als Einnahmeposten buchen (eintragen)	- заприхо́довать/ прихо́довать

Einnahmequelle	- исто́чник дохо́дов, исто́чник поступле́ний
Einnahmestelle	- приходна́я ка́сса
Einnahmeüberschuß	- превыше́ние дохо́дов над расхо́дами
Einnahme- und Ausgabebuch	- при́ходно- расхо́дная кни́га
Einnehmer	- сбо́рщик, инкасса́тор
Arten von Einnahmen	**- ви́ды дохо́дов**
Betriebseinahme	- дохо́д предприя́тия
Bruttoeinnahme	- ва́ловой дохо́д
Einnahmen aus gesellschaftlichen Fonds	- дохо́ды, полу́ченные из обще́ственных фо́ндов потребле́ния
Einnahmen aus (Kapital-) Vermögen	- дохо́ды от со́бственности
Einnahmen ohne Steuercharakter	- дохо́ды, не облага́емые нало́гом
Finanzeinnahme	- фиска́льный дохо́д
Geldeinnahme	- де́нежный дохо́д
Gesamteinnahmen	- номина́льный дохо́д (ед.ч.), ва́ловые дохо́ды
Geschäftseinnahmen	- операцио́нные дохо́ды, произво́дственные дохо́ды
Grenzeinnahme	- преде́льный дохо́д
Handelseinnahmen	- торго́вый дохо́д (ед.ч.)
Haushaltseinnahmen	- дохо́д от бюдже́та, бюдже́тные дохо́ды
Kasseneinnahme	- ка́ссовый дохо́д
Lizenzeinnahme	- дохо́д от лице́нзии, лицензио́нный дохо́д
Mehreinnahmen	- дополни́тельные дохо́ды
Miet- und Pachteinnahmen	- аре́ндные дохо́ды
Naturaleinnahmen	- натура́льные дохо́ды
Nebeneinnahmen	- побо́чный дохо́д (ед.ч.)
Patenteinnahme	- дохо́д от пате́нта
Staatseinnahmen	- госуда́рственные дохо́ды
Steuereinnahmen	- нало́говый дохо́д (ед.ч.)
Zolleinnahmen	- тамо́женные дохо́ды
Auszahlung	**- 1. де́нежный перево́д 2. платёж, вы́плата, расчёт ба́нковская опера́ция по вы́даче де́нег 3. вы́дача/ вы́плата за́работной пла́ты**
auszahlen	- вы́дать/ выдава́ть что- л. - вы́платить/ выпла́чивать что-л.
- , bargeldlose	- безнали́чный платёж/ расчёт
Auszahlungskonto	- дисбурсме́нтский счёт
Auszahlungsschein	- расхо́дный о́рдер с распи́ской в получе́нии де́нег по сберега́тельному вкла́ду
Arten von Auszahlungen	**- ви́ды вы́плат**
Auszahlung aufgrund einer Vollmacht	- вы́плата по дове́ренности
Barauszahlung	- вы́дача нали́чных де́нег

Nettoauszahlung - чистая выплата
Rentenauszahlung - выплата пенсии

Einzahlung - платёж, взнос, оплата

einzahlen
- оплатить/ оплачивать что- л.
- произвести/ производить платёж
- уплатить/ платить деньги
- внести/ вносить (деньги) на счёт

- , ausstehende - суммы, причитающиеся обществу от компаньонов
- , unterwegs befindliche - ожидаемые поступления
- , unvollständige - неполная оплата, неполный взнос

Einzahlungsauftrag - платёжное поручение
Einzahlungsbeleg - приходной кассовый ордер
Einzahlungsbogen - платёжная ведомость
Einzahlungsfrist - срок платежа
Einzahlungspflicht - обязанность оплатить определённую сумму
Einzahlungsschalter - кассовое окно
Einzahlungsschein - приходной кассовый ордер
Einzahlungstermin - срок платежа

Aufwand - **расходы, затраты, издержки**

- , direkter - прямые затраты
- , einmaliger - единовременные затраты, однократные затраты
- , gebietswirtschaftlicher - затраты по районам
- , geplanter - запланированная затрата
- , indirekter - косвенные затраты
- , internationaler - интернациональные затраты
- , laufender - текущие затраты
- , laufender materieller - текущие материальные затраты
- , leistungsbedingter - затраты на производство определённого вида изделия
- , nationaler - национальные затраты
- , nichtdiskontierter - непредвиденные затраты
- , nicht vertretbarer - неприемлемые затраты
- , periodenfremder - затраты, не относящиеся к отчётному периоду
- , produktionsbedingter - производственные затраты, затраты на продукцию
- , spezifischer - специфические затраты
- , tatsächlicher - фактические затраты
- , überhöhter - перерасход
- , überplanmäßiger - сверхплановый расход
- , unproduktiver - непроизводительные затраты
- , vorläufiger - предварительная затрата
- , voller - полные затраты
- , zeitungleicher - разновременные затраты

- , zusätzlicher	- дополни́тельные затра́ты
Aufwandsbesteuerung	- обложе́ние нало́гом предме́тов потребле́ния
Aufwandsentschädigung	- возмеще́ние (служе́бных) расхо́дов
Aufwandskennziffer	- показа́тель затра́т
Aufwandskonto	- расхо́дный счёт
Aufwandsminimum	- ми́нимум затра́т
Aufwandssenkung	- уменьше́ние затра́т, сокраще́ние затра́т
Aufwandssteuer	- 1. нало́г на специфи́ческие фо́рмы испо́льзования дохо́дов 2. нало́г на предме́ты портребле́ния
Aufwand- und Ertragsrechnung	- счёт при́былей и убы́тков
Arten von Aufwänden	- **ви́ды затра́т**
Arbeitsaufand	- затра́ты труда́
- , gesellschaftlich notwendiger	- обще́ственно необходи́мые затра́ты
- , je produzierte Einheit	- затра́ты труда́ на едини́цу проду́кции
Arbeitszeitaufwand	- затра́ты рабо́чего вре́мени
- , unproduktiver	- непроизводи́тельные затра́ты рабо́чего вре́мени
Aufwand an Grundmaterialien	- затра́ты основны́х материа́лов
Aufwand an lebendiger Arbeit	- затра́ты живо́го труда́
Aufwand an vergegenständlichter Arbeit	- затра́ты овеществлённого труда́
Aufwand der Grenzproduzenten	- затра́ты замыка́ющих предприя́тий
Betriebsaufwand	- хозя́йственные затра́ты, эксплуатацио́нные затра́ты
Energieaufwand	- хозя́йственные затра́ты, эксплуатацо́нные затра́ты
Forschungsaufwand	- затра́ты на проведе́ние нау́чно-иссле́довательских рабо́т
Gesamtaufwand	- ва́ловые затра́ты, совоку́пные затра́ты
Inlandsaufwand	- национа́льные затра́ты
Kapitalaufwand	- затра́ты капита́ла, капита́льные затра́ты
Materialaufwand	- затра́ты материа́лов
- , direkter	- прямы́е материа́льные затра́ты
Mehraufwand	- дополни́тельные затра́ты
Nacharbeitsaufwand	- затра́ты по устране́нию дефе́кта брако́ванной проду́кции
Produktionsaufwand	- затра́ты на произво́дство, произво́дственные затра́ты
- , durchschnittlicher	- сре́дние затра́ты на произво́дство
Rekonstruktionsaufwand	- затра́ты на реконстру́кцию
Ressourcenaufwand	- ресу́рсные затра́ты
Valutaaufwand	- затра́ты валю́ты
Verflechtungsaufwand	- межотраслевы́е затра́ты
Vorbereitungsaufwand	- подготови́тельные затра́ты
Zeitaufand	- затра́ты вре́мени
- , normativer	- нормати́вные затра́ты вре́мени
- , unvermeidlicher	- неизбе́жные затра́ты вре́мени
Aufwendungen	- **1. затра́ты, изде́ржки, расхо́ды**

2. ассигнова́ние, вы́деленные (отпу́щенные) сре́дства

aufwenden - затра́тить / затра́чивать что-л. на что-л./кого-л.

-, außergewöhnliche - чрезвыча́йные расхо́ды
-, für Investitionen - инвестицио́нные расхо́ды
-, produktive - производи́тельные расхо́ды
-, produzierte - приведённые затра́ты
-, saisonbedingte - сезо́нные расхо́ды
-, soziale - расхо́ды на социа́льные ну́жды
-, tatsächliche - факти́ческие изде́ржки
-, unproduktive - непроизводи́тельные расхо́ды
-, wertmäßige - де́нежные расхо́ды,
-, zusätzliche - дополни́тельные изде́ржки

Arten von Aufwendungen - **ви́ды изде́ржек**

Abschreibung - **1. списа́ние со счёта (с бала́нса)**
2. изно́с
3. амортиза́ция, амортизацио́нные отчисле́ния

-, beschleunigte - уско́ренная (прогресси́вная) амортиза́ция
-, bilanzmäßige - бала́нсовая амортиза́ция
-, buchhalterische - бухга́лтерские списа́ния
-, degressive - дегресси́вная амортиза́ция
-, direkte - пряма́я амортиза́ция
-, indirekte - ко́свенная амортиза́ция
-, kalkulatorische - калькуляцио́нная (расчётная) амортиза́ция
-, leistungsbedingte - амортиза́ция, определя́емая на осно́ве учёта производи́тельности основны́х средств
-, lineare - лине́йная амортиза́ция
-, passive - пасси́вная амортиза́ция
-, planmäßige - пла́новая амортиза́ция
-, progressive - уско́ренная (прогресси́вная) амортиза́ция
-, proportionale - лине́йная амортиза́ция
-, steuerliche - списа́ние на амортиза́цию, уменьша́ющее су́мму облага́емого дохо́да
-, unterlassene - списа́ния, не произведённые в срок
-, verbrauchsbedingte - списа́ние, соотве́тствующее сте́пени изно́са
-, zeitabhängige - амортиза́ция, определя́емая на осно́ве учёта сро́ка слу́жбы основны́х средств

Abschreibungsaufwand - амортизацио́нные расхо́ды
Abschreibungsfonds - амортизацио́нный фонд
Abschreibungskosten - амортизацио́нные расхо́ды
Abschreibungsnorm - но́рма амортиза́ции
Abschreibungssumme - су́мма амортизацио́нных отчисле́ний
Abschreibungsverfahren - поря́док списа́ния
Abschreibungszeit - амортизацио́нный пери́од
Anfangsaufwendungen - первонача́льные затра́ты

Aufwendungen :	- затраты на :
für Betriebsstoffe	производственные материалы
für Hilfsstoffe- material	на вспомогательные материалы
für Rohstoffe	на сырьё
Aufwendungen für Generalreparaturen	- затраты на капитальный ремонт
Aufwendungen für Gewährleistungen	- затраты по ремонту в течение гарантийного срока
Aufwendungen für Grundmaterial	- затраты на основные материалы
Aufwendungen für Lagerhaltung	- затраты на хранение (продукции), затраты на складирование
Aufwendungen für Produktionsvorbereitung	- предпроизводственные затраты
Aufwendungen für Realisierung von Erzeugnissen und Leistungen	- затраты на производства и реализацию изделий и услуг
Aufwendungen zur Werterhaltung des Lagerguts	- затраты на уход запасами, затраты на уход за складируемыми товарами
Forschungsaufwendungen	- затраты на проведение научно- исследовательских работ
Gehalt	- заработная плата
Gesamtaufwendungen	- общие затраты
Instandhaltungsaufwendungen	- затраты на содержание (оборудования)
Jahresaufwendungen	- годовые затраты
Lohnaufendungen	- затраты на заработную плату
Materialaufendungen	- материальные затраты, затраты на материалы
Primäraufwendungen	- первичные затраты
Produktionsaufwendungen	- производственные затраты, затраты на производство
Spesen	- издержки, накладные расходы
Bankspesen	- банковские издержки
Gebühr	**- сбор; пошлина; налог; плата;**
Auktionsgebühr	- аукционный сбор
Einzugsgebühr	- расходы по инкассо
Erneuerungsgebühr (z.B. für eine Lizenz)	- сбор за возобновление (напр. лицензии)
Erteilungsbebühr (z.B. für ein Patent)	- сбор за выдачу (напр. патента)
Nutzungsgebühr	- сбор за пользование чем-л.
Postgebühr	- почтовый сбор, порто
Verlängerungsgebühr	- сбор за продление
Versandgebühr	- сбор за пересылку
Verwaltungsgebühren	- управленческие издержки
Zollgebühren	- таможенные пошлины
Steuern	**- налоги**
Ertragssteuer	- налог на доходы
Gewerbeertragssteuer	- промысловый налог
Grundsteuer	- земельный налог
Kapitalertragssteuer	- налог на доход с капитала
Körperschaftssteuer	- налог с корпораций
Kraftfahrzeugsteuer	- автомобильный налог
Umsatzsteuer	- налог с оборота
Verbrauchersteuer	- акциз, налог на предметы потребления
Vermögenssteuer	- налог на имущество

Versicherungssteuer	- страховая пошлина
Transportaufwendungen	- затраты на перевозку
Zinsen	- проценты
Ertrag	**- доход, прибыль**
einen - abwerfen	- дать / давать доход
einen - liefern	- принести / приносить доход, дать / давать доход
keinen - abwerfend	- не дающий дохода
Ertrag aus Beteiligungen	- доходы от участия в предприятиях
-, außerordentlicher	- чрезвычайный доход
-, betriebsfremde	- доходы, получаемые не от производственной деятельности предприятия
-, fester	- постоянный (твёрдый) доход
-, neutraler	- средний доход
-, periodenfremder	- непериодический доход
Erträglichkeit	- доходность, прибыльность
ertragreich	- доходный, дающий доход, прибыльный
Ertragsanteil	- доля дохода
Ertragsberechnung	- 1. определение (расчёт, исчисление) доходов 2. определение урожайности
Ertragsbilanz	- баланс доходов
ertragsfähig	- доходный, прибыльный
Ertragsfähigkeit	- доходность, прибыльность
des Grundstücks	- доходность землевладений
-, sinkende	- убывающая доходность
-, steigende	- растущая доходность
Geldertragsfähigkeit	- денежная доходность
Kapitalertragsfähigkeit	- доходность капитала
Ertragshöhe	- величина дохода
Ertragslage	- уровень дохода
Ertragsprognose	- прогноз доходов
Ertragsquelle	- источник дохода
Ertragsrechnung	- 1. расчёт доходов 2. учёт прибылей и убытков
Ertragssteigerung	- 1. увеличение/ рост доходов 2. повышение урожайности
Arten von Erträgen	**- виды доходов**
Aktienertrag	- акционерный доход
Durchschnittsertrag	- средний доход
Emissionsertrag	- эмиссионный доход
Geldertrag	- денежный доход
Grenzertrag	- предельный доход
Investitionsertrag	- доход от инвестиций
Kapitalertrag	- доход от капитала
Lizenzertrag	- лицензионный доход

Nettoertrag	- чи́стый дохо́д
Reinertrag	- чи́стый дохо́д
Rohertrag	- ва́ловой дохо́д
Zinsertrag	- проце́нтный дохо́д
Erlös	- **дохо́д, поступле́ния (мн.ч.);**
	- **вы́ручка**
Erlös aus Exporten	- поступле́ния от э́кспорта
Erlös aus Lizenzen	- лицензио́нные поступле́ния
-, finanzieller	- де́нежная вы́ручка
-, künftiger Abrechnungszeiträume	- дохо́ды бу́дущих перио́дов
-, leistungsunabhängige	- поступле́ния, не свя́занные с основно́й де́ятельности
-, nicht planbare	- внепла́новые дохо́ды, внепла́новые поступле́ния
-, planbare	- пла́новые дохо́ды, пла́новые поступле́ния
-, sonstige	- исключа́емые дохо́ды, про́чие дохо́ды
Erlösausfall	- недовы́ручка
Erlösbuchung	- (бухга́лтерская) прово́дка при́были по счёту
Erlöskonto	- счёт при́былей и убы́тков, счёт дохо́да
Erlöskorrektur	- корректиро́вка заплани́рованного объёма,
	- вы́ручка в связи́ с измене́нием отпускны́х цен
Erlösschmälerung	- уменьше́ние вы́ручки, сниже́ние вы́ручки
Arten von Erlösen	- **ви́ды дохо́дов**
Betriebserlös(e)	- дохо́д(ы) предприя́тия
Durchschnittserlös	- сре́дний дохо́д
Exporterlös(e)	- поступле́ния от э́кспорта
Gelderlös	- де́нежный дохо́д
Grenzerlös	- преде́льный дохо́д
Handelserlöse	- дохо́д от снабже́нчески- сбытово́й де́ятельности
Reinerlös	- чи́стый дохо́д
Verkaufserlös(e)	- поступле́ния от прода́жи
Leistungen/ Kosten	- **1. произведённая (вы́полненная) рабо́та**
	- **2. исполне́ние (догово́ра)**
	- **3. платёж**
-, arbeitsstündliche	- часова́я вы́работка
-, bezogene	- уде́льная мо́щность
-, effektive	- факти́ческая мо́щность
-, fixe	- твёрдо устано́вленный платёж
- im Basiszeitraum	- вы́работка ба́зисного перио́да
- je Mann und Schicht	- вы́работка на одну челове́ко- сме́ну
-, mangelhafte	- ненадлежа́щее исполне́ние догово́рных обяза́тельств
-, provisionsfreie	- платёж без учёта комиссио́нных
-, rechnerische	- расчётная мо́щность
-, spezifische	- уде́льная мо́щность

Leistungsberechnung	- определение производительности
Leistungsbuch	- книга учёта продуктивности
Leistungseinheitskosten	- затраты на единицу мощности/ производительности
Leistungserfassung	- учёт общего объёма произведённой продукции предоставленных услуг
Leistungsgebot	- требование погашения задолженности по налогу
Leistungsgewinn	- вновь созданная стоимость, добавленная стоимость
Leistungsplanung	- планирование производственных показателей
Leistungspreis	- цена производства
Leistungstarif	- тариф на (платные) услуги
Leistungsvergleich	- сравнение результатов производственной деятельности
Leistungsvergütung	- оплата труда
Arten von Leistung	**- виды выработки**
Arbeitsleistung auf Basis Warenproduktion	- выработка по товарной продукции
Durchschnittsleistung	- средняя выработка
Jahresleistung	- годовая выработка
Schichtleistung	- сменная выработка
Stundenleistung	- часовая выработка
Tagesleistung	- дневная выработка, суточная выработка
Kosten	**- расходы; издержки; затраты**
die - bestreiten	- нести расходы оплатить / оплачивать расходы
die - festsetzen	- установить / устанавливать размеры расходов
die - jem. auferlegen	- отнести / относить расходы за чей-л. счёт
die - tragen	- нести расходы
die - zur Hälfte tragen	- нести издержки нополам
für die - aufkommen	- взять / брать на себя расходы
- , anteilige	- приходящиеся чью-л. долю расходы
- , auftragsfiktive	- постоянные издержки по данному заказу
- , bedingt konstante	- условно- постоянные расходы, условно- постоянные затраты
- , betriebsfixe	- постоянные производственные расходы/ затраты
- , bewegliche	- переменные издержки
- , degressive	- уменьшающиеся издержки
- , direkte	- прямые затраты
- , effektive	- фактические издержки
- , einmalige	- единовременные расходы
- , fallende	- уменьшающиеся издержки
- , feste	- постоянные издержки
- , fiktive	- фиктивные издержки
- , fixe	- постоянные издержки
- für fremde Leistungen	- затраты, связанные с услугами других лиц
- im Jahresdurchschnitt	- среднегодовая стоимость
- , indirekte	- косвенные затраты
- , indirekte variable	- косвенно- переменные затраты

- , intervallfixe	- промежу́точные расхо́ды
- , kalkulatorische	- калькуляцио́нные изде́ржки
- , kommerzielle	- комме́рческие расхо́ды
- , komparative	- сравни́тельные расхо́ды, изде́ржки
- , kompensatorische	- компенси́рующие расхо́ды
- , komplexe	- ко́мплексные расхо́ды
- , konstante	- постоя́нные расхо́ды
- , laufende	- теку́щие расхо́ды
- , lohnabhängige	- затра́ты, зави́сящие от разме́ра за́работной пла́ты
- , materialabahängige	- о́бщие изде́ржки на материа́лы
- , mittelbare	- ко́свенные расхо́ды
- , nicht handelsbedingte	- неторго́вые расхо́ды
- , nicht planbare	- неплани́руемые расхо́ды
- , nicht geplante	- незаплани́рованные расхо́ды
- , planbare	- плани́руемые расхо́ды
- , primäre	- перви́чные изде́ржки
- der Produktion	- изде́ржки произво́дства
- , produktionsbedingte	- затра́ты на произво́дства
- , produktive	- производи́тельные расхо́ды
- , progressive	- расту́щие изде́ржки, прогресси́вные расхо́ды
- , proportionale	- пропорциона́льные расхо́ды
- , sekundäre	- втори́чные затра́ты
- , soziale	- социа́льные изде́ржки
- , sprungfixe	- постоя́нные изде́ржки, возраста́ющие скачкообра́зно
- , tatsächliche	- факти́ческие изде́ржки
- , technologische	- основны́е расхо́ды, технологи́ческие расхо́ды
- , teilbewegliche	- изде́ржки, остаю́щиеся постоя́нным незави́симо от загру́зки
- , übrige	- про́чие расхо́ды
- , unnötige	- изли́шние расхо́ды
- , unvorhergesehene	- непредви́денные расхо́ды
- , variable	- переме́нные расхо́ды
- , veranschlagte	- сме́тные расхо́ды
- , vorläufige	- предвари́тельные расхо́ды
- , zusätzliche	- доба́вочные расхо́ды
Kostenabweichung	- отклоне́ние факти́ческих изде́ржек от сме́тных расхо́дов
Kostenänderung	- измене́ние разме́ра изде́ржек произво́дства, измене́ние структу́р изде́ржек
Kostenanschlag	- 1. сме́та расхо́дов 2. сме́тная сто́имость
Kostenanschlagsnorm	- сме́тная но́рма
Kostenanteil	- до́ля изде́ржек
Kostenarten	- ви́ды изде́ржек/ расхо́дов
- , abgeleitete	- произво́дные ви́ды изде́ржек
- , natürliche	- перви́чные ви́ды изде́ржек
- , sekundäre	- произво́дные ви́ды изде́ржек, втори́чные ви́ды изде́ржек
- , ursprüngliche	- перви́чные ви́ды изде́ржек
- , zusammengesetzte	- произво́дные ви́ды изде́ржек

Kostenartengruppen	- гру́ппа стате́й расхо́дов
Kostenartenkonten	- счета́ отде́льных ви́дов расхо́дов
Kostenartenrechnung	- учёт расхо́дов по ви́дам
Kostenartenverteilung	- распределе́ние ви́дов затра́т
Kostenaufbau	- структу́ра изде́ржек
Kostenauflösung	- деле́ние о́бщих изде́ржек на постоя́нные и пропорциона́льно- произво́дственные
Kostenaufschlag	- надба́вка к сто́имости
Kostenaufschlüsselung	- распределе́ние изде́ржек/ затра́т
Kostenaufwand	- изде́ржки, расхо́ды, затра́ты
kostenaufwendig	- свя́занные с больши́ми расхо́дами
Kostenausgleichsbetrag	- дота́ция для поддержа́ния у́ровня цен
kostenbeeinflussend	- влия́ющий на величину́ изде́ржек/ затра́т
Kostenbeteiligung	- уча́стие в расхо́дах
Kostenbetrag	- су́мма изде́ржек/ расхо́дов
kostendeckend	- покрыва́ющий изде́ржки
Kostendeckung	- покры́тие изде́ржек/ расхо́дов
Kostendegression	- уменьше́ние изде́ржек/ расхо́дов/ затра́т
Kostendifferenz	- ра́зница в изде́ржках/ в у́ровнях сто́имости
Kostendisziplin	- фина́нсово- сме́тная дисципли́на
Kostendynamik	- дина́мика изде́ржек
Kosteneinfluß	- влия́ние изде́ржек, возде́йствие изде́ржек
Kosteneinheit	- едини́ца сто́имости
Kostenelement	- элеме́нт затра́т/ изде́ржек
Kostenerfassung	- подсчёт изде́ржек/ затра́т
Kostenerhöhung	- увеличе́ние изде́ржек/ расхо́дов/ затра́т
Kostenersparnis	- эконо́мия затра́т, эконо́мия на изде́ржках
kostenfällig	- обя́занный нести́ изде́ржки/ расхо́ды
kostenfrei	- беспла́тный, безвозме́здный
Kostenfunktion	- фу́нкция затра́т/ изде́ржек
Kostengliederung	- классифика́ция изде́ржек
kostengünstig	- тре́бующий ме́ньших затра́т
Kostengutschrift	- кредитова́ние возмеще́ния изде́ржек
Kostenhöhe	- величина́ изде́ржек/ разме́р изде́ржек
Kostenkalkulation	- калькуля́ция изде́ржек
Kostenkennziffern	- показа́тели отде́льных ви́дов затра́т
Kostenkonto	- счёт расхо́дов
Kostenlimit	- лими́т затра́т
Kostenoptimalität	- оптима́льность изде́ржек
Kostenplan	- расхо́дная сме́та изде́ржек произво́дства
Kostenplanung	- плани́рование изде́ржек
Kostenposition	- статья́ расхо́дов, расхо́дная статья́
Kostenpreis	- себесто́имость, сто́имость изде́ржек произво́дства
Kostenprognose	- прогно́з изде́ржек
Kostenrechnung	- веде́ние операцио́нных счето́в
Kostensammelkonto	- ито́говый счёт затра́т, о́бщий счёт затра́т
Kostensatz	- 1. но́рма затра́т, 2. расце́нка
Kostensatzmethode	- ме́тод плани́рования затра́т на одну́ де́нежную едини́цу това́рной проду́кции
Kostenschlüssel	- ключ раскла́дки затра́т

Kostensenkung	- снижение издержек
Kostenstelle	-1. место возникновения затрат 2. место осуществления расходов
Kostenstellenkonten	- счета затрат по местам их возникновения
Kostenstellenrechnung	-1. смета по месту возникновения затрат 2. учёт затрат по месту возникновения
Kostenstruktur	- структура издержек
Kostenträger	- объект/ носитель затрат
Kostenträgerabrechnungsbogen	- расчётная ведомость учёта затрат по видам изделий
Kostenträgereinzelrechnung	- калькуляция себестоимости отдельных изделий
Kostenträgergruppe	- группа изделий
Kostenträgergruppenrechnung	- калькуляция себестоимости группы изделий
Kostenträgerkonten	- счета затрат по видам изделий
Kostenträgermethode	- метод калькуляции себестоимости по носителям издержек
Kostenträgerplan	- список/ перечень изделий, производимых на предприятий
Kostenträgerrechnung	- учёт затрат по носителям/ объектам - операционное ведение счетов по носителям затрат
Kostenträgerstückrechnung	- калькуляция издержек на единицу продукции
Kostenträgerzeitrechnung	- калькуляция себестоимости изделий за определённый период
Kostentragung	- несение издержек
Kostenüberhöhung	- превышение сметы издержек
Kostenunterdeckung	- неполное покрытие издержек - неполное финансирование издержек
Kostenvergleich	- сопоставление затрат
Kostenvolumen	- объём издержек
Kostenvoranschlag	- 1. предварительная смета 2. сметная стоимость
Kostenvorteile	- преимущества по издержкам производства
Kostenwert	- 1. издержки в стоимостном выражении 2. величина издержек/ показатель издержек
Kostenzuwachskoeffizient	- коэффициент прироста издержек производства

Arten von Kosten - **виды расходов**

Absatzkosten	- расходы на реализацию готовой продукции - сбытовые расходы
Abschlußkosten	- расходы, связанные с заключением страхового договора
Abschreibungskosten	- амортизационные расходы
Abteilungsgemeinkosten	- общецеховые расходы
Amortisationskosten	- амортизационные расходы
Anlagekosten	- расходы на инвестирование - капитальные издержки
Anlaufkosten	- пусковые издержки
Anschaffungskosten	- расходы, связанные с приобретением чего-л.
Anzeigenkosten	- расходы на публикацию объявлений
Ausbesserungskosten	- расходы, связанные с доработкой
Basiskosten	- расходы базисного периода

Baukosten	- расхо́ды на строи́тельство
Bearbeitungskosten	- расхо́ды по обрабо́тке
Beförderungskosten	- расхо́ды по перево́зке, тра́нспортные расхо́ды
Beratungskosten	- консультацио́нные расхо́ды
Beschaffungskosten	- заготови́тельные расхо́ды
Betriebskosten	- расхо́ды на веде́ние хозя́йства
	- произво́дственные расхо́ды
-, allgemeine	- общехозя́йственные расхо́ды
-, bereinigte	- чи́сто эксплуатацио́нные расхо́ды
Betriebsleitungskosten	- администрати́вно- управле́нческие расхо́ды
Büromaterialkosten	- канцеля́рские расхо́ды
Einführungskosten	- расхо́ды по вво́ду (в эксплуата́цию)
Einheitskosten	- расхо́ды на едини́цу проду́кции
Ein- und Auslieferungskosten	- расхо́ды на погру́зочно- разгру́зочные рабо́ты
Einzelkosten	- одноэлеме́нтные расхо́ды
	- расхо́ды, относи́мые на проду́кт
Emissionskosten	- расхо́ды, свя́занные с эми́ссией це́нных бума́г
Entladungskosten	- расхо́ды по вы́грузке
Ersatzkosten	- расхо́ды на заме́ну обору́дования
Extrakosten	- дополни́тельные расхо́ды, специа́льные расхо́ды
Fahrtkosten	- расхо́ды по опла́те прое́зда, проездны́е расхо́ды
Fertigungsgemeinkosten	- о́бщие (накладны́е) произво́дственные расхо́ды
Fertigungskosten	- произво́дственные расхо́ды/ изде́ржки
Fixkosten	- постоя́нные изде́ржки
Forschungs- und Entwicklungskosten	- расхо́ды на нау́чно- иссле́довательские и о́пытно-констру́кторские рабо́ты
Frachtkosten	- расхо́ды на опла́ту тари́фа, фрахтовы́е расхо́ды
Gesamtkosten	- о́бщие затра́ты
Geschäftskosten	- комме́рческие расхо́ды, операцио́нные расхо́ды
Gestaltungskosten	- расхо́ды по худо́жественному оформле́нию
Gütertransportkosten	- расхо́ды по перево́зке, тра́нспортные расхо́ды
Haushaltskosten (Haushaltsausgaben)	- бюдже́тные изде́ржки
Herstellungskosten	- 1. изде́ржки произво́дства, произво́дственные расхо́ды, 2. произво́дственная себесто́имость
Installationskosten	- расхо́ды по монта́жу
Instandhaltungskosten	- расхо́ды на содержа́ние чего- л.
Instandsetzungskosten	- расхо́ды по ремо́нту
Investitionskosten	- расхо́ды на инвести́рование
Istkosten	- факти́ческие расхо́ды
Istselbstkosten	- факти́ческая себесто́имость
Kapitalkosten	- расхо́ды на инвести́рование
Kosten der Rechtshilfe	- расхо́ды на правову́ю по́мощь
Kosten für die Entwicklung von Technologien	- расхо́ды на разрабо́тку техноло́гии
Kosten für die Geltendmachung einer Forderung	- расхо́ды на осуществле́ние тре́бования ...
Kosten für laufende Instandhaltung	- расхо́ды на теку́щий ремо́нт
Kosten für Rücklieferung	- расхо́ды на возвра́т проду́кции чего- л.
Kosten für die Werterhaltung	- расхо́ды на содержа́ние чего- л.
Kosten für Garantieleistungen	- расхо́ды на гаранти́йный ремо́нт чего-л.

Kreditkosten	- расхо́ды, свя́занные с получе́нием креди́та
Ladungskosten	- расхо́ды на погру́зку
Lager(haltungs)kosten	- складски́е расхо́ды
Leitungs(gemein)kosten	- администрати́вно- управле́нческие расхо́ды
Liegezeitkosten	- расхо́ды на хране́ние чего-л.
Lohn(gemein)kosten	- расхо́ды на за́работную пла́ту
Markierungskosten	- расхо́ды по маркиро́вке
Materialeinzelkosten	- 1. расхо́ды на отде́льные ви́ды материа́лов 2. ро́зничная сто́имость материа́ла
Materialgemeinkosten	- о́бщие изде́ржки на материа́лы
Materialkosten	- материа́льные затра́ты, расхо́ды на материа́лы, расхо́ды на сырьё и материа́лы
Mehrkosten	- дополни́тельные расхо́ды
Miet- und Pachtkosten	- расхо́ды по аре́нде
Montagekosten	- расхо́ды по монта́жу
Nacharbeit(ung)skosten	- расхо́ды по исправле́нию дефе́ктов проду́кции
Nebenkosten	- побо́чные изде́ржки/ затра́ты, накладны́е расхо́ды
Neuanschaffungskosten	- расхо́ды по обновле́нию обору́дования
Normalgemeinkosten	- норма́льные/ обы́чные накладны́е расхо́ды
Normalkosten	- сре́дние/ норма́льные изде́ржки
Normativgrundkosten	- нормати́вные основны́е расхо́ды
Normativkosten	- 1. нормати́вные расхо́ды/ затра́ты 2. нормати́вная сто́имость, нормати́вная себесто́имость
Normativselbstkosten	- нормати́вная себесто́имость
Personalkosten	- расхо́ды на ли́чный соста́в, расхо́ды по содержа́нию персона́ла
Personalnebenkosten	- накладны́е расхо́ды по содержа́нию персона́ла, побо́чные расхо́ды по ка́драм
Plankosten	- пла́новые затра́ты/ расхо́ды
Primärkosten	- перви́чные затра́ты
Projektierungskosten	- расхо́ды на проекти́рование
Projektkosten	- прое́ктные затра́ты
Prozeßkosten	- суде́бные изде́ржки/ расхо́ды
Prüfkosten	- 1.расхо́ды на контро́ль 2. расхо́ды на испыта́ние (изде́лия)
Realisierungskosten	- 1. расхо́ды на реализа́цию гото́вой проду́кции 2. сбытовы́е расхо́ды
Reparaturkosten	- расхо́ды по ремо́нту
Restgemeinkosten	- оста́точные цеховы́е расхо́ды
Sollkosten	- пла́новые изде́ржки, номина́льные изде́ржки
Sonderkosten	- специа́льные расхо́ды
Speditionskosten	- экспедицио́нные расхо́ды
Standkosten	- расхо́ды на сте́ндовые испыта́ния
Teilkosten	- части́чные расхо́ды
Transportkosten	- расхо́ды на опла́ту тари́фа, расхо́ды по перево́зке, тра́нспортные ра́сходы
Umladungskosten	- расхо́ды по перегру́зке
Umrüstkosten	- расхо́ды на перенала́дку
Umschlagskosten	- расхо́ды по перегру́зке
Unkosten	- накладны́е расхо́ды/ изде́ржки

Verfahrenskosten - суде́бные расхо́ды
Verladungskosten - расхо́ды по погру́зке
Verpackungskosten - расхо́ды по упако́вке
Versandkosten - экспедицио́нные расхо́ды
Versicherungskosten - расхо́ды по страхова́нию
Verschleiß(material)kosten - расхо́ды на изно́с
Vertriebs(gemein)kosten - накладны́е расхо́ды по сбы́ту
Verwaltungskosten - администрати́вные расхо́ды
Verwaltungskosten der Versicherung - страховы́е расхо́ды по веде́нию де́ла
Verzollungskosten - тамо́женные расхо́ды
Vollkosten - по́лная су́мма расхо́дов
Warenbezugskosten - расхо́ды по доста́вке
Warennebenkosten - расхо́ды, свя́занные с товарооборо́том
Werbekosten - расхо́ды на рекла́му
Wiederbeschaffungskosten - расхо́ды по восстановле́нию чего-л.
Zollabfertigungskosten - тамо́женные расхо́ды
Zusatzkosten - дополни́тельные расхо́ды

Selbstkosten - **себесто́имость**

-, bereinigte - чи́стая себесто́имость
-, betriebliche - фабри́чно- заводска́я себесто́имость
-, betriebsindividuelle - заводска́я себесто́имость
-, geplante - пла́новая себесто́имость
-, gesellschaftliche - обще́ственная себесто́имость
-, gesellschaftlich notwendige - обще́ственно- необходи́мая себесто́имость
-, individuelle - индивидуа́льная себесто́имость
- (innerhalb) eines Industriezweiges - отраслева́я себесто́имость
-, kommerzielle - комме́рческая себесто́имость
-, normative - нормати́вная себесто́имость
-, reine - чи́стая себесто́имость
-, zonale - зона́льная себесто́имость

Preise und Preisverhandlungen - Це́ны и перегово́ры по це́нам

Preisarten - ви́ды цен

Abgabepreis, Industrieabgabepreis - отпускна́я цена́
Absatzpreis, Vertriebspreis - сбытова́я цена́
Aktionspreis (bei Versteigerung) - цена́ при прода́же с то́ргов
Anfangspreis - первонача́льная цена́
Angebotspreis, Offertenpreis - цена́ предло́жения
Aufkaufspreis - заку́почная цена́
Auktionspreis - аукцио́нная цена́
Ausfuhrpreis - э́кспортная цена́
Ausgabepreis - выпускна́я цена́
Auslandspreis - цена́ на вне́шнем ры́нке
Außenhandelspreis - внешнеторго́вая цена́
Basarpreis - база́рная цена́
Basispreis - ба́зисная, ба́зовая цена́

Betriebspreis, Fabrikpreis, Werkpreis	- фа́брично- заводска́я цена́
Bodenpreis	- цена́ на зе́млю, цена́ земли́
Börsenpreis	- биржева́я цена́
Brutto (Verkaufs-)preis im Export	- цена́- бру́тто
Bruttoeinkaufspreis im Import	- ва́ловая цена́
Devisenpreis, Preis in Devisen, Valutapreis	- цена́ в валю́те
Dumpingpreis, Schleuderpreis	- де́мпинговая цена́
Durchschnittspreis	- сре́дняя, среднеры́ночная цена́
Einfuhrpreis	- и́мпортная цена́
Einkaufspreis, Kaufpreis	- заку́почная цена́
Einzelhandelspreis	- ро́зничная цена́
Einzelpreis	- едини́чная цена́, цена́ за едини́цу това́ра цена́ за шту́ку, пошту́чная цена́
Erfassungspreis	- заготови́тельная цена́
Etwapreis	- приблизи́тельная цена́
Exportpreis, Ausfuhrpreis	- э́кспортная цена́
Festpreis	- тве́рдая цена́
Gesamtpreis	- по́лная цена́, о́бщая цена́
Gewichtspreis	- весова́я цена́
Goldpreis	- цена́ зо́лота, - цена́ на зо́лото, - цена́ в зо́лоте
Grenzpreis	- преде́льная цена́
Großeinkaufspreis	- опто́вая заку́почная цена́
Großhandelsabgabepreis	- опто́вая цена́
Handelspreis	- торго́вая цена́
Herstellungspreis	- цена́ производи́теля
Höchstpreis	- максима́льная цена́
Importpreis (einer importierten Ware)	- и́мпортная цена́
Industriepreis	- цена́ на промы́шленную проду́кцию, опто́вая цена́
Inlandspreis	- вну́тренняя цена́, цена́ вну́треннего ры́нка
Istpreis	- факти́ческая цена́
Kalkulationspreis	- калькуляцио́нная цена́
Kaufpreis	- покупна́я, прода́жная цена́
Konjunkturpreis	- коньюнкту́рная цена́
Konkurrenzpreis	- конкуре́нтная цена́
Kreditpreis,Kurswert	- цена́ в креди́т
Lagerpreis	- цена́ со скла́да
Lieferpreis	- цена́ поста́вки
Limitpreis	- лими́тная цена́
Listenpreis	- прейскура́нтная цена́
Massenpreis	- весова́я цена́
Mengenrabattpreis	- мно́жественная цена́
Mietpreis	- аре́ндная цена́, цена́ за аре́нду
Mindestpreis (in den Grenzen eines Richtpreises)	- минима́льная цена́
Monopolpreis	- монопо́льная цена́
Nettopreis, Nettoeinkaufspreis, Nettoverkaufspreis	- цена́- не́тто
Nominalpreis	- номина́льная цена́
Normalpreis	- норма́льная цена́
Orientierungspreis	- ориентиро́вочная цена́

Pachtpreis	- аре́ндная цена́
Patentpreis/-wert	- цена́ пате́нтов
Pauschalpreis	- пауша́льная цена́
Positionspreis	- позицио́нная цена́
Produktionspreis	- цена́ произво́дства
Rabattpreis	- цена́ со ски́дкой
Realpreis	- факти́ческая цена́
Rechnungspreis	- факту́рная цена́, цена́ по счёту
Saisonpreis	- сезо́нная цена́
Schätzpreis	- цена́ по оце́нке, оце́ночная цена́
Schwellenpreis (in der EG-Agrarmarktordnung)	- поро́говая цена́
Selbstkostenpreis	- цена́ по себесто́имости, цена по сме́те, сме́тная цена́
Sonderpreis	- (вре́менная) льго́тная цена́
Stückpreis	- пошту́чная цена́, це́на за шту́ку
Stützpreis	- дотацио́нная, субсиди́рованная цена́
Syndikatspreis	- синдика́тная цена́
Tagespreis	- однодне́вная цена́, дневна́я цена́
Taxpreis	– цена́ по оце́нке, оце́ночная цена́
Transportpreis	- цена́ тра́нспорта
Überpreis	- завы́шенная цена́
Valutapreis	- валю́тная цена́, цена́ в валю́те цена́, вы́раженная в иностра́нной валю́те
Verbraucherpreis	- потреби́тельская цена́, цена́ для потреби́теля
Vereinbarungspreis	- цена́ по соглаше́нию
Vergleichspreis	- сопостави́мая цена́, сравни́мая цена́
Verkaufspreis	- прода́жная цена́
Verlustpreis	- убы́точная цена́
Verpackungspreis, Preis der Transportverpackung	- цена́ за упако́вку, цена́ та́ры
Vertragspreis	- догово́рная цена́, цена́ по догово́ру
Aufschlüsselung des Vertragspreises	- раздробле́ние догово́рной цены́, раздробле́ние цены́ по догово́ру
Voranschlagspreis	- сме́тная цена́, калькуляцио́нная цена́
Vorzugspreis	- льго́тная цена́
Warenpreis	- цена́ на това́р
Weltmarktpreis	- мирова́я цена́, цена́ на мирово́м ры́нке
Werkabgabepreis	- фа́брично- сбытова́я цена́
Wettbewerbspreis	- конкуре́нтная цена́
Wucherpreis	- чрезме́рная цена́
Zollwert	- цена́ това́ра, взя́тая за осно́ву при начисле́нии разме́ра по́шлины
Zuschlagspreis	- цена́ на аукцио́не, оконча́тельная цена́
-, absoluter	- абсолю́тная цена́
-, amtlich festgesetzter (regulierter)	- администрати́вная цена́
-, angemessener	- соотве́тствующая сто́имости цена́, цена́, соотве́тствующая сто́имости
-, annehmbarer, angemessener	- соразме́рная цена́
-, ausgewiesener, nachgewiesener	- отчётная цена́
-, äußerster	- кра́йняя цена́

-, befristeter, zeitweiliger	- временная цена
-, bestätigter	- подтверждённая цена
-, effektiver, geltender, gültiger	- действующая цена
-, einheitlicher	- единая цена
-, einmaliger	- разовая цена
-, elastischer, beweglicher, variabler, flexibler	- гибкая, изменяющаяся цена
-, endgültiger	- окончательная цена, цена, определяемая по соглашению
-, erschwinglicher, tragbarer	- доступная цена
-, fallender, sinkender	- понижающаяся цена
-, fester, fixer, gebundener	- твёрдая цена
-, festgestzter	- установленная цена
-, fester, stabiler	- устойчивая цена
-, freier	- свободная цена
-, gegenwärtiger, derzeitiger, bestehender	- существующая цена
-, gemäßigter	- умеренная цена
-, genormter	- нормируемая цена
-, gerechter	- справедливая цена
-, gestützter, subventionierter	- дотационная цена, субсидированная цена
-, gleitender	- скользящая цена
-, günstiger	- благоприятная цена
-, günstiger, vorteilhafter, lohnender	- выгодная цена
-, herabgesetzter, ermäßigter, gesenkter	- заниженная цена
-, herabgesetzter, ermäßigter, gesenkter,niedrigerer	- сниженная цена
-, hochgetriebener, in die Höhe getriebener Preis	– завышенная цена, взвинченная цена
-, hoher, höherer Preis	- высокая цена
-, individueller	- индивидуальная цена
-, internationaler Preis,	- международная цена
-, konjunktureller	- коньюнктурная цена
-, konkurrenzfähiger	- конкурентноспособная цена
-, konstanter	- постоянная цена
-, korrigierter	- скорректированная цена
-, limitierter	- лимитированная цена
-, marktgerechter	- цена, отражающая коньюнктуру рынка
-, marktregulierender	- регулирующая рыночная цена, цена, регулирующая рынок
-, nicht tragbarer	- неприемлемая цена
-, niedriger	- низкая цена
-, nomineller	- номинальная цена
-, notierter	- котированная цена
-, offizieller	- официальная цена
-, optimaler	- оптимальная цена
-, ortsüblicher	- местная цена
-, stabiler	- стабильная цена
-, steigender	- растущая цена, повышающаяся цена
-, stimulierender	- стимулирующая цена, поощрительная цена
-, tatsächlicher, faktischer	- фактическая цена
-, überhöhter, künstlich überhöhter	- (искусственно) завышенная цена
-, überschüssiger Preis	- избыточная цена
-, unerschwinglicher	- недоступная цена
-, unveränderlicher, stabiler, gleichbleibender	- неизменная цена

-, variabler, veränderlicher, elastischer, labiler	– (из)меняющаяся цена
-, vereinbarter	- взаимообусловленная цена
-, vereinbarter, abgemachter, abgesprochener	– договорная цена, цена по соглашению договорённая цена
-, vergleichbarer	- сопоставимая цена, сравнимая цена
-, verlustbringender	- убыточная цена
-, vertraglich festgesetzter	- установленная договорная цена, по договору установленная цена
-, verzollbarer	- цена, облагаемая пошлиной
-, voraussichtlicher	- ориентировочная цена
-, vorläufiger	- предварительная цена
-, vorteilhaft, lohnender	- выгодная цена
-, zeitlich begrenzter,	- временная цена
-, zu niedrig festgesetzter, künstlich	- (искусственно) заниженная цена

Preisverhandlungen : - переговоры по ценам между кем-л.:

zwischen Firmen	- переговоры по ценам между фирмами
zwischen Geschäftspartnern	- переговоры по ценам между (деловыми) партнёрами
Preisdokumentation, Preisunterlagen	- документация цен, документация по ценам
Preisabbau	- снижение цен, понижение цен
Preisabsprache	- соглашение о ценах/ договорённость о ценах
Preisabstimmung	- согласование цен
Preisabweichung	- отклонение цен от чего-л.
Preisänderung	- изменение уровня цен
Preisangabe	- указание/ объявление/ обозначение цены/цен,
Preisangebot	- оферта с указанием цены/цен, предложение цены/цен
Preisangleichung, Preisausgleich, Preisnivellierung	- выравнивание (уровня) цен
Preisangleichung	- нивелирование/ выравнивание цен
Preisanstieg	- рост/ поднятие/ повышение цен
Preisaufschlag, Preiszuschlag	- надбавки/ приплата/ доплата к цене
Preisauftrieb, Preisschraube	- (искусственное) взвинчивание цен
Preisbeobachtung	- наблюдение за движением цен
Preisberechnung	- исчисление цен
vergleichende Preisberechnung	- сравнительный расчёт цен
Preisbestätigung	- подтверждение цены/ цен
Preisbestimmung	- назначение цен
Preisbewegung	- динамика цен
Preisbildung, Preisfestsetzung, Preisbestimmung	- установление / определение цен
Preisbildung	- образование цен, ценообразование
Preisbindung (im Kartell)	- установление единых (картельных) цен
Preisbindung	- фиксирование цен
Preisdifferenzierung, Preisabstufung	- дифференциация цен
Preisdisparität, Preisgefälle	- различие/ разница в уровнях цен
Preisdumping, Preisschleuderei	- демпинг, продажа по бросовым ценам
Preisdurchschnitt	- средний уровень цен
Preiseinbruch	- (резкое) падение цен
Preisempfehlung	- рекомендация по ценам

Preiserhöhung, Preissteigerung, Preisheraufsetzung	- повышение/ рост/ возрастание/ поднятие цен
Preiserhöhung, Ansteigen der Preise (um...%)	- увеличение цены (на ...)
Preiserhöhung	- повышение цен
- , schleichende	- постепенное повышение цен
Preisermäßigung	- скидка/ сбавка с цены, уступка в цене
Preisermittlung	- определение цен
Preiserrechnung	- расчёт цен
Preiseskalation	- эскалация цен
Preisfestlegung, Preisfestsetzung	- установление цен, назначение цен
Preisfixierung	- фиксация цен
Preisforderung, Preisvorschlag des Verkäufers	- предложение цены продавцом/ поставщиком
Preisfreigabe	- размораживание цен, отмена регулирования цен
Preisgebot, Preisvorschlag (des Käufers)	- предложение цен (покупателем в запросе)
Preisgefälle	- различие/ разница в уровнях цен
Preisgrenze	- предел/ лимит цен
Preisherabsetzung, Preisminderung	- уценка
Preisheraufsetzung	- повышение/ рост/ возрастание/ поднятие цен
Preisindex	- индекс цен
Preiskalkulation	- калькуляция цен
Preiskatalog	- прейскурант, список цен
Preisklausel	- оговорка о цене
Preiskontrolle	- контроль над ценами
Preiskorrektur	- изменение/ исправление/ поправка/ корректура цен
Preislavine (enormer Preisanstieg)	- катастрофический (экстремный) рост цен
Preislavine (enormer Preisverfall)	- катастрофическое (экстремное) падение цен
Preisliste, Preiskatalog	- прейскурант/ список цен/ ценник
Preismanipulation	- манипуляция цен
Preisminderung	- понижение/ снижение/ сокращение цен скидка с цены/ уценка
Preisminderung, Preisreduzierung	- понижение/ снижение/ сокращение цен, скидка с цены/ уценка
Preisnachlaß	- сбавка/ скидка с цены уступка в цене
Preisniveau, Preislage, Preisstand	- уровень цен
Preisprüfung	- проверка цен
Preisreduzierung	- понижение/ снижение/ сокращение цен
Preisregulierung, Preislenkung	- регулирование цен
Preisrückgang	- понижение/ снижение цен, удешевление чего-л.
Preisschere, Preisspanne	- ножницы цен
Preisspanne	- разрыв между ценами
Preisschwankungen	- колебание цен
Preissenkung, Preisherabsetzung	- понижение/ снижение цен, удешевление
Preissicherung	- обеспечение/ гарантия цен
Preisspanne	- разрыв в ценах/ разница в уровне цен
Preisspirale	- спираль роста цен
Preisstabilisierung, Preisfestigung	- стабилизация цен
Preisstabilität	- стабильность/ устойчивость цен
Preissteigerung	- повышение/ рост/ возростание/ поднятие цен

Preisteigerungsrate, jährliche	- годовой рост цен
Preisstopp, Preisbindung	- замораживание цен
Preisstoß	- скачок цен
Preissturz	- резкое падение цен
Preisstützung	- субсидирование / поддерживание цен
Preisstützung	- подержание цен на определённом уровне
Preistreiberei	- стремительный рост цен/ вздутие цен, (исскуственное) вздувание цен
Preisüberhöhung	- завышение цен
Preisüberprüfung	- пересмотр цен
Preisumrechnung (der Weltmarktpreise in Rubel)	- пересчёт цен мирового рынка в рубли
Preisumrechnung (entsprechend dem Kurs)	- пересчёт цены в соответствии с курсом
Preisunterbietung	- сбивание цен/ демпинг
Preisvergleich, internationaler	- международный сопоставительный анализ цен
Preisvergleich, Gegenüberstellung der Preise	- сопоставление цен
Preisverhandlung	- переговоры по ценам
Preisverhandlungen zwischen ...	- переговоры по ценам между кем- л.
Firmen	- переговоры по ценам между фирмами
Geschäftspartnern	- переговоры по ценам междц деловыми партнёрами
Privatpersonen	- переговоры по ценам между частными лицами
Preisvorschlag	- проект цен
Preisbildung, Preisgestaltung	**- ценообразование, образование цен**
Preisbildungs-	- ценообразующий
Preisbildung im Außenhandel	- внешнеторговое ценообразование
Preisbildung für Einzelerzeugnisse, Einzelpreisbildung	- ценообразование на отдельные изделия
Preis	
auf den - aufschlagen	- накинуть/ накидывать на цену
auf den - bestehen	- наставать/ настаивать на цене
auf den - einigen	- сойтись/ сходиться в цене
im - enthalten sein	- включить/ включать в цену что-л.
im - fallen, sinken, zurückgehen	- упасть/ падать в цене
im - herabsetzen, senken	- понизиться/ понижаться в цене
im - nachgeben, abtreten	- уступить/ уступать в цене
im - nachlassen, Rabatt gewähren	- сделать/ делать скидку с цены
im - steigen, anziehen, in die Höhe gehen	- подняться/ подниматься в цене
Preis für etw.	- цена на что-л.
die Dienstleistungen	- цена на услуги
die Ware	- цена на товар
Preis mit etw.	- цена с чем-л.
Aufpreis,Preisaufschlag	- цена с надбавкой
Rabatt	- цена со скидкой
Preis pro...	- цена за что-л.
Kilowattstunde	- цена за кв/ч (мощности)
Kilogramm	- цена за кг (веса)
Stück	- цена за штуку

in der Preislage von... bis... Rubel, DM, US Dollar	- по цене́ от … до … рубле́й/ма́рок ФРГ/ до́лларов США
preisgünstig, preiswert	- по недорого́й цене́, по вы́годной цене́
zu günstigen Preisen, preiswert, preisgünstig	- по вы́годным це́нам
zum Preis von...Rubel, DM, US Dollar	- по це́не … рубле́й/ ма́рок ФРГ/ до́лларов США
Preis/ Preise	- цена́./ це́ны
- abstimmen, absprechen	- согласова́ть / согласо́вывать цену́/ це́ны
- akzeptieren	- акцептова́ть цену́/ це́ны
- angeben	- указа́ть / ука́зывать цену́/ це́ны
- aufstellen	- установи́ть / устана́вливать цену́/ це́ны
- begründen, erhärten durch etw.	- обоснова́ть / обосно́вывать цену́/ це́ны чем-л.
- berechnen (neu)	- вы́вести / выводи́ть но́вую цену́/ но́вые це́ны
- besprechen, diskutieren, erörtern	- обсуди́ть / обсужда́ть цену́/ це́ны
- bestätigen	- подтверди́ть / подтвержда́ть цену́/це́ны чем-л., кем-л.
- bestimmen, festlegen (auf der Grundlage von etw.)	- определи́ть / определя́ть цену́/ це́ны (на осно́ве чего-л.)
- bilden, aufstellen	- образова́ть / образо́вывать цену́/ це́ны
- drücken, unterbieten	- сбить / сбива́ть цену́/ це́ны
- entsprechen	- цена́ соотве́тствует чему-л./ це́ны соотве́тствуют чему-л.
- einfrieren	- заморо́зить / замора́живать цену́/ це́ны
- erhöhen, heraufsetzen um ...%, auf ...%	- завы́сить / завыша́ть цену́/ це́ны на …
- erhöhen, steigern	- повы́сить / повыша́ть цену́/ це́ны
- festlegen, festsetzen	- назна́чить / назнача́ть цену́/ це́ны
- festsetzen, aufstellen	- установи́ть / устана́вливать цену́/ це́ны
- gegenüberstellen, vergleichen	- сопоста́вить / сопоставля́ть цену́/ це́ны с чем-л.
- halten für konkurenzfähig,annehmbar	- счита́ть цену́/ це́ны конкурентоспосо́бной/ конкурентоспосо́бным, прие́млемой/ прие́млемыми
- herabsetzen, senken	- пони́зить / понижа́ть цену́/ це́ны
- hochhalten , stützen	- поддержа́ть / держа́ть цену́/ це́ны на высо́ком у́ровне
- hochtreiben, hochschrauben	- взви́нтить / взви́нчивать цену́/ це́ны, ре́зко повы́сить цену́/ це́ны
- kalkulieren, veranschlagen	- скалькули́ровать / калькули́ровать цену́/ це́ны
- kontrollieren, überprüfen	- прове́рить / проверя́ть цену́/ це́ны
- manipulieren mit	- манипули́ровать цено́й/ це́нами
- rechtfertigen	- оправда́ть/ опра́вдывать цену́/ це́ны чем-л.
- regulieren	- регули́ровать цену́/ це́ны
- senken, herabsetzen um...%, auf...%	- зани́зить / занижа́ть цену́/ це́ны на … / до …
- stabilisieren	- стабилизова́ть / стабилизи́ровать цену́/ це́ны
- steigen	- (что-л.) повы́сится / повыша́ется в це́не, цена́ повы́сится / повыша́ется, це́ны повы́сятся / повыша́ются
- überprüfen	- пересмотре́ть / пересма́тривать цену́/ це́ны
- überprüfen	- рассмотре́ть / рассма́тривать цену́/ це́ны

- unterliegen	- цена подлежит / цены подлежат
der Korrektur	корректировке
Preissteigerung	увеличению
- unterbieten	- предложить / предлагать по сниженной цене/ сниженным ценам
- verändern, abändern	- изменить / изменять цену/ цены
- vereinbaren, abmachen zwischen jemdn.	- договориться / договариваться о цене/ о ценах между кем-л.
- vergleichen mit etw.	- сравнить / сравнивать цену/ цены с чем-л.
1. Rabatt, Bonus, Preisnachlaß	- скидка, рабат, уступка в цене
2.Preisabschlag, Preisminderung	
im Preis nachlassen	- сделать / делать скидку с цены,
	- сделать / делать уступку в цене
jemdn. einen Rabatt gewähren, einräumen	- предоставить / предоставлять кому-л. скидку (рабат)
mit Rabatt an jemdn. verkaufen	- продать /продавать кому-л. что-л. со скидкой
mit/ unter Abzug	- со скидкой
mit/ unter Abzug/ Rabatt von ...% von etw.	- со скидкой в ... с чего-л.
Rabattgewährung, Rabattgabe	- предоставление скидки
Rabatthöhe, Rabattumfang	- размер скидки
Rabatt, Abzug in Höhe von ...	- скидка в размере ...
Barzahlungsrabatt	- скидка за платеж наличными
Bonus	- бонус, скидка, бесплатная прибавка к крупной покупке
Devisenbonus	- валютная уступка
Einführungsrabatt	- скидка за внедрение в торговый оборот новых товаров
Einzelhandelsrabatt	- розничная скидка, скидка в розничной торговле
Garantierabatt	- гарантийная скидка, гарантийная уступка
Großhandelsrabatt, Großhandelsabschlag	- скидка, в оптовой торговле
Grundrabatt	- основная скидка
Güteklassenabschlag	- скидка за сортность
Handelsrabatt	- торговая скидка
Kundenrabatt	- розничная скидка
Mengenrabatt	- скидка с цены за количество, количественная скидка
Qualitätsrabatt	- скидка с цены за товар/ товары пониженного качества
Qualitätsstufenrabatt	- скидка за сортность
Rabatt	- скидка с цены, наценка
Rabattprozentsatz	- процентная скидка с цены
	- прямая процентная скидка с цены
Skonto	- скидка "сконто"
Sonderrabatt	- особая/ специальная скидка, потоварная скидка
Treuerabatt	- скидка с цены, предоставляемая за длительные деловые связи, бытовая скидка

Warenrabatt	- потоварная скидка
Zugeständnis, Konzession	- уступка
Zahlung	**- платёж**
eine - anmahnen	- потребовать / требовать исполнения платежа,
	- напоминать о платеже
eine - aufschieben, stunden	- отложить / откладывать платёж
Aufschub gewähren	- предоставить / предоставлять отсрочку платежа, отсрочить / отсрочивать платёж
eine - beschleunigen	- ускорить / ускорять платёж
eine - einstellen	- прекратить / прекращать платёж,
	- приостановить / приостанавливать платёж
eine - erleichtern, begünstigen	- облегчить / облегчать платёж
eine - festlegen (im Vertrag)	- предусмотреть / предусматривать платёж/ платежи (в договоре)
eine - garantieren	- гарантировать платёж
eine - geht ein	- платёж поступит / поступает куда -л.
eine - leisten	- осуществить / осуществлять платёж,
	- произвести / производить платёж
eine - leisten, für etw. bezahlen	- внести / вносить платёж за что-л.
eine - steht noch aus	- платёж ещё не последовал
eine - überweisen	- перечислить / перечислять платёж
eine - verbuchen	- зачислить / зачислять платёж
eine - verweigern, ablehnen	- отказаться / отказываться от платежа
eine - verzögern, hinhalten	- воздержатсья / воздерживаться от платежа
eine - wiederaufnehmen	- возобновить / возобновлять платёж
jemdn. eine - erlassen	- избавить / избавлять кого-л. от платежа
	- освободить / освобождать кого-л. от платежа
Zahlungmodalitäten	**- способы платежа**
- bei Empfang der Ware	- платёж против товара
- durch Akkreditiv	- платёж по аккредитиву
- gegen Dokument	- платёж против документов
- gegen Zahlung	- платёж против платежа
- im Lastschriftverfahren	- безакцентный / безналичный платёж, платёж по безналичному
Zug- um- Zug- Zahlung	- платёж непосредственно против встречного
-, ausstehende	- поступившие платежи
-, eingestellte	- приостановленный платёж
-, einmalige	- разовый платёж,
-, erste	- первоначальный платёж
-, fällige	- платёж, по которому наступил срок
-, in bar	- платёж наличными
-, jährliche	- годовой платёж
-, monatliche	- помесячный платёж
-, periodische	- периодический платёж, повременный платёж
-, regelmäßig wiederkehrende	- периодические платежи
-, rückständige	- просроченные платежи

-, säumige	- медлительный платёж, платёж с задержкой
-, termingemäße	- своевременный платёж
-, überfällige	- просроченный платёж
Mitteilung, Benachrichtigung über eine Zahlung	- извещение о платеже
Zahlungsabkommen	- платёжное соглашение, соглашение о платеже
Zahlungsanweisung	- платёжное поручение, перевод платежа
Zahlungsart, Zahlungsweise	- способ платежа, порядок платежей
Zahlungsaufforderung, Mahnung	- требование платежа (об уплате), напоминание о платеже
Zahlungsaufschub, Stundung der Zahlung	- отсрочка платежа (уплаты), рассрочка платежей, пролонгация платежа
befristeter Zahlungsaufschub	- ограниченная отсрочка платежа
Zahlungsauftrag	- платёжное поручение, поручение произвести платёж
Zahlungsbedingungen	- условие платежа
Zahlungseingang	- поступление платежа
Zahlungseinstellung	- прекращение платежа, приостановка платежа,
Zahlungempfänger	- получатель платежа
Zahlungserleichterung	- льгота по платежу (платежам), улучшение условий платежа
Zahlungsermächtigung	- полномочие к платежу
Zahlungsfrist, Zahlungstermin	- срок платежа
Zahlungsklausel	- оговорка о порядке платежа
Zahlungskontrolle	- контроль над исполнением платежа
Zahlungsmittel	- платёжное средство, средство платежа
Zahlungsmodalitäten	- формы/ способы платежа
Zahlungsmodus	- форма/ способ платежа, порядок платежей
Zahlungsort	- место платежа
Zahlungspflicht	- обязанность произвести платёж
Zahlungsrückstand	- задолженность по платежам,
Zahlungsrückstand	- задержка платежа, просроченные платежи
Zahlungsschwierigkeiten	- трудности (затруднения), связанные с платежом
Zahlungssperre, Zahlungsstopp	- запрет на проведение платежей
Zahlungsverweigerung	- отказ от платежа/ платежей
Zahlungsverzug	- просрочка платежа
Zahlungzeit	- время/ срок платежа
Zahltag	- день платежа
am Zahltag	- на день платежа
mit einer - im Rückstand sein, in Verzug geraten	- задержаться/ задерживаться с платежом
Zahlungsfähigkeit, Bonität einer Firma	- платежеспособность
sich für zahlungsunfähig erklären	- объявить/ объявлять себя неплатежеспособным
zahlungsfähig sein	- быть платежеспособным
zahlungsunfähig sein	- быть неплатежеспособным/ несостоятельным
Zahlungsunfähigkeit	- неплатежеспособность, несостоятельность

Zahlungsarten	- **виды платежа**
Abfindungszahlung, Entschädigungszahlung	- отступной платёж
Amortisationszahlung	- амортизационный платёж
Barzahlung	- денежный платёж, платёж наличными

Barzahlung gegen Dokument	- платёж наличными против документа
Clearingzahlung	- платёж по клирингу, клиринговый платёж
Lizenszahlung	- лицензионный платёж
Nachzahlung	- наложенный платёж
Nichtbezahlung	- неплатёж
Pauschalzahlung	- паушальный платёж
Ratenzahlung, Teilzahlung	- платёж в рассрочку, долевой платёж
Restzahlung	- платёж в окончательный расчёт
Rückzahlung	- обратный платёж, платёж по долговому обязательству
Kreditrückzahlung	- платёж по ссудам
- von Auslandskrediten	- платёж по внешним/ иностранным кредитам
- von Schulden	- платёж по задолженности
Sichtzahlung	- платёж по предъявлению (документа)
Terminzahlung, Zeitzahlung	- срочный платёж
Tilgungszahlung, Tilgungsrate	- платёж в погашение задолженности/ долгов
Vorauszahlung, Vorschußzahlung	- авансовый платёж, платёж в аванс
Wechslzahlung, Einlösen eines Wechsels	- платёж по векселю

Vertrag und Vertragsverhandlungen	- **Договор/ Контракт и переговоры по договору**
Vertragsarten	- **виды договора**
Agentur-Vertrag	- агентский договор
Alleinvertretervertrag	- договор об исключительном праве на представительство
Anlagenvertrag	- договор о сооружении установки
Arbeitsvertrag	- трудовой договор
-, befristeter	- срочный трудовой договор
-, unbefristeter	- трудовой договор на неопределённый срок
Assoziierungsvertrag	- договор о присоединении
Ausschließlichkeitsvertrag	- договор о признании исключительности
Außenhandelsvertrag	- внешнеторговый договор
Außenhandelskaufvertrag	- внешнеторговый договор купли- продажи
Bankkreditvertrag	- договор о предсгавлении кредита
Bauausführungsvertrag	- договор на строительство
Beherrbergungsvertrag	- договор на право размещения
Binnenschiffahrtsfrachtvertrag	- договор речной перевозки грузов
Bodmereivertrag	- бодмерейный договор
Bugsiervertrag	- договор буксировки
Bündnisvertrag	- союзный договор
Bürgschaftsvertrag	- договор поручительства
Chartervertrag	- договор- чартер
Darlehensvertrag	- договор займа
Depositenvertrag	- договор о депозите
Depotvertrag	- договор о сдаче ценных бумаг на хранение
Dienstleistungsvertrag	- договор об оказании услуг, договор по бытовому обслуживанию
Direktvertrag	- прямой договор
Einzelvertrag	- отдельный договор, индивидуальный договор
Engineeringvertrag	- договор по инжинирингу,

	контракт на выполнение работ типа инжиниринга
Eisenbahnfrachtvertrag	- договор железнодорожной перевозки
Exportvertrag	- договор на экспорт
Frachtvertrag	- договор фрахтования, фрахтовый контракт, договор перевозки грузов
Frachtvertrag im kombinierten Verkehr	- договор перевозки в прямом смешанном сообщении
Friedensvertrag	- мирный договор
Garantieleistungsvertrag	- гарантийный договор
Geheimvertrag	- тайный договор
Generalvertrag	- генеральный договор
Geschäftsausführungsvertrag	- договор поручения
Globalvertrag	- общий/ глобальный договор
Grundvertrag	- основной договор
Gruppenarbeitsvertrag	- групповой трудовой договор
Handelsvertrag	- торговый договор
Importvertrag	- договор на импорт, импортный договор
Interzonenvertrag	- межзональный договор
Investitionsdurchführungs-	- договор подряда на строительство,
Investitionsleistungsvertrag	- договор капитального строительства
Jahresarbeitsvertrag	- годовой трудовой договор
Jahresvertrag	- годовой договор, договор на год, годовой подрядный договор
Kaufvertrag	- договор купли-продажи
Know-how-Vertag	- договор о ноу-хау
Kommissionsvertrag	- договор комиссии
Konsignationsvertrag	- консигнационный договор
Kontrollvertrag	- договор о контроле чего-л.
Konzessionsvertrag	- концессионный договор
Kooperationsvertrag	- договор по кооперированию производства
Korrespondenzvertrag	- корреспондентский договор
Kraftwagenfrachtvertrag	- договор автомобильной перевозки грузов
Kreditvertrag	- договор о предоставлении кредита
Kundendienstvertrag	- договор обслуживания покупателей
Lagervertrag,	- договор складирования
Leasingvertrag	- договор о лизинге
Lebensversicherungsvertrag	- договор страхования жизни
Lehrvertrag	- договор ученичества
Leihvertrag	- договор проката
Leistungsvertrag	- разовый договор
Liefervertrag	- договор поставок
Lizenzvertrag	- лицензионный договор
Luftfrachtvertrag	- договор воздушной перевозки грузов
Mastvertrag	- договор об откорме
Mietvertrag	- контракт о найме, договор имущественного найма, договор по найму
Musterformular für Vertragsdokumente	- модель формы контрактных документов
Musterversicherungsvertrag	- образцовый страховой договор
Mustervertrag	- типовой договор

Nachauftragsvertrag	- догово́р субподря́да, субподря́дный догово́р
Nachnutzungsvertrag	- догово́р о дополни́тельном испо́льзовании
Normalvertrag	- типово́й догово́р
für Seetransporte	- типово́й догово́р морско́й перево́зки
Nutzungsvertrag	- догово́р о переда́че права́ по́льзования
Pachtvertrag	- аре́ндный догово́р
Patentvertrag	- пате́нтный догово́р
Personenbeförderungsvertrag	- догово́р перево́зки пассажи́ров
Pfandvertrag	- догово́р о зало́ге
Probevertrag	- про́бный догово́р
Projektierungsvertrag	- догово́р на вы́полнение прое́ктных и изыска́тельных рабо́т
Realvertrag	- реа́льный догово́р
Reservationsvertrag	- резервацио́нный контра́кт
Rückversicherungsvertrag	- догово́р перестрахова́ния
-, fakultativer	- факультати́вный догово́р
-, passiver	- догово́р пасси́вного перестрахова́ния
Scheinvertrag	- мни́мый догово́р
Schenkungsvertrag	- догово́р даре́ния
Schiedsvertrag	- арбитра́жный догово́р
Schlußschein	- биржево́й контра́кт
Schuldübernahmevertrag	- долево́й догово́р
Seefrachtvertrag	- догово́р морско́й перево́зки грузо́в
Separatvertrag	- сепара́тный догово́р
Sondervertrag	- осо́бый догово́р
Speditionsvertrag	- тра́нсортно-экспедицио́нный догово́р
Spezialisierungsvertrag	- догово́р о специализа́ции произво́дства
Staatsvertrag	- госуда́рственный догово́р
Tarifvertrag	- тари́фный догово́р
Tauschvertrag	- догово́р ме́ны
Terminvertrag	- фью́черский/ фью́черсный догово́р
Transportvertrag	- тра́нспортный догово́р, догово́р перево́зки
Treuhandvertrag	- догово́р о переда́че иму́щества друго́му лицу́ на отве́тственное хране́ние и управле́ние
Unterkommissionsvertrag	- догово́р субкоми́ссии
Unterlizenzvertrag	- сублицензио́нный догово́р
Verkaufsvertrag	- догово́р прода́жи
Verlagsvertrag	- изда́тельский догово́р
Vermittlungsvertrag	- догово́р о посре́дничестве
Verpfändungsvertrag	- догово́р зало́га
Versicherungsvertrag	- догово́р страхова́ния
Vertrag über Absatz und Beschaffung	- догово́р по сбы́ту и снабже́нию
Vertrag über Fondsrealisierung	- догово́р реализа́ции фо́ндов
Vertrag über Forschungs- und Entwicklungsleistungen	- догово́р на вы́полнение нау́чно-иссле́довательских, о́пытно-констру́кторских и технологи́ческих рабо́т
Vertrag über Dienstleistungen für die Bevölkerung	- догово́р бытово́го зака́за
Vertrag über gegenseitige Hilfe	- догово́р о взаимопо́мощи
Vertrag über materielle Haftung	- догово́р о материа́льной отве́тственности
Vertrag über Transitlieferungen	- догово́р транзи́тной поста́вки

Vertrag über wissenschaftlich-technische Leistungen	- договор о выполнении научно-технических работ
Vertrag über (schöpferische) Zusammenarbeit	- договор (творческого) сотрудничества
Vertrag zugunsten Dritter	- договор в пользу третьего лица
Vertrag zur Gründung der Europäischen Wirtschaftsgemeinschaft	- договор о создании Европейского экономического сообщества
Verwahrungsvertrag	- договор хранения
Werkvertrag	- договор на давальческих началах
Wirtschaftsvertrag	- хозяйственный договор
Wohnungsmietvertrag	- договор найма жилого помещения, договор жилищного найма
Zollvertrag	- таможенный договор
Zusatzvertrag	- дополнительный договор
-, abstrakter	- абстрактный договор
-, aleatorischer	- алеаторный договор
-, anfechtbarer	- оспоримый договор
-, atypischer	- атипичный договор, договор особого рода
-, auf speziellen Vordrucken	- договор на специальных типовых бланках
-, befristeter	- срочный договор
-, einseitiger	- односторонний договор
-, entgeltlicher	- возмездный договор
-, faktischer	- фактический договор
-, formloser	- договор не за печатью, простой договор
-, gegenseitiger	- двусторонний/ взаимный синаллагматический договор
-, gemischter	- смешанный договор
-, geschlossener	- закрытый договор
-, in einfacher Ausfertigung	- договор с однократной записью
-, illegaler	- незаконный договор
-, internationaler	- международный договор
-, kausaler	- каузальный договор
-, konsequenter	- консенсуальный договор
-, langfristiger	- долгосрочный договор
-, lästiger	- отягчающий договор
-, laufender	- действующий договор
-, multilateraler	- многосторонний договор
-, mündlicher	- устный договор
-, nichtiger	- недействительный договор
-, normierter	- договор, содержание существенных пунктов которого предрешено законом
-, notarieller	- нотариально-удостоверенный договор
-, obligatorischer Rückversicherungsvertrag	- облигаторный (страховой) договор
-, offener	- открытый договор
-, öffentlich-rechtlicher	- договор публичного права, - публично-правовой договор
-, privatrechtlicher	- гражданско-правовой договор
-, schriftlicher	- письменный договор, договор в письменном виде
-, statutenwidriger	- внеуставная сделка

-, stornierter	- сторни́рованный догово́р
-, unbefristeter	- бессро́чный догово́р, контра́кт
-, unentgeltlicher	- безвозме́здный догово́р
-, ungleicher	- неравнопра́вный догово́р
-, ungültiger	- недействи́тельный догово́р
-,vereinheitlichte Vordrucke für Vertragsdokumente	- унифици́рованная, стандартизо́ванная фо́рма догово́рных докуме́нтов
-, verkehrstypischer	- типи́чный догово́р экономи́ческого/ торго́вого оборо́та
-, veröffentlichter	- промульги́рованный/ обнародо́ванный догово́р
-, verwaltungsrechtlicher	- администрати́вно-правово́й догово́р
-, zivilrechtlicher	- гражда́нско-правово́й догово́р
-, zweiseitiger	- двусторо́нний догово́р
-, zwischenstaatlicher	- межгосуда́рственный догово́р
Vertragsverhandlung	**- перегово́ры по догово́ру/ по контра́кту**
durch - gebunden sein	- быть свя́занным догово́ром
einen - ablehnen	- отказа́ть / отка́зывать в заключе́нии догово́ра
einen - abschließen	- заключи́ть / заключа́ть догово́р, - соверши́ть / соверша́ть догово́р
einen - erneut abschließen	- пе́резаключить / пе́резаключать догово́р
einen - annehmen	- приня́ть / принима́ть контра́кт
einen - aufheben (annulieren)	- аннули́ровать /св, нсв/ догово́р
einen - ausarbeiten (aufsetzen, abfassen)	- офо́рмить / оформля́ть догово́р
einen - auslegen	- толкова́ть догово́р, - дать / дава́ть толкова́ние догово́ра
einen - ausfertigen	- офо́рмить / оформля́ть догово́р
einem - beitreten	- присоедини́ться / присоединя́ться к догово́ру
einen - brechen (verletzen)	- наруши́ть / наруша́ть догово́р
einen - durchsehen	- рассмотре́ть / рассма́тривать догово́р
einen - einhalten	- соблюсти́ / соблюда́ть догово́р
einen - erfüllen	- вы́полнить / вы́полнять догово́р
einen - erneuern	- возобнови́ть / возобновля́ть догово́р
einen - erörtern	- обсуди́ть / обсужда́ть догово́р
einen - hinterlegen	- депони́ровать /св, нсв/догово́р
einen - kündigen	- расто́ргнуть / расторга́ть догово́р
einen - paraphrasieren	- парафи́ровать /св, нсв/ догово́р
einen - ratifizieren	ратифици́ровать /св,нсв/ догово́р
einen - realisieren	- осуществи́ть / осуществля́ть догово́р
einen - senden	- напра́вить / направля́ть догово́р куда-л.
einen - überprüfen	- пересмотре́ть / пересма́тривать догово́р
einen - unterzeichnen	- подписа́ть / подпи́сывать догово́р
einen - verändern	- измени́ть / изменя́ть догово́р
einen - verlängern	- продли́ть / продлева́ть догово́р
vom - zurücktreten	- отступи́ться / отступа́ться от догово́ра
vertraglich	- догово́рный, в догово́рном поря́дке
vertraglich gebunden	- свя́занный догово́ром
vertragliche Beziehungen	- догово́рные отноше́ния

vertragliche Pflichten - догово́рные обя́занности,
обя́занности вытека́ющие из догово́ра

sich vertraglich verpflichten - обяза́ться,
взять на себя́ обяза́тельство по догово́ру

kraft des Vertrages - в си́лу догово́ра
in kraft treten des Vertrages - вре́мя вступле́ния догово́ра в си́лу

Vertragsablauf - истече́ние сро́ка догово́ра
Vertragsabschluß - заключе́ние догово́ра
Vertragsschlußfrist - срок заключе́ния догово́ра
Vertragsabschlußpflicht - обя́занность заключе́ния догово́ра
Vertragsabschlußverfahren - процеду́ра заключе́ния догово́ра,
поря́док заключе́ния догово́ра

Vertragsabwicklung - опера́ции по исполне́нию догово́ра
vertragsähnliches Verhältnis - квазидогово́рные отноше́ния /мн.ч./
- квазидогово́р

Vertragsänderung - измене́ние догово́ра
Vertragsangebot - предложе́ние заключи́ть догово́р, оф(ф)е́рта
Vertragsannahme - акце́пт /приня́тие предложе́ния/оф(ф)е́рты
Vertragsantrag - предложе́ние, заключи́ть догово́р/ оф(ф)е́рта
Vertragsartikel - пункт/статья́ догово́ра
Vertragsaufhebung - расторже́ние догово́ра
Vertragsauslegung - толкова́ние догово́ра
Vertragsbeitritt - присоедине́ние к догово́ру
Vertragsbestimmungen - положе́ния /мн. ч./, предусмо́тренные догово́ром,
усло́вия догово́ра

Vertragsbeziehungen - догово́рные отноше́ния /мн. ч./
Vertragsbindung - догово́рное обяза́тельство
Vertragsbruch - наруше́ние догово́ра
vertragsbrüchig - наруша́ющий догово́р
vertragschließende - догова́ривающийся
Parteien (Seiten) - догова́ривающиеся сто́роны,
уча́стники догово́ра, сто́роны в догово́ре,
контраге́нты

Vertragsdisziplin - догово́рная дисципли́на, соблюде́ние догово́рных
обяза́тельств

Vertragsentwurf - прое́кт догово́ра
Vertragserbe - насле́дник по насле́дственному догово́ру
Vertragserfüllung - выполнение догово́ра
-, fristgerechte, termingemäße - выполнение догово́ра в надлежа́щий срок,
своевре́менное выполнение догово́ра

-, vorschriftsmäßige - надлежа́щее выполне́ние догово́ра

Vertragsfirma - фи́рма-партнёр,
фи́рма, состоя́щая в догово́рных отноше́ниях

Vertragsform - фо́рма догово́ра, догово́рная фо́рма
Vertragsforschung - иссле́довательские рабо́ты, проводи́мые по
догово́ру

Vertragsfreiheit - догово́рная свобо́да, свобо́да /заключе́ния/
догово́ров

Vertragsgegenstand - предме́т догово́ра

Vertragsgericht	- арбитраж
Vertragsgesetz	- закон о внедрении системы договорных отношений, закон договора
Vertragshändler	- дистрибьютор, торговец по договору
Vertragsinhalt	- содержание договора
Vertragskalkulation	- предварительная калькуляция расходов, составленная к моменту заключения договора
Vertragsklage	- иск, вытекающий из договора
Vertragsklausel	- 1. статья/ пункт договора 2. условие и оговорка договора
Vertragskonsens	- соглашение сторон о заключении договора
Vertragslizenz	- договорная лицензия, лицензия, предоставленная по договору
vertragslos	- бездоговорный
Vertragsmächte	- договаривающиеся державы, мн. ч. державы- участницы договора
vertragsmäßig	- договорный, соответствующий договору, - adv. по договору, в договорном порядке
Vertragsmäßigkeit	- 1. соответствие договору 2. договорный характер
Vertragsmuster	- типовой/ примерный договор, образец договора
Vertragsnummer	- номер договора
Vertragsobjekt	- объект договора
Vertragsofferte	- предложение заключить договор, оферта
Vertragspartei	- договаривающаяся сторона, сторона в договоре
Vertragspartner	- контрагент /по договору/, сторона в договоре
Vertragspflicht	- обязанность заключения хозяйственных договоров
Vertragspreis	- договорная цена
Vertragspreissystem	- система договорных цен
Vertragspunkt	- пункт/статья договора
Vertragsrückstände	- 1. отставание /по срокам/ договорных обязательств 2. количества, подлежащие доставке по договору
Vertragssanktion	- договорная санкция
-, verhängen	- применить санкции за что-л.
Vertragsschluß	- заключение договора
, schriftlicher	- письменное заключение договора
unter Abwesenden	- заключение договора между отсутствующими
Vertragsstaaten	- договаривающиеся государства /мн. ч./ - государства-участники /мн. ч./
Vertragsstatut	- устав договора
Vertragsstrafe	- договорная неустойка, конвенциональный штраф, пеня
Vertragsstrafegläubiger	- сторона в договоре, в пользу которой нарушитель договора обязан уплатить штраф
Vertragsstrafenverpflichtung	- обязанность платить договорный штраф
Vertragsstreitigkeiten	- разногласия по договору
Vertragssystem	- система договорных отношений

Vertragstarif	- договорный/конвенционный тариф
vertragstreuer Kontrahent	- сторона, выполняющая свои обязательства по договору
Vertragstreue	- договорная дисциплина, точное, добросовестное выполнение договорных обязательств
Vertragstyp	- тип договоров
Vertragsübernahme	- принятие на себя исполнения договора вместо другой стороны
vertragsüblich	- обычный в договорной практике
Vertrags- und Preisspaltung	- недозволенные действия /мн. ч./ по сбыту марочных товаров под анонимной маркой и по более низким ценам
Vertragsunterlagen	- приложения к договору
Vertragsverhandlung	- переговоры /мн. ч./ по договору
-, multilaterale	- многосторонние переговоры
-, abbrechen	- срывать переговоры
-, auf hoher Ebene	- переговоры на высоком уровне
-, auf höchster Ebene	- переговоры на высшем уровне
-, durch Vertragsverhandlungen	- путём переговоров по договору
eine - führen	- вести переговоры
-, eine Niederlage erleiden in	- терпеть неудачу в переговорах по договору
-, im Verhandlungsverlauf	- в ходе переговоров
Vertragsverhältnisse	- договорные отношения
Vertragsverletzung	- нарушение договора
Vertragsverpflichtung	- договорное обязательство, обязательство, вытекающее из договора
eine - erfüllen	- выполнить/ выполнять договорные обязательства
die Erfüllung der -	- выполнение договорных обязательств
die Nichterfüllung der -	- невыполнение договорных обязательств
aussetzen, unterbrechen der Erfüllung der -	- приостанавливать выполнение договорных обязательств
beenden, einstellen der Erfüllung der -	- прекращать выполнение договорных обязательств
befreien von der Erfüllung der -	- освободить от выполнения договорных обязательств
sich entziehen der Erfüllung der -	- уклоняться от выполнения договорных обязательств
Verantwortung tragen für die -	- нести ответственность за задержку в выполнении договорных обязательств
Vertragsversicherung	- договорное страхование
Vertragsvorverhandlung	- предварительные переговоры по договору
eine - führen	- вести предварительные переговоры по договору
Vertragswährung	- валюта договора
Vertragswert	- сумма сделки по договору, сумма договора
vertragswidrig	- противоречащий договору
Vertragswille	- воля/намерение заключающихся договор лиц вызвать юридические последствия, связанные с данным договором
Vertragswirkungen	- последствия /мн. ч/ заключения договора
Vertragszeitraum	- договорный период, срок действия договора
Vertragsziel	- цель заключения договора

Vertragszoll	- конвенцио́нная (тамо́женная) по́шлина
Vertragszollsatz	- догово́рный тамо́женный тари́ф
Inhalt eines Kaufvertrages	**- основны́е да́нные догово́ра ку́пли- прода́жи**
Nummer des Vertrages	- но́мер догово́ра
Ort und Datum des Vertragsabschlusses	- ме́сто и да́та заключе́ния догово́ра
Name der vertragsschließenden Seiten	- наименова́ние сторо́н, заключа́ющих догово́р
Vertragsobjekt (Bezeichnung und Menge der Ware)	- предме́т догово́ра (наименова́ние и коли́чество това́ра)
Qualität der Ware	- ка́чество това́ра
Preis (Preis je Wareneinheit , Gesamtwert der Lieferung)	- цена́ (цена́ за едини́цу това́ра, цена́ за о́бщую сто́имость поста́вки)
Anlieferungsort	- ме́сто поста́вки
Liefertermine	- сро́ки поста́вки
Forderung an Verpackung und Markierung	- тре́бования к упако́вке и маркиро́вке
Zahlungsbedingungen	- усло́вия платежа́
Zahlungsmodus	- поря́док платежа́
Bedingungen der Warenaufgabe	- усло́вия сда́чи това́ра
Bedingungen des Warenempfangs	- усло́вия прие́мки това́ра
Transportbedingungen	- тра́нспортные усло́вия
Bedingungen über Garantien und Sanktionen	- усло́вия о гара́нтиях и са́нкциях
Festlegung des Gerichtsorts	- усло́вия об арбитра́же
Festlegung über die technischen Dokumentation	- усло́вия о техни́ческой документа́ции
weitere Vereinbarungen	- про́чие усло́вия
eingetragene Firmenadresse beider Seiten	- юриди́ческие адреса́ сторо́н
Unterschriften der Vertragspartner	- по́дписи продавца́ и покупа́теля
Anlagen zum Vertrag	**- Приложе́ния к догово́ру**
Anlagen	- приложе́ния /мн. ч./
Anlagenvermerk	- отме́тка о нали́чии приложе́ния
Bedienungsanleitung	- инстру́кция по эксплуата́ции
Beschreibung	- описа́ние
-, technische	- техни́ческое описа́ние
Daten	- характери́стика
-, technische	- техни́ческая характери́стика
Dokumentation	- документа́ция
-, technische	- техни́ческая документа́ция
Einzelaufstellung	- специфика́ция
Ersatzteilkatalog	- катало́г запча́стей/ запасны́х часте́й
Ersatzteil-, Werkzeug- und Zubehörliste (EWZ-Liste)	- ве́домость ЗИП (ко́мплекс запча́стей, инструме́нтов и принадле́жностей)
Garantieschein	- гаранти́йный лист
Gebrauchsanweisung	- пра́вила по́льзования, инстру́кция по́льзования
Gutachten	- эксперти́за
Katalog	- катало́г
Lieferbedingungen	- усло́вия поста́вки
- , allgemeine	- о́бщие усло́вия поста́вки

Markierung	- маркировка
Montagevorschrift	- инструкция по монтажу чего-л.
Muster	- образец
Prospekt	- проспект
Qualitätsgutachten	- сертификат качества
Spezifikation	- спецификация
Testbedingungen	- условия испытания
-, besondere	- особые условия испытания
Verladung	- погрузка
Vorschriften hinsichtlich der Verpackung	- предписания относительно упаковки
Wartungsvorschrift	- инструкция по техническому обслуживанию
Zeichnung	- чертёж, рисунок

Lieferung und Lieferungsbedingungen - **поставка и условия поставки**

Lieferer - **поставщик**

Betrieb	- предприятие
-, automatisierter	- завод-автомат
-, bauausführender	- строительное предприятие
-, bäuerlicher	- сельскохозяйственное предприятие
-, exportierender	- предприятие, работающее на экспорт
-, führender	- ведущее (головное) предприятие
-, gemeinsamer	- совместное предприятие
-, gewerblicher	- торгово-промышленное предприятие
-, handwerksmäßiger	- ремесленное предприятие
-, kleinbäuerlicher warenproduzierender	- мелкое крестьянское, мелкотоварное крестьянское хозяйство
-, kooperiender	- смежное предприятие
-, kostengünstiger	- предприятие, функционирующее с минимальными издержками производства
-, landwirtschaftlicher	- сельскохозяйственное предприятие
-, leistungsfähiger	- мощное предприятие
-, leistungsschwacher	- маломощное (малопроизводительное) предприятие
-, mittelgroßer	- хозяйство (предприятие) среднего размера
-, mit Verlust arbeitender	- убыточное предприятие
-, öffentlicher	- государственное (общественное) предприятие
-, privater	- частное предприятие
-, rentabler	- рентабельное предприятие
-, spezialisierter	- специализированное предприятие
-, unrentabler	- нерентабельное предприятие
-, verlustfreier	- безубыточное предприятие

Bestellbetrieb	- предприятие-заказчик
Dienstleistungsbetrieb	- предприятие бытового обслуживания
Großbetrieb	- крупное предприятие
Handelsunternehmen	- коммерческое/ торговое предприятие
Hauptbetrieb	- головное предприятие /основное предприятие
Herstellerbetrieb	- предприятие-изготовитель,

предприя́тие-продуце́нт, предприя́тие-производи́тель

Industrieunternehmen	- промы́шленное предприя́тие
Kleinbetrieb	- ме́лкое предприя́тие
Lieferbetrieb	- предприя́тие-поставщи́к, заво́д-поставщи́к, фи́рма-поставщи́к
Mittelbetrieb	- сре́днее предприя́тие
Nebenbetrieb	- вспомога́тельное предприя́тие
Partnerbetrieb	- предприя́тие-контраге́нт
Produktionsbetrieb	- произво́дственное предприя́тие, предприя́тие-производи́тель
Rüstungsbetrieb	- вое́нно-промы́шленное предприя́тие
Spitzenbetrieb	- передово́е предприя́тие
staatliches Unternehmen	- госуда́рственное предприя́тие
Stammbetrieb	- головно́е предприя́тие
Tochterunternehmen	- доче́рное предприя́тие
Zulieferbetrieb	- предприя́тие-сме́жник

Firma - **фи́рма, предприя́тие**

-, angesehene	- фи́рма с хоро́шей репута́цией
-, marktbeherrschende	- домини́рующая /на ры́нке/ фи́рма
-, renomierte	- соли́дная фи́рма
-, vertragsbrüchige	- нару́шивающая догово́р фи́рма
-, zuverlässige	- надёжная фи́рма
Handelsfirma	- торго́вая фи́рма
Herstellerfirma	- фи́рма-продуце́нт, фи́рма-изготови́тель
Mutterfirma	- матери́нская фи́рма
Tochterfirma	- доче́рная фи́рма

Hersteller - **продуце́нт, изготови́тель, производи́тель**

Agrarproduzent	- сельскохозя́йственный производи́тель
Alleinproduzent	- монопо́льный производи́тель
begünstigter Produzent	- поста́вленный в более благоприя́тные усло́вия производи́тель
Direktproduzent	- непосре́дственный производи́тель
Einzelproduzent	- индивидуа́льный производи́тель
Großproduzent	- кру́пный производи́тель
Herstellerland	- стра́на-производи́тель
Industriehersteller	- промы́шленный производи́тель
Kleinproduzent	- ме́лкий производи́тель
selbständiger Produzent	- самостоя́тельный производи́тель

Lieferant - **поставщи́к**

den - in Anspruch nehmen	- по́льзоваться поставщико́м
Alleinlieferant	- монопо́льный поставщи́к
Exportlieferant	- экспортёр-продаве́ц
Generallieferant	- генера́льный /гла́вный/ поставщи́к

Großlieferant	- оптóвый поставщúк
Lieferantenkartei	- картотéка поставщикóв
Lieferantenkredit	- кредúт, предоставляéмый поставщикóм
Lieferantenwahl	- вы́бор /предприя́тий/ поставщикóв
Rohstofflieferant	- поставщúк сырья́
Rüstungslieferant	- поставщúк вое́нной прод́укции
Warenlieferant	- поставщúк товáров
Zulieferant	- поставщúк промежу́точной проду́кции
Vertriebsleitung	- отдéл (дирéкция) по сбы́ту
Warenabsender	- отправúтель товáра

Liefern - **постáвить / поставля́ть**

liefern (an wen, was)	- 1. постáвить /поставля́ть кому-л./что-л. достáвить / доставля́ть кому-л./что-л. отпустúть / отпускáть кому-л./что-л. сдать / сдавáть кому-л./что-л.
gegen Pfand -	- под залóг
innerhalb von 4 Wochen -	- постáвить/ поставля́ть в течéние 4 недéль
termingemäß -	- в срок
abliefern	- 1. постáвить / поставля́ть что-л. 2. отпустúть / отпускáть что-л. достáвить / доставля́ть что-л. постáвить / поставля́ть что-л. 3. сдать / сдавáть что-л. отдáть / отдавáть что-л. вы́дать / выдавáть что-л. вру́чить / вручáть что-л. передáть / передавáть что-л.
beliefern	- постáвить / поставля́ть кому-л. - снабдúть / снабжáть кого-л./ чем-л. - отовáрить / отовáривать что-л - завестú / завозúть что-л.
einliefern	- достáвить / доставля́ть что-л. вручúть / вручáть что-л. сдать / сдавáть что-л.
nachliefern	- допостáвить / допоставля́ть что-л. дополнúтельно постáвить / поставля́ть что-л.
zuliefern	- постáвить / поставля́ть что-л.

Lieferbedingungen - **услóвия постáвки**

Lieferabkommen	- соглашéние о постáвках
Lieferabstand	- промежу́ток врéмени мéжду постáвками
Lieferangebot	- 1. предложéние о постáвках товáров 2. ассортимéнт товáров, предлагáемых к постáвке
Lieferanteil	- дóля в постáвках
Lieferanweisung	- закáз-ня́рд
Lieferaufschub	- отсрóчка постáвки, перенесéние срóка постáвки
Lieferauftrag	- закáз на постáвку, наря́д на постáвку

Lieferausfall	- невыполнение поставки
lieferbar	- поставляемый
Lieferbasis	- базис (базисные условия) поставки
Lieferbedingungen	- условия /мн.ч./ поставки
-, allgemeine	- общие условия поставок
Lieferkonto	- счёт поставщиков
lieferfähig	- способный осуществить поставку, - способный поставить что-л.
Lieferfrist	- срок доставки
die - einhalten	- соблюсти / соблюдать срок поставки
die - vereinbaren	- согласовать / согласовывать срок поставки
Verlängerung der -	- продление срока поставки
Verschiebung der -	- перенесение срока поставки
-, vertragliche	- договорный срок постаки
Liefergarantie	- гарантия выполнения условий по поставке
Liefergrafik	- график поставок
Lieferkatalog	- каталог поставляемых товаров
Lieferklausel	- оговорка о поставке
Lieferkosten	- стоимость поставки
Lieferkredit	- коммерческий кредит
Kreditabkommen	- кредитное соглашение
Kreditauskunft	- сведения, данные о кредитоспособности
Kreditbedarf	- потребность в кредитах
Kreditbedingungen	- условия предоставления кредита
kreditbedürftig	- нуждающийся в кредите
Kreditbrief	- кредитное письмо
Kreditfrist	- срок кредитования /кредита
Kreditgeber	- кредитор, займодатель
Kreditgeschäft	- кредитная сделка /операция
kreditieren	- кредитовать предоставить / предоставлять кредит
Kreditnehmer	- /страна-/ заёмщик
Kreditrisiko	- кредитный риск
Kreditrückzahlung	- возвращение/ погашение кредита
kreditwürdig	- кредитоспособный
-, nicht kreditwürdig	- некредитоспособный
Kreditwürdigkeit	- кредитоспособность
Kreditzinsen	- проценты /мн.ч./ по кредиту
Lieferkürzung	- сокращение поставок
Liefermenge	- объём поставки, поставленное количество
Liefermöglichkeit	- возможности /мн.ч./поставки
Lieferort	- место/ пункт поставки
Lieferparität	- базис поставки, базисные условия поставки
Lieferpartie	- партия поставленного товара
Lieferpflicht	- обязательство по поставкам
Lieferplan	- план поставок, график поставок
Lieferrisiko	- риск невыполнения условий поставок
das - einhalten	- соблюсти /соблюдать что- л.
Lieferrückstand	- задолженность /задержка по поставке
Lieferschein	- свидетельство об отправке товара, - деливери-ордер, расписка о выдаче товара,

Lieferschwierigkeit	- затрудне́ние в поста́вках
Liefersperre	- запре́т на поста́вки, эмба́рго
eine - aufheben	- снять / снима́ть запре́т на поста́вки
eine - verhängen	- ввести́ / вводи́ть запре́т на поста́вки
	- наложи́ть / налага́ть эмба́рго
Exportverbot	- эмба́рго на э́кспорт
Getreideembargo	- эмба́рго на поста́вки зерна́
Ölembargo	- эмба́рго на поста́вки не́фти
Lieferstopp	- прекраще́ние поста́вок
Liefertreue	- соблюде́ние сро́ков поста́вки
Lieferumfang	- объём това́ров
Liefer- und Leistungsvertrag	- догово́р на поста́вку това́ров и предоставле́ние услу́г
Liefer- und Montagevertrag	- догово́р о поста́вке и монта́же обору́дования
Liefervertrag	- догово́р поста́вки, догово́р о поста́вке, догово́р на поста́вку,
	- контра́кт о поста́вке
Annulierung des -	- аннули́рование, отме́на, расторже́ние догово́ра
einen - abschließen	- заключи́ть /заключа́ть догово́р
einen - annulieren	- аннули́ровать догово́р
einen - erneut abschließen	- перезаключи́ть / перезаключа́ть догово́р
Lieferverzug	- заде́ржка/ просро́чка поста́вки
Lieferwert	- сто́имость транспорти́руемого (отправля́емого) гру́за
Lieferung	- **поста́вка**
Lieferung (gelieferte Ware)	- поста́вка, (поставля́емый това́р, доставля́емый това́р)
Lieferung (Auslieferung)	- 1. поста́вка, сда́ча, 2. доставля́емый това́р
eine - ablehnen	- отклони́ть / отклоня́ть поста́вку отказа́ться / отка́зываться от поста́вки
eine - beginnen	- нача́ться / начина́ться поста́вка
eine - durchführen	- осуществи́ть / осуществля́ть поста́вку
	- провести́ / проводи́ть поста́вку
eine - einstellen	- прекрати́ть / прекраща́ть поста́вку
eine - erfolgt	- произойдёт / происхо́дит поста́вка
	- после́дует / сле́дует поста́вка
eine - verlangen	- потре́бовать / тре́бовать поста́вку
eine - zurückhalten	- задержа́ть / заде́рживать поста́вку
-, auf Abruf	- сда́ча/отгру́зка това́ра по о́тзыву, поста́вка това́ра по о́тзыву/ по тре́бованию
-, beschleunigte	- уско́ренная поста́вка
-, devisenbringende	- э́кспортная поста́вка на валю́ту
-, en gros	- о́птовая поста́вка, поста́вка о́птом
-, frei Haus	- поста́вка с доста́вкой на́ дом

-, im Direktverkehr	- доста́вка транзи́том, пряма́я доста́вка
-, in Montageeinheiten	- поста́вка в разо́бранном ви́де
-, im zusammengebauten Zustand	- поста́вка в со́бранном ви́де
-, komplette	- компле́ктная поста́вка
- mit Remissionsrecht	- усло́вная поку́пка с пра́вом возвра́та ку́пленной ве́щи /обы́чно в книготорго́вле/
- ohne Vorlage von Rechnungsdokumenten	- неотфакту́рованная поста́вка
-, promte (sofortige,effektive)	- неме́дленная /сро́чная/ поста́вка
-, sortimentsgerechte	- поста́вка, отвеча́ющая /соотве́тствующая/ обусло́вленному ассортиме́нту
-, termingerechte , unverzügliche	- поста́вка в срок
-, unvollständige	- непо́лная поста́вка, недопоста́вка
-, verzögerte	- просро́ченная поста́вка, поста́вка с заде́ржкой
-, von Waren auf Ziel	- о́тпуск това́ров в креди́т
Lieferungsgeschäft	- соглашение/сделка, договор/ на поставку
Lieferungskauf	- покупка с последующей поставкой
Export	- **э́кспорт**
Export, Ausfuhr	- э́кспорт, вы́воз
-, auf Vorschuß	- субсиди́руемый э́кспорт
-, direkter	- прямо́й э́кспорт, э́кспорт без уча́стия посре́дников
-, immaterieller	- неви́димый э́кспорт
-, indirekter	- ко́свенный э́кспорт, э́кспорт с уча́стием посре́дника
-, zollfreier	- беспо́шлинный вы́воз / э́кспорт/
-, zu Schleuderpreisen	- э́кспорт по бро́совым це́нам, де́мпинг
exportabel	- э́кспортный, приго́дный для э́кспорта
Exportabgabe	- нало́г на экспорти́руемые това́ры - э́кспортная/вывозна́я/ по́шлина
Exportabsatz	- систе́ма сбы́та това́ров, иду́щих на э́кспорт
Exportabschluß	- э́кспортная сде́лка
Exportagent	- аге́нт по э́кспортным опера́циям, аге́нт по э́кспорту
Exportangebot	- предложе́ние на э́кспорт
Exportantrag	- э́кспортная зая́вка, зая́вка на э́кспорт
Exportartikel	- предме́т /статья́/ э́кспорта, э́кспортный това́р
-, begehrter	- това́р, на кото́рый есть большо́й спрос
Exportauftrag	- э́кспортный зака́з
Exportaufwendungen	- э́кспортные изде́ржки, - изде́ржки, возника́ющие при исполне́нии э́кспортных сде́лок
Exportausführung	- изготовле́ние для э́кспорта /на э́кспорт
Exportaussichten	- э́кспортные возмо́жности, перспекти́вы э́кспорта
Exportausstellung	- вы́ставка э́кспортных това́ров (за грани́цей)
Exportbasis	- ба́за для осуществле́ния э́кспорта
Exportbedarf	- э́кспортная потре́бность, потре́бность в э́кспорте
Exportbedingungen	- э́кспортные усло́вия, усло́вия э́кспорта
Exportbegünstigungen	- э́кспортные льго́ты,

	- стимули́рование э́кспорта
Exportbeihilfe	- э́кспортная субси́дия
Exportbetrieb	- предприя́тие, рабо́тающее на э́кспорт
	- экспорти́рующее предприя́тие
Exportbonus	- э́кспортная пре́мия, э́кспортная бонифика́ция, э́кспортный бо́нус
Exportbürgschaft	- страхова́ние э́кспортных креди́тов
Exportbüro	- э́кспортное бюро́
Exportdokumente	- э́кспортная сопроводи́тельная документа́ция
Exportdumping	- де́мпинг, э́кспорт по бро́совым це́нам
Exporteinnahmen	- поступле́ния от э́кспорта
Exporten	- э́кспортные това́ры
Exporterlös	- вы́ручка/ дохо́д поступле́ние от э́кспорта
Exporterschwerung	- затрудне́ния с э́кспортом
Exporterzeugnis	- э́кспортное изде́лие/ изде́лие, иду́щее на э́кспорт
Exporteur	- экспортёр
Exportexpansion	- расшире́ние/увеличе́ние э́кспорта
exportfähig	- приго́дный для э́кспорта/ вы́воза
Exportfirma	- фи́рма-экспортёр
	- э́кспортная фи́рма
Exportfinanzierung	- финанси́рование э́кспорта
Exportfonds	- э́кспортный фонд
exportfördernd	- стимули́руемый вы́воз
Exportförderung	- поощре́ние/ стимули́рование э́кспорта/ вы́воза
	- соде́йствие разви́тию э́кспорта
Exportförderungskredit	- креди́т, предоставля́емый для соде́йствия э́кспорту
Exportfracht	- э́кспортный груз
export- (ausfuhr-) frei	- свобо́дный для э́кспорта
Exportfunktion	- фу́нкция э́кспорта
Export- (Ausfuhr-)garantie	- вы́возная гара́нтия
Exportgenehmigung	- э́кспортняа лице́нзия, э́кспортное разреше́ние
	- разреше́ние на вы́воз
Exportgeschäft	- 1. э́кспортная опера́ция/ сде́лка 2. компа́ния/ фи́рма, специализи́рующаяся на э́кспорте това́ров
Exportgrundpreis	- расчётная э́кспортная цена́,испо́льзуемая при ана́лизе рента́бельности э́кспорта
Exportgut	- э́кспортные това́ры/ изде́лия, э́кспортный груз
Exportgüter -, weltmarktfähige	- конкуре́нтоспосо́бные на мирово́м ры́нке э́кспортные това́ры
Exporthandel	- э́кспортная торго́вля
Exporthändler	- экспортёр
	- посре́дник/ аге́нт по э́кспорту
Exportfirma	- фи́рма- экспортёр, э́кспортная фи́рма
exportieren	- экспорти́ровать /св,нсв/ что-л., куда-л.
	- вы́везти / вы́возить что-л., куда-л.
Export- Import- Firma	- э́кспортно- и́мпортная фи́рма
Export- Importrentabilität	- рента́бельность э́кспортно- и́мпортных опера́ций
Exportindustrie	- э́кспортная промы́шленность

Exportintensität	- до́ля /уде́льный вес э́кспортных това́ров в о́бщем объёме това́рной проду́кции
exportintensiv	- "экспортоёмкий"
Exportkapazität	- э́кспортный потенциа́л
	- э́кспортные возмо́жности /мн.ч./
Exportkartell	- э́кспортный карте́ль
Exportkaufmann	- торго́вец э́кспортными това́рами
Exportkommissionär	- э́кспортный комиссионе́р /посре́дник
Exportkontingent	- э́кспортный континге́нт
Exportkontor	- конто́ра по э́кспорту (това́ров), э́кспортная конто́ра
Exportkontrolle	- контро́ль над э́кспортом
	- э́кспортный контро́ль
Exportkredit	- э́кспортный креди́т
	- креди́т по э́кспортным опера́циям
Exportkreditgarantie	- гара́нтия по э́кспортным креди́там
Exportkreditierung	- кредити́рование э́кспорта
Exportkreditversicherung	- страхова́ние э́кспортных креди́тов
Exportkundendienst	- техни́ческое обслу́живание в о́бласти э́кспорта
Exportlager	- склад э́кспортных това́ров, находя́щийся за грани́цей
	- склад для хране́ния э́кспортных това́ров
Exportlagerhaltung	- хране́ние э́кспортных това́ров
Exportland	- страна́-экспортёр, экспорти́рующая страна́
Exportleitbetrieb	- предприя́тие, поставля́ющее това́ры на э́кспорт
Exportlieferbetrieb	- веду́щее /головно́е э́кспортное предприя́тие
Exportlieferung	- э́кспортная поста́вка
Exportliste	- спи́сок э́кспортных това́ров
Exportlizenz	- э́кспортная/ вы́возная лице́нзия
Exportmakler	- э́кспортный ма́клер
Exportmarkierung	- э́кспортная маркиро́вка (това́ров)
Export- (Ausfuhr-) meldung	- бланк учёта э́кспортных опера́ций
Exportmenge	- физи́ческий объём э́кспорта
Exportmesse	- я́рмарка э́кспортных това́ров
Exportmöglichkeit	- возмо́жность экспорти́ровать
Exportmonopol	- монопо́лия на э́кспорт, э́кспортная монопо́лия
Exportmuster	- э́кспортный образе́ц
	- образе́ц э́кспортного /экспорти́руемого това́ра
Exportmusterlager	- склад образцо́в э́кспортных това́ров
Exportmusterschau	- вы́ставка образцо́в э́кспортных това́ров
Exportnachfrage	- э́кспортный спрос
	- спрос на э́кспортные това́ры
Exportneuheitenschau	- пока́з /вы́ставка э́кспортных нови́нок
Exportordnung	- э́кспортная организа́ция
	- организа́ция э́кспорта
Exportplan	- э́кспортный план, план э́кспорта
Exportposten	- статья́ /предме́т э́кспорта
Exportpotential	- э́кспортный потенциа́л, э́кспортные возмо́жности
Exportprämie	- э́кспортная пре́мия
Exportpreis	- э́кспортная цена́
-, durchschnittlicher	- сре́дняя э́кспортная цена́

Exportpreisindex	- индекс экспортных цен
Exportproduktion	- производство на экспорт
-, devisengünstige	- производство на экспорт, обеспечивающее крупные поступления валюты
Exportproduktionskontingent	- контингент производимой для экспорта продукции
Exportprogramm	- экспортная программа, программа экспорта
Exportquote	- экспортная квота
Exportregelung	- регулирование вывоза /экспорта
Exportrentabilität	- (экономическая) рентабельность экспорта
Exportrückgang	- сокращение /падение экспорта
Exportrückstand	- задолженность /отставание по экспортным поставкам
Exportrückvergütungen	- косвенные /скрытые экспортные премии
Exportsendung	- экспортная партия товара
Exportsignierung	- маркировка экспортируемых товаров
	- экспортная маркировка товаров
Exportsortiment	- экспортный сортимент/ ассортимент
Exportstatistik	- статистика экспорта, экспортная статистика
Exportsteigerung	- увеличение /рост экспорта
Exportstimulierung	- поощрение /стимулирование экспорта
Exportstreckengeschäft	- сделка на покупку экспортером товара у предприятия-поставщика для непосредственной отправки его заграничному клиенту
Exportstruktur	- структура экспортных товаров, структура экспорта
Exportsubvention	- экспортная субсидия
Exportsubventionierung	- субсидирование экспорта
Exportüberschuß	- превышение /перевес /преобладание экспорта над импортом
Exportumsatz	- оборот по экспорту/объём экспорта
Exportunternehmen	- экспортное предприятие
Exportvalutaerklärung	- валютная декларация по экспорту
Exportverbot	- запрещение /запрет экспорта /вывоза
	- эмбарго на экспорт
Exportvereinigung	- экспортное объединение
Exportverfahren	- порядок проведения экспортных операций
Exportvergütung	- экспортная премия
Exportverpackung	- экспортная упаковка, упаковка экспортных товаров
Exportvertrag	- экспортный договор, договор на экспорт
Exportvertreter	- представитель /посредник, агент по экспорту
-, marktansässiger	- представитель /посредник, агент/ по экспорту, находящийся в стране сбыта
Exportvolumen	- объём экспорта
Exportware	- экспортный товар
Exportwarenbegleitschein	- сопроводительный документ на экспортный товар
Exportwarenfonds	- фонд экспортных товаров
Exportwerbung	- реклама экспортируемых товаров /товаров для экспорта

exportwichtig	- имéющиий вáжное значéние для э́кспорта
Exportzinsen	- процéнты на э́кспортные оперáции
Exportzoll	- э́кспортная /вы́возная/ пóшлина
Exportzuschuß	- э́кспортная дотáция
Import	- **и́мпорт, ввоз**
Import (Einfuhr)	- и́мпорт, ввоз
importieren	- импорти́ровать /св,нсв/ что-л., откуда-л.
	- ввезти́ / ввози́ть что-л., откуда-л.
-, bedingt zollfreier	- услóвно беспóшлинный ввоз
-, begünstigter	- и́мпорт на льгóтных услóвиях
-, direkter	- прямóй и́мпорт, и́мпорт без учáстия посрéдников
-, freier (ungehindeter)	- свобóдный ввоз
-, indirekter	- кóсвенный и́мпорт, и́мпорт с учáстием посрéдников
-, unsichtbarer	- неви́димый и́мпорт
-, zollfreier	- беспóшлинный и́мпорт/ ввоз
-, zusätzlicher	- добáвочный /дополни́тельный ввоз
importabel	- импорти́руемый, пригóдный для и́мпорта
Importabgabe	- ввóзный /и́мпортный сбор, налóг
	- и́мпортная пóшлина
Importabgabepreis	- отпускнáя /сбытовáя ценá на и́мпортные товáры
Importabteil	- долЯ́ /удéльный вес и́мпорта
Importartikel	- и́мпортное издéлие
	- предмéт и́мпорта /ввóза
Importauftrag	- и́мпортный закáз
Importaufwendungen	- затрáты на и́мпорт
Importbedarf	- спрос на и́мпортные товáры
	- потрéбность в и́мпорте
Importbeschränkungen	- ограничéния /мн. ч./рестри́кции /мн. ч./ и́мпорта
die - auferlegen	- возложи́ть / возлагáть и́мпортные ограничéния
Import- (Einfuhr-)bestimmungen	- постановлéние о ввóзе
Importbetrieb	- предприя́тие-импортёр
Import- (Einfuhr-)bewilligung	- разрешéние на и́мпорт /ввоз
Import- (Einfuhr-)deklaration	- ввóзная декларáция
Importdokumente	- докумéнты на и́мпортный товáр
Importe	- импорти́рованные предмéты/ издéлия, товáры
Importerleichterung	- облегчéние ввóза
Importerschwerung	- затруднéние с ввóзом /с и́мпортом, ограничéние ввóза/ и́мпорта
Importerzeugnis	- и́мпортное издéлие
Importeur	- импортёр
Import-Export-Koordinierung	- координáция э́кспорта и и́мпорта
importfähig	- пригóдный для и́мпорта
Importfinanzierung	- финанси́рование и́мпорта
Importfirma	- и́мпортная фи́рма
Importförderung	- стимули́рование /содéйствие разви́тию/ и́мпорта
Importförderungskredit	- креди́т, предоставля́емый для содéйствия и́мпорту
Importfunktion	- фýнкция и́мпорта

Importgenehmigung	- разреше́ние на ввоз /и́мпорт/
Importgeschäft	- 1. и́мпортная сде́лка 2. и́мпортное торго́вое предприя́тие
	- и́мпортная опера́ция
Importgut	- и́мпортный това́р
Importhandel	- и́мпорт, и́мпортная торго́вля
Importintensität	- до́ля /уде́льный вес/ и́мпорта в обеспече́нии каким-л. това́ром
	- "импортоё́мкость"
Importkapazität	- и́мпортные возмо́жности /страны́/
Importkaufmann	- коммерса́нт, занима́ющийся и́мпортными опера́циями
Importkontingent	- континге́нт и́мпортных това́ров, лими́т и́мпорта, и́мпортная кво́та
Importkontor	- конто́ра по и́мпорту (това́ров)
	- и́мпортная конто́ра
Importkontrolle	- контро́ль над и́мпортом, и́мпортный контро́ль
Importkosten	- расхо́ды с и́мпортом това́ров
Importlager	- склад и́мпортных това́ров
Importland	- вво́зящая страна́, страна́- импортё́р
Importliste	- спи́сок и́мпортных това́ров
Importlizenz	- вво́зная лице́нзия, разреше́ние на ввоз
Importmeldung	- и́мпортная деклара́ция
Importmonopol	- монопо́лия на и́мпорт
Import- (Einfuhr-)nebenausgaben	- дополни́тельные и́мпортные нало́ги и сбо́ры
Importplan	- план по и́мпорту
Importpolitik	- и́мпортная поли́тика
Importposition	- статья́/ предме́т и́мпорта
Importpotential	- и́мпортный потенциа́л
Importprämie	- вво́зная/ и́мпортная пре́мия
Importpreis	- и́мпортная цена́
-, durchschnittlicher	- сре́дняя и́мпортная цена́
Importpreisindex	- и́ндекс и́мпортных цен
Importquote	- и́мпортная кво́та, до́ля расхо́дов на и́мпорт в национа́льном дохо́де
Importrentabilität	- (экономи́ческая) рента́бельность и́мпортных опера́ций
Importrestriktion	- ограниче́ние и́мпорта/ на и́мпорт
Importrückgang	- сокраще́ние/ уменьше́ние и́мпорта
Importsog	- большо́й спрос на и́мпортные това́ры
Importsperre	- запреще́ние/ запре́т и́мпорта/ вво́за
Importstatistik	- и́мпортная стати́стика
	- стати́стика (това́рного) и́мпорта
Importsteigerung	- повыше́ние вво́за/ и́мпорта
Importsteuer	- и́мпортный нало́г, нало́г на импорти́руемые това́ры
Importstruktur	- структу́ра и́мпорта
Import- (Einfuhr-)tarif	- вво́зный тари́ф
Importüberschuß	- превыше́ние и́мпорта над э́кспортом, преоблада́ние вво́за над вы́возом, пасси́вный бала́нс вне́шней торго́вли
Importumsatz	- оборо́т по и́мпорту

Importverfahren	- импортный режим
	- регулирование импорта
Importvertrag	- импортный договор
Importvolumen	- обьём импорта
Importware	- импортный товар
Importzertifikat	- импортный сертификат, ввозное (импортное) свидетельство
Importzinsen	- проценты по импортным операциям
Importzoll	- импортная (ввозная) таможенная пошлина
Markierung	**- маркировка**
Markierung	- маркировка, обозначение, клеймение
markieren	- 1. маркировать, наносить маркировку обозначить / обозначать что-л.
	2. разметить / размечать что-л.
	3. клеймить /нес./
-, leserliche	- чёткая маркировка
-, spezielle	- специальная маркировка
-, zusätzliche	- дополнительная маркировка
Flüssigkeit	- жидкость
Flasche	бутылка
Konservengläser	банки
Säure	кислота
Hier anheben	- Здесь поднимать
Hier öffnen	- Здесь открывать
Nicht kanten	- Не кантовать
technische Ausrüstung	техническое оборудование
Möbel	мебель
Glasscheibe	стекло
Nicht mit Haken nehmen	- Крючками не брать
Waren, bei denen die Oberfläche nicht beschädigt werden darf	- товары, поверхность которых нельзя повредить
Nicht umkippen	- Не переворачивать
Oben	- Верх
Trocken aufbewahren	- Держать в сухом месте, Держать в сухом виде
Unten	- Низ
Vor Feuchtigkeit schützen	- Боится сырости
Baumaterialien	- стройматериалы
Gips	гипс
Holz	древесина
Kalk	известь
Zement	цемент
Lebensmittel	- продукты
Mehl	мука
Molkeprodukte	молочный порошок
Reis	рис
Papier	- бумага

technisches Gerät	- техни́ческое обору́дование
Computer	компью́тер
Radio	радиоприёмник
Telefon	телефо́н
Vor Kälte schützen	- Боится хо́лода
Fernseher	телеви́зор
Flüssigkeit	жи́дкость
Pflanze	расте́ние
Vor Licht schützen	- Боится све́та
Arzneimittel	лека́рство
Filme	фотоплёнки
Fotopapier	фотобума́га
Kosmetik	косме́тика
Vorsicht Glas	- Осторо́жно стекло́
Kristall	хру́сталь
Porzellangeschirr	фарфо́ровая посу́да
Steingut	фая́нс
Vor Wärme/Hitze schützen	- Бои́тся тепла́
Benzin	бензи́н
Eis	лёд, моро́женное
Feinfrostware	свежезаморо́женные проду́кты
Gas	газ

Verpackung	- упако́вка
verpacken etw.	- упакова́ть / упако́вывать что-л.
Absacken	- упако́вка в мешки́
(All-) Sichtpackung	- прозра́чная упако́вка
Aufreißverpackung	- разры́вная упако́вка
äußere Umhüllung	- внешняя упако́вка
beschädigte Verpackung	- повреждённая упако́вка
Einwegverpackung	- ра́зовая упако́вка
Einzelhandelsverpackung	- ро́зничная упако́вка
Einzelverpackung	- шту́чная упако́вка
Emballage	- упако́вка в тю́ки
Erstverpackung	- перви́чная упако́вка
entsprechende Verpackung	- надлежа́щая упако́вка
Exportverpackung	- э́кспортная упако́вка
Frischhalteverpackung	- упако́вка для сохране́ния проду́ктов
Geschenkverpackung	- пода́рочная упако́вка
geschmackvolle Aufmachung	- изя́щная упако́вка
handelsübliche Verpackung	- при́нятая в торго́вле упако́вка
haltbare Verpackung	- про́чная упако́вка
Handelsverpackung	- торго́вая упако́вка
hochseefeste Verpackung	- упако́вка, приго́дная для морско́й транспортиро́вке
Importverpackung	- и́мпортная упако́вка
innere Umhüllung	- вну́тренняя упако́вка
Kartonverpackung	- карто́нная упако́вка
Klarsichtpackung	- упако́вка в целофа́н

Kleinpackung	- ме́лкая упако́вка
Lebensmittelverpackung	- упако́вка продово́льственных проду́ктов
Leihverpackung	- упако́вка на прока́т
mangelhafte Verpackung	- недоста́точная упако́вка, неудовлетвори́тельная упако́вка
ohne Verpackung	- без упако́вки
Originalverpackung	- оригина́льная/ фи́рменная упако́вка
Portionsverpackung	- порцио́нная упако́вка
Sammelpackung	- сбо́рная упако́вка
Schaupackung	- декорати́вная/ показа́тельная упако́вка
Seeverpackung	- морска́я упако́вка
Spezialverpackung	- специа́льная упако́вка, осо́бая упако́вка
steife Verpackung	- жёсткая упако́вка
Stückverpackung	- пошту́чная упако́вка
transportgerechte Verpackung	- обеспе́чивающая сохра́нность упако́вка
Transportverpackung	- тра́нспортная упако́вка
tropenfeste Verpackung	- тропи́ческая упако́вка
Überseekiste	- я́щик для морско́й перево́зки
Überseeverpackung	- заокеа́нская упако́вка
unbeschädigte Verpackung	- неповреждённая упако́вка
Verbraucherverpackung	- потреби́тельская упако́вка
Versandverpackung	- посы́лочная упако́вка
wasserdichte Verpackung	- водонепроница́емая упако́вка
wiederverwendbare Verpackung	- многооборо́тная /многокра́тно обора́чивающаяся/ возвра́тная/ та́ра
zweckentsprechende Verpackung	- надлежа́щая упако́вка
Verpackung für Exportwaren	- упако́вка для э́кспортных това́ров
Verpackung wird zusätzlich bezahlt	- упако́вка опла́чивается дополни́тельно
Zustand der Verpackung	- состоя́ние упако́вки
-, defekter	- дефе́ктное состоя́ние упако́вки
Verpackungsart	- вид упако́вки
Verpackungsgebühren	- упако́вочный сбор
Verpackungsgewicht	- вес упако́вки
Verpackungskosten	- расхо́ды по упако́вке
Verpackungsliste	- упако́вочный лист
verpackungslos	- беста́рный
Verpackungsmaterial	- упако́вочный материа́л, упако́вка
Verpackungsmittel	- амбала́ж
Verpackungsmittellager	- та́рный склад
Verpackungsschaden	- уще́рб/ убы́ток/ всле́дствие испо́льзования ненадлежа́щей упако́вки
Verpackungswirtschaft	- та́рное хозя́йство
Verpackungsmaterialien	**- упако́вочные материа́лы**
Ballen	- тюк
ballenweise	- тю́ками
Ballon	- буты́ль
in Ballons	- в буты́лях

Container	- конте́йнер
in Containern	- в конте́йнерах
Eisenbahnwaggon	- железнодоро́жный ваго́н
in Eisenbahnwaggons	- в железнодоро́жных ваго́нах
Europalette	- пали́тры в европе́йском вариа́нте, поддо́ны
in Europaletten	- на пали́трах/ на поддо́нах в европе́йском вариа́нте
Fässer	- бочки́
in Fässern	- в бо́чках
Flocons	- флако́ны
in Flacons	- в флако́нах
Flaschen	- буты́лки
in Flaschen	- в буты́лках
kleine Flaschen	- фля́ги
in kleinen Flaschen	- во фля́жках
Gläser, Glasballons	- стекля́нные ба́нки
in Gläsern, Glasballons	- в стекля́нных ба́нках
Güterwaggons	- та́рный ваго́н, това́рный ваго́н
in geschlossenen Güterwaggons	- в закры́тых та́рных/ това́рных ваго́нах
Holzkisten	- деревя́нные я́щики
in Holzkisten	- в деревя́нных я́щиках
Kanister (Pl.)	- кани́стры
in Kanistern	- в кани́страх
Kartons	- коро́бки
in Kartons	- в коро́бках
Kisten	- я́щики
in Kisten	- в я́щиках
Konservendosen	- консе́рвные ба́нки
in Konservendosen	- в консе́рвных ба́нках
Körbe	- корзи́нки
in Körben	- в корзи́нках
Konverts	- конве́рт
in Konverts	- в конве́ртах
in wasserundurchlässigen Konverts	- в водонепроница́емых конве́ртах
Metallbehälter	- желе́зные ба́ки
in Metallbehältern	- в желе́зных ба́ках
Päckchen	- па́чки
in Päckchen	- в па́чках
Paletten	- пали́тры, поддо́ны
auf Paletten	- на пали́трах, на поддо́нах
Papier	- бума́га
Rollen, Stoffballen	- руло́ны
in Rollen, Stoffballen	- руло́нами
Säcke	- мешки́
in Säcken	- в мешка́х
Schachteln	- коро́бки
in Schachteln	- в коро́бках
Segeltuch	- упаково́чный холст
in Segeltuch	- в упако́вочном хо́лсте
Verpackungspapier	- упако́вочная бума́га
in Verpackungspapier	- в упако́вочной бума́ге

Zisternen	- цисте́рны
in Zisternen	- в цисте́рнах
Abnehmer	- **покупа́тель, потреби́тель, прие́мщик, зака́зчик, клие́нт**
-, ausländischer	- вне́шний покупа́тель
-, auswärtiger	- иногоро́дний покупа́тель
-, inländischer	- вну́тренний покупа́тель
-, potentieller	- возмо́жный, потенциа́льный покупа́тель
-, ortsansässiger	- одногоро́дний покупа́тель
-, ständiger	- постоя́нный покупа́тель
Abnehmerbetrieb	- предприя́тие, закупа́ющее основны́е сре́дства произво́дства и материа́лы - предприя́тие- покупа́тель
Abnehmerkreis	- круг покупа́телей
Abnehmerland	- импорти́руемая страна́, страна́- импортёр, страна́- покупа́тель
Abnehmerrisiko	- риск потреби́теля
Alleinabnehmer	- монопо́льный покупа́тель
Direktverbraucher	- непосре́дственный потреби́тель
Einzelabnehmer	- индивидуа́льный покупа́тель
Einzelkonsument	- индивидуа́льный потреби́тель
Endabnehmer	- коне́чный потреби́тель
Großabnehmer	- о́птовый покупа́тель /потреби́тель
Hauptabnehmer	- основно́й потреби́тель
Inlandabnehmer	- вну́тренний потреби́тель
Kleinabnehmer	- ме́лкий /ро́зничный покупа́тель /потреби́тель
Privatabnehmer	- ча́стный покупа́тель
Auftraggeber	- **зака́зчик**
Besteller	- зака́зчик- потреби́тель
Beteiligungsunternehmen	- хо́лдинговая компа́ния
Eingetragene Genossenschaft mit beschränkter Haftpflicht (EGmbH)	- зарегистри́рованное това́рищество с ограни́ченной отве́тственностью
Generalauftraggeber	- генера́льный зака́зчик
Hauptauftraggeber	- гла́вный зака́зчик
Kundschaft	- зака́зчики, клиенту́ра
Empfänger (einer Ware)	- **покупа́тель**
Abnehmer von Erzeugnissen	- получа́тель проду́кции
Aktiengesellschaft	- акционе́рное о́бщество (АО)
Direktbezieher	- непосре́дственный получа́тель
Ersatzempfänger	- втори́чный покупа́тель
führendes Unternehmen	- лиди́рующее/ веду́щее предприя́тие
Geschäftspartner	- делово́й партнёр, торго́вый партнёр, уча́стник сде́лки
Gesellschaft mit beschränkter Haftung (GmbH)	- о́бщество с ограни́ченной отве́тственностью (ООО)

Gesellschaft mit unbeschränkter Haftung (GmuH)	- о́бщество с неограни́ченной отве́тственностью
Kommanditgesellschaft (KG)	- комманди́тное това́рищество
Kundenkreis	- клиенту́ра
Partner	- партнёр
Produktionskooperation	- произво́дственная коопера́ция
Unternehmensgruppe	- гру́ппа фирм
Warenempfänger	- получа́тель това́ров
Zweigniederlassung	- отделе́ние, филиа́л
Bestimmungsort	- **ме́сто назначе́ния**
Abnehmerland	- страна́-покупа́тель
Ankunftsort	- пункт поступле́ния
Ausgabestelle	- разда́точный пункт
Bestimmungsbahnhof	- ста́нция назначе́ния
Bestimmungsflughafen	- аэропо́рт назначе́ния
Bestimmungshafen	- по́рт назначе́ния
Bestimmungsland	- страна́ назначе́ния
Empfängerland	- страна́-получа́тель
Entladestelle	- разгру́зочный пункт
Grenzübergangsstelle	- пограни́чный пункт
Ab-, Entgegen-, Übernahme	- **приемка**
Empfang (von Gütern)	- прибы́тие (това́ров)
Erhalt der Waren	- получе́ние това́ров
Warenannahme	- приёмка това́ров
Wareneingang	- прибы́тие гру́зов
Empfang	- приём, приёмка
Empfänger	- 1. приёмщик това́ра, товарополуча́тель 2. получа́тель, адреса́т
Empfängerbetrieb	- предприя́тие-грузополуча́тель
Empfängerbestätigung	- подтвержде́ние получе́ния, распи́ска в получе́нии
eine - aushändigen	- вручи́ть / вруча́ть под распи́ску
eine - ausstellen	- вы́дать / вы́давать распи́ску в получе́нии, подтверди́ть / подтвержда́ть получе́ние
Empfängerland	- страна́ назначе́ния, страна́- получа́тель
Empfängervertrag	- долгосро́чный догово́р ме́жду грузополуча́телем и тра́нспортным предприя́тием
Empfangsbahnhof	- ста́нция назначе́ния
Empfangsberechtigung	- пра́во/ полномо́чие на получе́ние
Empfangskonnossement	- просто́й коносаме́нт
Empfangsspediteur	- экспеди́тор- получа́тель /экспеди́тор- приёмник гру́за
Empfangszolldienststelle	- тамо́женное учрежде́ние, принима́ющее това́р для тамо́женной очи́стки

Ware	**- това́р**
Auktionsware	- аукцио́нный това́р
Ausschußware	- брако́ванный това́р
Ballengut	- това́р в ки́пах
Begleitware	- сопу́тствующий това́р
Dumpingware	- бро́совый това́р
Einzelhandelsware	- ро́зничный това́р
Exportware	- вывози́мый това́р
Fabrikware	- фа́бричный това́р
Feinfrostware	- свежезаморо́женный това́р
Flaschenware	- това́р в буты́лках, жи́дкий това́р
Gebrauchtware	- поде́ржанный това́р
Hartware	- жё́сткий това́р
Importware	- и́мпортный това́р
Inlandsware	- оте́чественный това́р
Kassenware	- това́р по ка́ссовым сде́лкам
Lagerware	- отпуска́емый со скла́да това́р
Lizenzware	- лицензио́нный това́р
Luxusware	- предме́ты ро́скоши
Markenartikel	- фи́рменный това́р
Marktware	- ры́ночный това́р
Massenartikel	- ма́ссовый това́р
Meterware	- това́р, продава́емый на ме́тры
Monopolware	- монопо́льный това́р
Neuheit	- това́р-нови́нка
Partieware	- неполноце́нный това́р
Restposten	- оста́точный това́р
Rohstoffware	- сырьё́
Saisonware	- сезо́нный това́р
Schaufensterware	- вы́ставленный в витри́не това́р
Schmuggelware	- контраба́ндный това́р
Schüttware	- сыпу́чий това́р
Sperrgut	- громо́здкий това́р
Spezialartikel	- това́р специа́льного назначе́ния
Spitzenerzeugnis	- това́р отли́чного ка́чества
Stückware	- шту́чный това́р
Transitware	- транзи́тный това́р
Ware	- това́р
-, angelagerte	- вы́держанный това́р
-, abgepackte	- фасо́ванный това́р
-, als Neuheit ausgezeichnete	- това́р со зна́ком "н"
-, ausländische	- иностра́нный, и́мпортный това́р
-, aussortierte	- брако́ванный това́р
-, außerordentlich knappe	- остродефици́тный това́р
-, billige	- дешё́вый това́р
-, einheimische	- оте́чественный/ ме́стный това́р
-, erstklassige	- первокла́ссный това́р
-, fehlerhafte	- дефе́ктный/ брако́ванный това́р
-, fertige	- гото́вый това́р

-, fliegende	- това́р, перевози́мый возду́шным тра́нспортом
-, flüssige	- жи́дкий това́р
-, für den Weiterverkauf bestimmte	- перепродава́емый това́р
-, gängige	- хо́дкий това́р
-, gebrauchsfertige	- гото́вый к потребле́нию това́р
-, gekaufte	- покупно́й това́р
-, gesundheitsschädliche	- вре́дный для здоро́вья това́р
-, halbfertige	- полуфабрика́т
-, haltbare	- хорошо́ храня́щийся това́р
-, harte	- това́р пе́рвой необходи́мости
-, häufig gefragte	- това́р повы́шенного спро́са
-, hochwertige	- высокока́чественный това́р, высокосо́ртный това́р
-, importierte	- приво́зный това́р
-, inländische	- това́р вну́треннего обраще́ния
-, konjunkturempfindliche	- чувстви́тельный к колеба́ниям коньюнкту́ры това́р
-, kontraktmäßige	- соотве́тствующий усло́виям контра́кта това́р
-, lagerfähige	- това́р дли́тельного хране́ния
-, lebende	- живо́й това́р
-, leichtverderbliche	- скоропо́ртящийся това́р
-, lose	- сыпу́чий това́р
-, mit Fehlern behaftete	- дефе́ктный това́р
-, nach Gewicht verkaufte	- весово́й това́р
-, neu eingeführte	- но́вый това́р
-, nicht absetzbare	- не находя́щий сбы́та това́р
-, noch nicht eingegangene (Auslieferungsrückstand)	- недополу́ченный това́р
-, originalverpackte	- това́р фа́бричной упако́вки
-, patentierte	- патенто́ванный това́р
-, preisbestimmte	- това́р, цена́ кото́рого определена́
-, preisgesenkte	- уценённый това́р
-, qualitativ hochwertige	- высокока́чественный това́р
-, qualitätsgeminderte	- низкока́чественный това́р
-, reexportierte Ware	- реэкспорти́рованный това́р
-, schadhafte	- дефе́ктный това́р
-, schwer absetzbare	- нехо́дкий това́р
-, schwerverkäufliche	- малоходово́й това́р
-, schwimmende	- това́р на пла́ву/перевози́мый морски́м тра́нспортом
-, standardisierte	- станда́ртный това́р
-, überlagerte	- залежа́лый това́р, зава́ль /ж. р./
-, unsichtbare (Lizenz,Patent)	- "неви́димый" това́р
-, unsortierte	- несортиро́ванный това́р
-, unverkäufliche	- непродава́емый това́р
-, unverkauft gebliebene	- непро́данный това́р
-, unverpackte	- неупако́ванный това́р
-, unvollständig gelieferte	- некомпле́ктный това́р
-, verbrauchsfertig verpackte	- расфасо́ванный для потребле́ния това́р
-, verdorbene	- испо́рченный това́р
-, verfeinerte	- уточнённый това́р
-, verknappte	- дефици́тный това́р
-, verpackte	- упако́ванный това́р
-, verpfändete	- о́тданный в зало́г това́р

-, verpfändete	- отданный в залог товар
-, versandbereite	- готовый к отправке товар
-, versandte	- готовый к отправке товар
-, vielgefragte	- товар повышенного спроса
-, wertgeminderte	- товар пониженной стоимости
-, zollpflichtige	- подлежащий пошлине товар
-, zu verkaufende	- подлежащий продаже товар
-, zweckgebundene	- товар целевого назначения
Waren aus Übersee	- заокеанские товары /мн. ч./
Ware erster Sorte	- первосортный товар
Ware guter Qualität	- доброкачественный товар
Ware mittlerer Qualität	- товар среднего качества
Weltmarktware	- товар, соответствующий мировым стандартам
Warenabsatz	- сбыт/ продажа товаров
Warenabsender	- отправитель товара
Warenangebot	- предложение товара
Warenart	- вид товара
Warenausfuhr	- вывоз/ экспорт товаров
Warenausfuhr- und Wareneinfuhrgeschäfte	- экспортно- импортные операции
Warenaustausch	- (прямой) товарообмен, бартер
-, ungleichwertiger	- неэквивалентный товарообмен
Warenaustauschabkommen	- соглашение о товарообмене
Warenaustauschgeschäft	- товарообменная сделка, бартерная сделка
Warenbelieferung	- снабжение/ обеспечение товарами
Warenbeschriftung	- маркировка товаров
Warenbesitzer	- владелец товаров
Warenbestand	- 1. товарные запасы, запасы товарно- материальных ценностей, наличие товаров 2. товарные остатки
Warenbestellung	- требование- заказ, требование- накладная
Warenbezeichnung	- наименование товаров
Warenbezug	- закупка товаров
Warenbörse	- товарная биржа
Warendefizit	- дефицит/нехватка товаров
Wareneinfuhr	- ввоз/ импорт товаров
Wareneingang	- поступление/ прибытие товаров
Wareneinheit	- единица измерения товара
Warenempfänger	- получатель товара
Warengruppierung	- группировка товаров
Warenhandel	- торговля товарами
Warenkatalog	- каталог товаров
Warenkontrolle	- бракераж, товарный контроль
Warenkredit	- товарный/ подтоварный кредит, товарная/ подтоварная ссуда
Warenkunde	- товароведение
Warenlager	- склад товаров, товарный склад
Warenlagerung	- хранение товаров
Warenlieferung	- поставка товаров
Warenlieferungsvertrag	- договор на поставку товаров

Warenmakler	- торго́вый ма́клер, торго́вый посре́дник
Warenmarkt	- това́рный ры́нок
Warennachfrage	- спрос на това́ры
Warennebenkosten	- торго́вые накладны́е расхо́ды
Warennomenklatur	- това́рная номенклату́ра
Warennummer	- но́мер това́ра
Warenpapiere	- 1. това́рные це́нные бума́ги 2. товаросопроводи́тельные докуме́нты
Warenpartie	- па́ртия това́ра
Warenposition	- това́рная пози́ция
Warenposten	- 1. статья́ това́ра, това́рная пози́ция 2. па́ртия това́ра
Warenprobe	- образе́ц това́ра
Warenprodukt	- проду́кт
Warenproduktion	- това́рное произво́дство
Warenproduzent	- товаропроизводи́тель, товаропроду́цент
Warenrabatt	- това́рная ски́дка
Warensendung	- па́ртия това́ров
-, unverlangte	- невостре́бованная па́ртия това́ра
Warensignierung	- маркиро́вка това́ров
Warensortiment	- това́рный ассортиме́нт, ассортиме́нт това́ров
Warensteuer	- нало́г на проду́кты ма́ссового потребле́ния, акци́зный на́лог, ко́свенный нало́г
Warentransport	- транспортиро́вка това́ров
Warenumlauf	- товарооборо́т
Warenumtausch	- обме́н това́ров
Warenversand	- отпра́вка/ пересы́лка това́ров
Warenversicherung	- страхова́ние това́ров
Warenverteilung	- распределе́ние това́ров
Warenwert	- това́рная сто́имость
Warenzeichen	- това́рный знак, торго́вая ма́рка
-, eingetragenes	- зарегистри́рованный това́рный знак
Warenzufuhr	- заво́з това́ров
Warenzulieferung	- поста́вка това́ров
Warenzustellung	- доста́вка това́ров

Warengruppen	**- виды товаров**
Automatisierungsmittel und Mittel der Datenverarbeitung	- средство автоматизации и средство вычислительной техники
Datenverarbeitungstechnik	- вычисли́тельная те́хника
Computer	- компью́тер
Taschenrechner	- микрокалькуля́тор
elektronisches Meßgerät	- электроизмери́тельный прибо́р
optisch-mechanisches Gerät	- о́птико-механи́ческий прибо́р
Baumaterial	- строи́тельный материа́л
Fensterglas	- о́конное стекло́
Fertigungteilkonstruktion aus Stahlbeton	- сбо́рная железобето́нная констру́кция

Fußbodenfliesen, keramische - керами́ческие пли́тки для по́ла
Gips - гипс
Kalk - и́звесть
Linoleum - лино́леум
Schiefer - ши́фер
Zement - цеме́нт
Ziegel - кирпи́ч

Bau-und Straßenmaschinen - строи́тельные и доро́жные маши́ны
Aufzug - лифт
automatische Straßenhobelmaschine - автогре́йдер
Bagger - экскава́тор
Bulldozer - бульдо́зер
Turmdrehkran - ба́шенный кран

Brennmaterial - то́пливо
Gas - газ
Holz (Brennholz) - дрова́
Schiefer - сла́нец
Torf - торф
Öl - нефть

Chemische und ölchemische Erzeugnisse - хи́мические и не́фтехими́ческие изде́лия
Autoreifen - автомоби́льные покры́шки
chemische Fasern - хими́ческие волокна́ /мн. ч./
Minrealdünger - минера́льные удобре́ния
Plastikmasse - пласти́ческие ма́ссы
Polyäthylen - полиэтиле́н
Soda - со́да
synthetischer Teer - синтети́ческие смолы́ /мн.ч./

Energetische und elektronische Ausrüstungen - энергети́ческие и электротехни́ческие обору́дования
Dampfkessel - парово́й коте́л
Dieselgenerator - ди́зель-генера́тор
Dieselmotor - ди́зель
elektrische Lampe - электрола́мпа
Elektromaschine - электромаши́на
Elektromotor - электродви́гатель
Transformator - трансформа́тор
Turbine - турби́на

Holzverarbeitung - обрабо́тка де́рева
Holzfaserplatten - древесноволокни́стые пли́ты /мн. ч./
Karton - карто́н
Papier - бума́га
Schnittholz - пилоле́с
Spanplatten - древесностру́жечные пли́ты /мн. ч./
Sperrholz - кле́еная фане́ра
Zellulose - целлюло́за

Kornkulturen	- зерновы́е культу́ры
Buchweizen	- гречи́ха
Gerste	- ячме́нь
Hafer	- про́со
Mais	- кукуру́за
Reis	- рис
Roggen	- рожь
Weizen	- пшени́ца
Landwirschaftliche Maschinen	- сельскохозя́йственные маши́ны
Baumwollerntemaschine	- хлопкоубо́рочная маши́на
Kartoffelerntemaschine	- картофелеубо́рочная маши́на
Mähdrescher	- зерново́й комба́йн
Maiserntemaschine	- кукурузоубо́рочная маши́на
Pflug	- плуг
Sämaschine	- се́ялка
Landwirtschaftliche Produktion	- сельскохозя́йственная проду́кция
Baumwolle	- хло́пок
Ei	- яйцо́
Flachs	- льноволокно́
Gemüse	- о́вощи /мн. ч./
Kartoffel	- карто́фель /мн. ч./
Ölkulturen	- подсо́лнечник
Tierfell	- шерсть
Zuckerrübe	- са́харная свёкла
Lokomotive(n) und Waggon(s)	- локомоти́в/ы/ и ваго́н/ы/
Diesellokomotive	- теплово́з
E-Lok	- электрово́з
Güterwaggon	- грузово́й магистра́льный ваго́н
Personenwaggon	- пассажи́рский магистра́льный ваго́н
Straßenbahnwaggon	- трамва́йный ваго́н
U-Bahn-Waggon	- ваго́н метрополите́на
Metallverarbeitende Ausrüstung und Industrieroboter	- металлообраба́тывающее обору́дование и промы́шленный ро́бот
automatische Linien für Maschinenbau und und Metallverarbeitung	- автомати́ческие ли́нии для машинострое́ния и металлообрабо́тки
Bohrmaschine	- сверли́льный стано́к
Drehmaschine	- то́карный стано́к
Schmiede- und Preßmaschine	- кузне́чно-пре́ссовая маши́на
Schleifmaschine	- шлифова́льный стано́к
Nahrungsmittel	- пищевы́е проду́кты /мн.ч./
Fisch	- ры́ба
Fleisch	- мя́со
Konserven	- консе́рвы
Lachskaviar	- ке́товая икра́
Meeresprodukte	- морепроду́кты /мн.ч./

Pflanzenfett	- расти́тельное ма́сло
Süßwaren	- конди́терские изде́лия
Tierfett	- живо́тное ма́сло
Wein	- вино́
Wurstwaren	- колба́сные изде́лия /мн.ч./
Zucker	- са́хар
Rohstoff	- сырьё
Antimon	- сурьма́
Diamant	- диама́нт, алма́зы (мн.ч.)
Eisenerz	- желе́зная руда́
Erdgas	- приро́дный газ
Erdöl	- нефть
Gold	- зо́лото
Silber	- серебро́
Kohle	- у́голь
Braunkohle	- бу́рый у́голь
Steinkohle	- ка́менный у́голь
Magnesit	- магнези́т
Titan	- тита́н
Uranerz	- ура́новая руда́
Schwarzmetallurgie	- чёрная металлу́ргия
Eisenerz	- желе́зная руда́
Manganerz	- марга́нцевая руда́
Roheisen	- чугу́н
Stahl	- сталь
Stoff	- ткань
Baumwollstoff	- хлопчатобума́жная ткань
Leinenstoff	- льняна́я ткань
Vieh	- скот
Huhn	- ку́рица /мн.ч. куры/
Kuh	- коро́ва
Pferd	- ло́шадь
Rinder pl	- кру́пный рога́тый скот
Schaf	- овца́
Schwein	- сви́нья /мн.ч. сви́ньи/
Waren für die Bevölkerung	- това́р наро́дного потребле́ния
Fernseher	- телеви́зор
Geschirr	- посу́да
Kleidung	- оде́жда
Kühlschrank	- холоди́льник
Medikament	- медикаме́нты
Möbel	- ме́бель /ж.р./
Radio	- радиоприёмник
Schuhwerk	- о́бувь /ж. р./
Damenschuhwerk	- же́нская о́бувь, ту́фли /мн.ч./
Herrenschuhwerk	- мужска́я о́бувь, боти́нки /мн. ч./
Staubsauger	- пылесо́с

Tischgerät	- столо́вый прибо́р
Waren des täglichen Bedarfs	- това́ры культу́рно-быто́вого назначе́ния
Lieferfrist	- **срок поста́вки**
Lieferbeginn	- нача́ло поста́вки
Lieferdatum	- да́та/ день поста́вки
Lieferende	- коне́ц поста́вки
Lieferfrist	- срок поста́вки
die - ändern	- измени́ть / изменя́ть срок поста́вки
die - einhalten	- соблюда́ть / соблюсти́ срок поста́вки
die - erfüllen	- вы́полнить / вы́полнять срок поста́вки
die - gewähren	- предоста́вить / предоставля́ть срок поста́вки
die - setzen	- устано́вить / устана́вливать срок поста́вки - назна́чить / назнача́ть срок поста́вки
die - überschreiten	- просро́чить / просро́чивать срок поста́вки
die - umfassen	- охвати́ть / охва́тывать срок поста́вки
die - unterstreichen	- подтверди́ть / подтвержда́ть срок поста́вки
die - vereinbaren	- усло́виться / усло́вливаться о сро́ках поста́вки
die - verkürzen	- сократи́ть / сокраща́ть срок поста́вки
die - verlängern	- продли́ть / продлева́ть срок поста́вки
die - verschieben	- отсро́чить / отсро́чивать срок поста́вки - перенести́ / переноси́ть срок поста́вки
-, abgelaufene	- исте́кший срок поста́вки
(nach) Ablauf der Lieferfrist	- (по́сле истече́ния сро́ка поста́вки) истече́ние сро́ка поста́вки
-, angegebene	- ука́занный срок поста́вки
-, angemessene	- соразме́рный/ соотве́тствующий срок
-, äußerste	- кра́йний срок поста́вки, преде́льный срок поста́вки
-, detaillierte	- дета́льный срок поста́вки, подро́бный срок поста́вки
-, festgelegte	- определённый срок поста́вки
-, geplante	- за́данный срок поста́вки
-, kurze	- коро́ткий срок поста́вки
-, obligatorische	- обяза́тельный срок поста́вки
-, richterliche	- срок поста́вки, устано́вленный судо́м
-, tatsächliche	- действи́тельный срок поста́вки
-, verkürzte	- сокращённый срок поста́вки
-, vertragliche	- догово́рный срок поста́вки, срок поста́вки по догово́ру
-, vorgesehene	- предусмо́тренный срок поста́вки
Lieferfristüberschreitung	- просро́чка поста́вки
Lieferhäufigkeit	- частота́ поста́вок
Lieferrhythmus	- ритми́чность поста́вок
Liefertag	- день/ да́та поста́вки
Liefer(ungs)verzug	- заде́ржка поста́вки
-, bei	- в слу́чае просро́чки в поста́вке
-, dauert länger als	- просро́чка в поста́вке

... Monat(e)	превы́сит ... ме́сяц/а/
Lieferzeit, Lieferzeitraum	- срок поста́вки
Protokoll der Änderung der Lieferzeiten	- протоко́л измене́ния сро́ков поста́вки
Lieferzyklus	- интерва́л вре́мени ме́жду двумя́ поста́вками
Zeitangaben	- **вы́ражение вре́мени**
am 15.Oktober 1988	- 15-ого октября́ 1988-го го́да
am 05.Mai d.J. (dieses Jahres)	- 5-ого ма́я с. г. (сего́ го́да)
am Monatsanfang	- в на́чале ме́сяца
am Monatsende	- в конце́ ме́сяца
am Nachmittag	- во вто́рой полови́не дня́
am Vormittag	- в пе́рвой полови́не дня́
dieser Tage	- в э́ти дни/на (э́тих) днях
im ersten Halbjahr	- в пе́рвом полуго́дии
(im Jahre) 1994	- в 1994 - ом году́
im Laufe des vergangenen Jahre	- в тече́ние про́шлого го́да
im Laufe dieses Jahres	- в тече́ние э́того го́да
im letzten Jahrzehnt	- за после́днее десятиле́тие
im nächsten Jahr	- в бу́дущем году́
im nächsten Monat	- в сле́дующем ме́сяце
im vergangenen Jahr	- в про́шлом году́
im vergangenen Quartal	- в про́шлом кварта́ле
in der kommenden Woche	- на бу́дущей неде́ле
in der vergangenen Woche	- на про́шлой неде́ле
in diesem Jahr	- в э́том году́
in diesem Monat	- в э́том ме́сяце
in diesem Quartal	- в э́том кварта́ле
in dieser Woche	- на э́той не́деле
in drei Monaten	- че́рез три ме́сяца
von zwei bis drei Uhr	- с двух до трёх часо́в
vor zwei Jahren	- два го́да наза́д
Lieferbedingungen	- **усло́вия поста́вки**
Dokumente	- **докуме́нты**
Ablieferungsnachweis (der Eisenbahn)	- свиде́тельство желе́зной доро́ги о переда́че гру́за
Aushändigung (eines Dokuments)	- вы́дача, вруче́ние докуме́нта
Beschaffung (von Dokumenten)	- приобрете́ние, получе́ние докуме́нтов
Dokument	- докуме́нт
ein - erhalten	- получи́ть/получа́ть докуме́нт
ein - entgegennehmen	- приня́ть/принима́ть докуме́нт
Beförderungspapier	- проездно́й докуме́нт, перево́зочный докуме́нт
Begleitschein	- сопроводи́тельный докуме́нт
Expressgutschein	- накладна́я гру́за осо́бой сро́чности
Frachtbrief	- накладна́я
Eisenbahnfrachtbrief	- железнодоро́жная накладна́я

Frachtbrief	- тра́нпортная накладна́я
-, internationaler	- междунаро́дная накладна́я, това́рно- тра́нспортная накладна́я
Lieferschein	- това́рная накладна́я
Luftfrachtbrief	- авиацио́нная накладна́я
Seefrachtbrief	- во́дная накладна́я
Frachtpapiere	- гру́зочные докуме́нты
Inhaberdokument	- докуме́нт на предъяви́теля
Lieferpapiere	- докуме́нты на поста́вку
Nomenklatur	- номенклату́ра
Lieferverzeichnis	- номенклату́ра-це́нник
Schiffspapiere	- судовы́е докуме́нты
speditionelles Warenpapiere	- экспедицио́нный докуме́нт
Transportdokument	- тра́нспортный докуме́нт
Verladepapiere	- отгру́зочные докуме́нты /мн. ч./
Versandpapiere	- докуме́нт на отпра́вку
Warenbegleitschein	- сопроводи́тельный докуме́нт
Garantie	**гара́нтия, руча́тельство, гаранти́йная отве́тственность**
Liefergarantie	- гара́нтия поста́вки
eine - geben	- дать / дава́ть гара́нтию поста́вки
eine - gewähren	- предоста́вить / предоставля́ть гара́нтию поста́вки
eine - leisten (für etwas)	- предоста́вить / предоставля́ть гара́нтию поста́вки
	- гаранти́ровать /св. нсв. /что-л.
eine - übernehmen	- приня́ть / принима́ть на себя́ что-л. в чем-л.
	- взять / брать на себя́ что-л. в чем-л.
-, einjährige	- гара́нтия поста́вки на оди́н год
-, technische	- материа́льно-техни́ческая гара́нтия поста́вки
-, technologische	- технологи́ческая гара́нтия
Garant	- гара́нт, поручи́тель
als - für etw. auftreten	- вы́ступить / выступа́ть гара́нтом чего-л.
Garantieabgeltung	- возмеще́ние расхо́дов продавцо́м за вы́полнение покупа́телем гаранти́йных рабо́т
Garantieanspruch	- прете́нзия/ тре́бование в связи́ с гара́нтией
Garantiearbeit	- устране́ние дефе́ктов в соотве́тствии с гара́нтией
	- рабо́ты выполня́емые в тече́ние гаранти́йного сро́ка
Garantieausschluß	- исключе́ние гара́нтии
Garantiebrief	- гаранти́йное письмо́
einen - ausfertigen	- офо́рмить / оформля́ть гаранти́йное письмо́
Garantiedepot	- гаранти́йный депози́т/вклад
Garantiedienst	- слу́жба гаранти́йного ремо́нта
Garantieeinschluß	- включе́ние гара́нтии
Garantieerklärung	- гара́нтия
Garantiefonds	- гаранти́йный фонд
Garantiefrist	- срок гара́нтии
Garantiegeschäft	- ба́нковская гара́нтия
Garantiehinterlegung	- гаранти́йный депози́т

Garantieklage	- иск к гаранту/ поручителю
Garanticklausel	- гарантийная оговорка, пункт/ статья договора о предоставляемых гарантиях
Garantiekosten	- расходы по выполнению гарантийных работ
Garantieleistungen (Leistungen aufgrund von Garantieansprüchen)	- работы по гарантийным претензиям
Garantieleistungsvertrag	- гарантийный договор
Garantiemarke	- гарантийная марка
Garantienehmer	- получатель гарантии
Garantiepauschale	- паушальная гарантия в виде скидки с цены
Garantiereparatur	- гарантийный ремонт
Garantieschein	- гарантийный талон
Garantieschreiben	- гарантийное письмо
Garantiesumme	- гарантийная сумма
Garantieübernahme	- предоставление гарантии
Garantieumfang	- объём гарантии
Garantievereinbarung	- гарантийное соглашение
Garantieverpflichtung	- гарантийное обязательство, гарантия
einer - nachkommen	- выполнить / выполять гарантийное обязательство
Garantievertrag	- гарантийный договор, договор о гарантии
-, internationaler	международный договор о гарантии
Garantiezeit	- гарантийный срок
Garantiezusage	- гарантийное обязательство

Lieferbedingungen	- **условия поставки**
die - gliedern	- подразделить / подразделять условия поставки
mit ... einverstanden sein	- согласиться с условиями поставки
die - mitteilen	- сообщить / сообщать кому-л. условия поставки
die - unterscheiden	- различить / различать условия поставки
Grundlieferbedingungen	- базисные /основные/ условия поставки
Autotransport	- автомобильная перевозка
Beförderung auf dem Luftweg	- воздушная перевозка
Beförderung auf dem Seeweg	- водная перевозка
Eisenbahnbeförderung	- железнодорожная перевозка
Güte- und Lieferbedingungen	- предписания, регулирующие качество и условия поставки товаров
	- условия по качеству и поставке товаров
die - gerichtlich durchsetzen	- осуществить /осуществлять судебным порядком
Rechtsgültigkeit erhalten	- иметь законную/юридическую силу
vorgesehene Lieferbedingungen	- предусмотренные условия поставки
Lieferbedingungen nach Verpflichtungsumfang des Exporteurs	- условия поставок по объёму обязанностей экспортера

Spedition	- транспортно- экспедиционное агентство
Spedition	- транспортно- экспедиционное агентство
	- транспортно- экспедиционная фирма,

	тра́нспортно- экспеди́торская конто́ра
	- экспедицио́нное предприя́тие,
Spediteur	- экспеди́тор, тра́нспортный аге́нт
Hauptspediteur	- гла́вный экспеди́тор
Vollmachtspediteur	- дове́ренный экспеди́тор
Zwischenspediteur	- промежу́точный экспеди́тор
Spediteuranzeige	- экспеди́торское извеще́ние
Spediteurbedingungen	- экспеди́торские усло́вия /мн. ч./ отправи́тельские усло́вия /мн. ч./
Spediteurbordereau	- бордеро́ экспеди́тора
Spediteurgeschäft	- экспедицио́нное предприя́тие
Spediteurhaftpflichtversicherung	- гаранти́йное страхова́ние экспеди́тором перевози́мого гру́за
Spediteurhaftung	- отве́тственность экспеди́тора
Spediteurinkasso	- экспеди́торское инка́ссо
Spediteurkonnossement	- экспеди́торский коносаме́нт
Spediteurofferte	- оферта экспеди́тора
Spediteurpfandrecht	- зало́говое пра́во экспеди́тора
Spediteursquittung	- экспеди́торская распи́ска
Spediteursammelgutverkehr	- перево́зки сбо́рного гру́за че́рез экспеди́тора
Spediteurübernahmebescheinigung	- распи́ска/ квита́нция/ свиде́тельство о приёмке гру́за/ това́ра экспеди́тором
Spediteurversandbescheinigung	- распи́ска экспеди́тора
Speditionsauftrag	- поруче́ние экспеди́тору, тра́нспортное поруче́ние
Speditionsbetrieb	- экспедицио́нное предприя́тие
Speditionsgeschäft (Operation)	- тра́нспортно-экспеди́торская сде́лка/ опера́ция
Speditionskosten	- экспедицио́нные расхо́ды
Speditionstarif	- тра́нспортно-экспедицио́нный тари́ф
Speditionsversicherung	- страхова́ние перевози́мого гру́за, экспедицио́нное страхова́ние
Speditionsvertrag	- догово́р перево́зки, догово́р экспеди́ции, экспедицио́нный догово́р, тра́нспортно- экспедицио́нный догово́р
Zoll	**1. тамо́женная по́шлина** **2. тамо́жня**
den - erheben	- взима́ть тамо́женную по́шлину, облага́ть тамо́женной по́шлиной
den - entrichten	- плати́ть по́шлину кому-л.
Abfertigung zum freien Verkehr	- про́пуск (че́рез тамо́женную грани́цу) для свобо́дного обраще́ния
Abschaffung der Zölle	- отме́на тамо́женных по́шлин
Amtsplatz (der Zollstelle)	- ме́сто расположе́ния /рабо́ты тамо́жни
Anmeldung der Waren	- деклари́рование това́ров (и ины́х предме́тов)
Anmeldung für die Abfertigung zum freien Verkehr	- заявле́ние това́ров тамо́жне для свобо́дного обраще́ния
Antidumpingzoll	- антиде́мпинговая по́шлина
Aufschub des Zolls	- отсро́чка упла́ты тамо́женной по́шлины

Aufteilung der Warenpartie	- дробле́ние па́ртии това́ров
Ausfuhrzoll	- вы́возная тамо́женная по́шлина
Ausgleichzoll	- компенсацио́нная по́шлина
Ausnahmezollsatz	- величина́/ разме́р осо́бой тамо́женной по́шлины, ста́вка исключи́тельной тамо́женной по́шлины
Außenzolltarif (-satz)	- вне́шний тари́ф
Behandlung, zollamtamtliche	- тамо́женное оформле́ние
Beschlagnahme	- тамо́женная конфиска́ция
Beschlagnahmeprotokoll	- протоко́л конфиска́ции
Bestimmungszollstelle	- тамо́жня назначе́ния
Binnenzoll	- вну́тренняя по́шлина
Binnenzolltarif (-satz)	- вну́тренний тари́ф
Branntweinsteuer	- нало́г на алкого́ль
Bundeszollverwaltung	- Федера́льное тамо́женное управле́ние
Devisenerklärung	- валю́тная деклара́ция
Diplomatengut	- ли́чный бага́ж чле́нов дипломати́ческого персона́ла
Drogen- und Rauschgiftschmuggel	- незако́нный прово́з наркоти́ческих средств и психотро́пных веще́ств
Durchsuchung	- досмо́тр
-, körperliche	- ли́чный досмо́тр
Einfuhr	- ввоз, и́мпорт
-, begünstigte	- преференциа́льный ввоз
-, vorrübergehende	- вре́менный ввоз
-, zollfreie	- беспо́шлинный ввоз
Einfuhrerklärung	- вво́зная деклара́ция
Einfuhrgenehmigung	- расреше́ние на ввоз
Einfuhrkontingent	- и́мпортный континге́нт
Einfuhrzoll	- вво́зная по́шлина
Einfuhrzollsätze	- ста́вки вво́зных по́шлин
Festsetzung der Zölle	- установле́ние тамо́женных по́шлин
Freigabe der Waren (nach Zollabfertigung)	- про́пуск това́ров че́рез тамо́женную грани́цу
Freigut	- това́ры, пропу́щенные (че́рез тамо́женную грани́цу) для свобо́дного обраще́ния
Freihandelszone	- зо́на свобо́дной торго́вли
Gemeinsamer Zolltarif (GZT)	- Еди́ный тамо́женный тари́ф
Genehmigungsverfahren für die Einfuhr und Ausfuhr von Waren	- разреши́тельный поря́док вво́за и вы́воза това́ров
Gestellung der Waren	- предъявле́ние това́ров для вы́полнения тамо́женных форма́льностей
Gewichtszertifikat	- ве́совое свиде́тельство
Gewichtszoll	- по́шлина, взима́емая с едини́цы ма́ссы
Grenzhandel	- пригранй́чная торго́вля
Grenzkontrollstelle	- пункт про́пуска че́рез госуда́рственную гра́ницу
Hoheitsgebiet	- госуда́рственная террито́рия
Hoheitsgewässer	- территориа́льные во́ды
Hoheitsrecht	- сувере́нное пра́во
Inlandzoll	- вну́тренняя по́шлина
Internationales Büro für Zolltarife	- Междунаро́дное бюро́ по тамо́женным тари́фам /МБТТ/
Internationales Suchtstoffkontrollamt	- Междунаро́дный сове́т по контро́лю

	над наркоти́ческими сре́дствами
Kontrolle	- контро́ль
-, pflanzenschutzrechtliche	- фитосанита́рный контро́ль
-, veterinärpolizeiliche	- ветерина́рный контро́ль
Mischzoll	- сме́шанная по́шлина
Nämlichkeit der Waren	- тожде́ственность/ иденти́чность това́ров
Nämlichkeitszeichen	- зна́ки, идентификацио́нные
Position des Zolltarifs	- тари́фная пози́ция
Präferenzzölle	- льго́тные тамо́женные по́шлины
Quoten	- кво́ты
Rat für die Zusammenarbeit auf dem Gebiet des Zollwesens	- Сове́т тамо́женного сотру́дничества /СТС/
Rückzoll	- возвра́т по́шлины
Rückzollschein	- тамо́женное свиде́тельство на возвра́т по́шлины
Saisonzölle	- сезо́нные тамо́женные по́шлины
Schiffspapiere	- судовы́е докуме́нты
Schmuggel	- контраба́нда
Schmuggelbekämpfung	- борьба́ с контраба́ндой
Schmuggelware	- предме́ты контраба́нды
Schmuggler	- контрабанди́ст
Schutzzoll	- протекциони́стская по́шлина
Sonderzoll	- вы́борочная про́ба
Sperrzoll	- запрети́тельная по́шлина
Stichprobe	- вы́борочная про́ба
Stundung der Zollgebühren	- рассро́чка упла́ты тамо́женной по́шлины
Überschreiten der Zollgrenze	- пересече́ние тамо́женной грани́цы
Überwachung , zollamtliche	- тамо́женный контро́ль
Veräußerung von Zollgut	- тамо́женный аукцио́н
Verbrauchssteuern (bei der Einfuhr)	- нало́ги на предме́ты
Verbringen von Waren aus dem Zollgebiet	- вы́воз това́ров с тамо́женной террито́рии
Verbringen von Waren in das Zollgebiet	- ввоз това́ров на тамо́женную террито́рию
Versandzollstelle	- тамо́жня отправле́ния
Verschlußgebühr	- сбор за наложе́ние пломб
Verwaltung der Zollunion	- администра́ция тамо́женного сою́за /АТС/
Verzollung	- тамо́женное обложе́ние
Vorzugsverzollung	- льго́тное обложе́ние тамо́женной по́шлиной
Waren, zollfreie	- беспо́шлинные това́ры
-, unter Zollverschluß lagernde	- това́р, находя́щийся на тамо́женном скла́де
-, zollpflichtige	- по́шлинный това́р, подлежа́щий обложе́нию
Wertzoll	- адвале́рная по́шлина
Wertzollsatz	- ста́вка адвале́рной по́шлины
Zoll	- (тамо́женная) по́шлина
-, autonomer	- автоно́мная по́шлина
-, fester	- стаби́льная/ тве́рдая по́шлина
-, gemischter	- сме́шанная по́шлина
-, protektionistischer	- протекциони́стская по́шлина
-, spezifischer	- специфи́ческая по́шлина
-, überhöhter	- изли́шне взы́сканная по́шлина
Zollabfertigung	- тамо́женное оформле́ние

Zollabfertigungsgebühren	- сбо́ры за тамо́женное оформле́ние това́ров
die - erheben, mit - belegen	- облага́ть сбо́ром
die - entrichten, zahlen	- уплати́ть сбо́ры
Zollabfertigungskosten	- сбор за пра́во вы́воза това́ра со скла́да тамо́жни
Zollabfertigungsstelle	- тамо́жня
Zollabfertigungsverfahren	- поря́док очи́стки от по́шлин
Zollabgabe	- тамо́женный сбор
Zollabkommen	- тамо́женная конве́нция
Zollabrechner	- тамо́женный аге́нт
Zollagent	- тамо́женный ма́клер
Zollager	- тамо́женный склад
Zollagerung	- хране́ние в тамо́жне
Zollamt	- тамо́жня
zollamtlich	- тамо́женный
-e Überwachung des Warenverkehrs über die Grenzen	- тамо́женный контро́ль за перемеще́нием че́рез грани́цу това́ров
Zollamtsformalitäten	- тамо́женные форма́льности
Zollamtskredit	- тамо́женный креди́т
Zollamtsnomenklatur	- тамо́женная номенклату́ра
Zollanmelder	- деклара́нт
Zollanmeldung	- тамо́женная деклара́ция
Zollansageposten	- пограни́чный пункт приёма тамо́женных гру́зов для направле́ния их на определённую тамо́жню
Zollansatz	- ста́вка тамо́женной по́шлины
Zollanschlüsse	- ча́сти террито́рии одно́й страны́, входя́щие в тамо́женные грани́цы друго́й
Zollanschlußgebiet	- тамо́женный анкла́в
Zollantrag	- тамо́женная зая́вка
Zollanweisungsverfahren	- спо́соб тамо́женного перево́да
-, gewöhnliches	обы́чный спо́соб тамо́женного перево́да
-, internationales	междунаро́дный спо́соб тамо́женного перево́да
Zollart	- вид по́шлин
Zollaufschlag	- доба́вочная по́шлина
Zollaufschublager	- тамо́женный склад для гру́зов, освобожде́ние кото́рых от по́шлины отсро́чено
Zollaufsicht	- тамо́женный досмо́тр
Zollaufsichtstelle	- пункт тамо́женного досмо́тра
Zollausgaben	- тамо́женные расхо́ды /мн. ч./
Zollauskunft	- спра́вка тамо́женного о́ргана о ста́вках по́шлины
Zollausland	- "тамо́женная заграни́ца"
Zollausschlüsse	- ча́сти госуда́рственной террито́рии страны́, не входя́щие в тамо́женные грани́цы да́нной страны́
Zollausschlußgebiet	- тамо́женный экскла́в
Zollbanderole	- тамо́женная бандеро́ль
zollbar	- облага́емый по́шлиной
Zollbeamter	- тамо́женной слу́жащий, досмо́трщик, тамо́женник
Zollbeförderung	- перево́зка тамо́женных гру́зов с одно́й тамо́жни на другу́ю
Zollbefreiung	- освобожде́ние от (тамо́женной) по́шлины

Zollbefund	- заключение о результатах досмотра, досмотровая роспись
Zollbegleitbrief	- таможенное свидетельство
Zollbegünstigungen	- таможенные льготы
Zollbehandlung	- таможенная обработка
Zollbehörde	- таможенное ведомство/ управление
Zollberechnung	- исчисление пошлины
Zollbeschau	- таможенный досмотр
Zollbescheid	- таможенное извещение
Zollbeschlagnahme	- таможенная конфискация
Zollbestimmungen	- таможенные правила
Zollbeteiligter	- декларант
Zollbindung	- установление твёрдых таможенных тарифов
Zolldeklaration	- таможенная декларация
eine - ausfüllen	- заполнить / заполнять таможенную декларацию
eine - ausfüllen bei Ausreise	- заполнить / заполнять таможенную декларацию по отходу
eine - ausfüllen bei Einreise	- заполнить / заполнять таможенную декларацию по приходу
eine - unterschreiben	- подписать / подписывать таможенную декларацию
-, provisorische	- предварительная таможенная декларация
eine - vorzeigen	- предъявить / предъявлять таможенную декларацию
Zolldepot	- склад таможни
Zolldienststellen	- таможенные учреждения
Zolldisparität	- расхождение в размерах пошлин
Zolldokumente	- таможенные документы
Zolldurchfuhrschein	- транзитно-таможенная квитанция
Zolleigenlager	- собственный таможенный склад
Zolleinfuhrschein	- таможенное ввозное свидетельство
Zollentrichtung	- оплата таможенной пошлины
Zollerhebung	- внимание таможенной пошлины
Zollerleichterung	- таможенная льгота
Zollerklärung	- таможенная декларация
Zollermäßigung	- дознание по делам о контрабанде
Zollfahndung	- таможенная служба розыска
Zollfahndungsstelle	- пункт таможенной службы по борьбе с контрабандой
Zollfaktura	- таможенная фактура
Zollflughafen	- аэропорт, имеющий таможню
Zollformalitäten	- таможенные формальности
die - erfüllen	- выполнить / выполнять таможенные формальности
zollfrei	- беспошлинный
zollfrei Einfuhr	- беспошлинный ввоз
zollfreie Zone	- свободная таможенная зона
Zollfreigebiet	- зона- франка, зона, свободная от таможенного обложения
Zollfreihafen	- порт беспошлинного ввоза и вывоза
Zollfreiheit	- освобождение от таможенных пошлин
Zollfreilager	- приписной таможенный склад

Zollfreimeldung	- заявле́ние на свобо́дные от по́шлины това́ры
Zollfreischein	- свиде́тельство об освобожде́нии от тамо́женных по́шлин
Zollgebiet	- тамо́женная террито́рия
Zollgesetz	- тамо́женный зако́н
Zollgesetzgebung	- тамо́женное законода́тельство
Zollgewicht	- тамо́женный вес
Zollgrenzbezirk	- пограни́чный тамо́женный райо́н
Zollgrenze	- тамо́женная грани́ца
Zollgut	- подлежа́щий по́шлине това́р/ груз
Zollhafen	- порт, име́ющий тамо́жню
Zollhehlerei	- укрыва́тельство/ ута́ивание гру́зов/ багажа́ от обложе́ния тамо́женной по́шлиной
Zollhinterziehung	- сокры́тие от тамо́женного контро́ля
Zollhoheit	- тамо́женный суверените́т
Zollinhaltserklärung	- тамо́женная деклара́ция
Zollinland	- тамо́женная террито́рия госуда́рства
Zollinspektor	- тамо́женный инспе́ктор
Zollkai	- тамо́женный при́стань
Zollkommissar	- тамо́женный комисса́р
Zollkontingent	- тамо́женный пост
Zollkontrolle	- тамо́женный контро́ль, досмо́тр
-, passieren	- проходи́ть тамо́женный досмо́тр
Zollkonvention	- тамо́женная конве́нция
Zollkredit	- тамо́женный креди́т
Zöllner	- тамо́женник
Zollnomenklatur	- тари́фная се́тка
Zollordnung	- тамо́женные пра́вила
Zollpapiere	- тамо́женные докуме́нты
zollpflichtig	- подлежа́щий обложе́нию тамо́женной по́шлиной
Zollplombe	- пло́мба тамо́жни
Zollpolitik	- тамо́женная поли́тика
Zollquittung	- тамо́женное свиде́тельство
Zollrecht	- тамо́женное законода́тельство, тамо́женные пра́вила
gegen das - verstoßen	- наруши́ть / наруша́ть тамо́женные пра́вила
im Rahmen des Zollrechts	- в ра́мках тамо́женных пра́вил
Zollrechtsprechung	- правова́я пра́ктика тамо́женного ве́домства
Zollregal	- тамо́женная рега́лия
Zollregelung	- тамо́женное регули́рование
Zollrückerstattung	- возвра́т (упла́ченной) по́шлины
Zollrückvergütung	- возвра́т тамо́женной по́шлины
Zollrunde (im GATT)	- тари́фный ра́унд (ГАТТ)
Zollsatz	- ста́вка тамо́женной по́шлины
-, ermäßigter	- льго́тная ста́вка тамо́женной по́шлины
Zollschein	- тамо́женное свиде́тельство
Zollschranke	- тамо́женный барье́р
Zollschuldner	- лицо́, обя́занное уплати́ть по́шлину
Zollschuppen	- тамо́женный пакга́уз
Zollschutz	- тамо́женная охра́на
Zollstation	- тамо́женная ста́нция

Zollstelle	- тамо́жня,
-, vorgeschobene	- тамо́жня, находя́щаяся на террито́рии чужо́го госуда́рства
Zollstempel	- тамо́женное клеймо́
Zollstrafrecht	- тамо́женное уголо́вное пра́во
Zolltarif	- тамо́женный тари́ф
-, autonomer	- автоно́мный тамо́женный тари́ф
-, gemeinsamer - der EG	- еди́ный тамо́женный тари́ф ЕС
-, gemischter	- сме́шанный тамо́женный тари́ф
Zolltarifnomenklatur	- тамо́женная номенклату́ра
Zolltarifnummer	- но́мер тамо́женного тари́фа
Zoll- und Handelsabkommem (allgemeines, GATT)	- Генера́льное соглаше́ние по тамо́женным тари́фам и торго́вле / ГАТТ/
Zollübereinkommen über den internationalen Warentransport mit Carnets TIR	- Тамо́женная конве́нция о междунаро́дных перево́зках с примене́нием кни́жки /МДП/
Zollübertretung	- наруше́ние тамо́женных пра́вил
Zollüberwachung	- тамо́женный контро́ль
Zollunion	- тамо́женный сою́з
Zollverein,Deutscher	- Герма́нский тамо́женный сою́з
Zollverfahren	- тамо́женная процеду́ра, тамо́женный режи́м
Zollvergehen	- наруше́ние тамо́женного пра́ва
Zollvergünstigung	- тамо́женная льго́та
Zollvergütung	- возвра́тная по́шлина
Zollverjährung	- да́вность по истре́бованию тамо́женных по́шлин
Zollverkehr	- тамо́женная процеду́ра
Zollverschluß	- тамо́женное хране́ние
unter - lagern	- храни́ть на тамо́женном скла́де
Transport unter -	- перево́зка гру́за под тамо́женной пло́мбой
Zollvertrag	- тамо́женный догово́р, - тамо́женная конве́нция
Zollverwaltung	- тамо́женная администра́ция, тамо́женное управле́ние
Zollvormerkverfahren	- предвари́тельная тамо́женная регистра́ция вре́менно ввози́мых това́ров
Zollvorschriften	- тамо́женные пра́вила /мн.ч./, тамо́женные предписа́ния, тамо́женные инстру́кции
Zollwachtschiff	- тамо́женное су́дно
Zollwert	- тамо́женная сто́имость
-, angemeldeter	- зая́вленная тамо́женная сто́имость
den - bestimmen	- установи́ть / устана́вливать тамо́женную сто́имость
Zollwesen	- тамо́женное дело́
Zollzuschlag	- надба́вка к /тамо́женной/по́шлине
Zollzwang	- обя́занность плати́ть тамо́женную по́шлину
Zollzweigstelle	- отделе́ние тамо́жни
Zusatzzoll	- дополни́тельная по́шлина
Verzollung	- обложе́ние тамо́женными по́шлинами
der Verzollung unterliegen	- подлежа́ть обложе́нию тамо́женными по́шлинами
nicht der Verzollung unterliegen	- не подлежа́ть обложе́нию тамо́женными по́шлинами

Kundendienst/Service	**- обслу́живание клие́нтов, се́рвис**
Kundendienst, m	- 1. обслу́живание клие́нтов, обслу́живание покупа́телей, потреби́тельская слу́жба 2. се́рвис, се́рвисное обслу́живание
einen - ausführen	- осуществи́ть/осуществля́ть обслу́живание/ се́рвисное обслу́живание
Aufbau des Kundendienstes	- организа́ция обслу́живания
- , allgemeiner	- о́бщее (техни́ческое) обслу́живание
- , beratender	- (специа́льная) консультати́вная слу́жба по оказа́нию услу́г покупа́телям
- , betreuender	- специа́льная слу́жба по оказа́нию покупа́телям разли́чных услу́г
im Rahmen des Kundendienstes	- по (тех)обслу́живанию, в ра́мках обслу́живания
Organisierung des Kundendienstes	- организа́ция обслу́живания, се́рвиса
- , technischer	- техни́ческое обслу́живание
- , erweiterter (zusätzlicher)	- дополни́тельная услу́га покупа́телям
Kundendienstbedingungen	- усло́вия обслу́живания/ се́рвиса
Kundendienstfachkräfte	- специали́сты органи́зации обслу́живания/ се́рвиса
Kundendienstleistungen	- обслу́живание клие́нтов
Kundendienstnetz	- сеть обслу́живания/ се́рвиса
Kundendienstpersonal	- обслу́живающий персона́л /мастерски́х/
- , speziell geschultes	- специа́льно обу́ченный обслу́живающий персона́л
Kundendienststationen	- ста́нции (техни́ческого) обслу́живания
Kundendienststützpunkt	- ба́зы (техни́ческого) обслу́живания, гаранти́йно- консультацио́нный пункт
Kundendiensttechniker	- те́хник обслу́живания
Kundendienstvertrag	- контра́кт/ догово́р на (техни́ческое) обслу́живание
Kundendienstwerkstätten	- мастерски́е (тех)обслу́живания
Arten des Kundendienstes	**- ви́ды обслу́живания, ви́ды услу́г, ви́ды се́рвиса**
Kundendienst einer Bank	- ба́нковская услу́га
Kundendienst im Transportwesen	- тра́нспортный се́рвис
Kundendienst nach Ablauf der Garantiezeit	- послегаранти́йное обслу́живание
Kundendienst nach dem Verkauf	- послепрода́жное обслу́живание
Kundendienst vor dem Verkauf	- предпрода́жное обслу́живание
Kundendienst während der Garantiezeit	- обслу́живание в гаранти́йный пери́од
Service	**- 1. /бытово́е/ обслу́живание, се́рвис, услу́ги 2. бюро́ обслу́живания, бюро́ услу́г,**
- , technischer	- техни́ческое обслу́живание, техни́ческие услу́ги
Service-Periode	- се́рвис- пери́од

Servicestation	- ста́нция (техни́ческого) обслу́живания
Servicesystem	- систе́ма обслу́живания
Servicewerkstatt	- ста́нция техобслу́живания
Servicezeit	- вре́мя обслу́живания
Arten des Services	- **ви́ды се́рвиса, ви́ды обслу́живания**
Bestellservice, telefonischer	- зака́з по теле́фону
Ersatzteildienst	- слу́жба снабже́ния клие́нтов запасны́ми частя́ми
Inspektions- und Wartungsdienst	- слу́жба техни́ческого обслу́живания и инспе́кций
Reparaturservice	- ремо́нтная слу́жба
Service für Gäste	- обслу́живание госте́й/ посети́телей
Verladeservice	- обслу́живание погру́зки
Zimmerservice	- обслу́живание госте́й/ посети́телей в номе́ре гости́ницы
Leistungen	- **услу́ги, оказа́ние услу́г, обслу́живание**
Leistungen	- услу́ги, оказа́ние услу́г, обслу́живание
eine - ausführen, durchführen	- осуществи́ть/ осуществля́ть услу́ги, обслу́живание
eine - erbringen (für die Bevölkerung)	- обслу́жить / обслу́живать/ населе́ние
-, betriebliche	- производи́мая проду́кция и предоставля́емые предприя́тием услу́ги
-, erzeugnisunabhängige	- услу́ги межотраслево́го примене́ния
-, finanzielle	- фина́нсовые услу́ги
-, fremde	- произво́дственные услу́ги со стороны́
-, fremde unproduktive	- (подря́дные) услу́ги со стороны́, но́сящие непроизво́дственный хара́ктер
-, ideelle	- нематериа́льные услу́ги
-, innerbetriebliche	- организацио́нно- хозя́йственное обслу́живание произво́дства
	- предоставле́ние услу́г для внутризаводски́х нужд
-, kommerzielle	- комме́рческие услу́ги
-, kulturelle und soziale	- оказа́ние услу́г в культу́рной и социа́льной сфе́рах
-, materielle	- произво́дственные услу́ги в промы́шленности, материа́льные услу́ги
-, industrieller Art	- произво́дственные услу́ги, услу́ги промы́шленно-произво́дстственного хара́ктера
-, nicht industrieller Art	- рабо́ты и услу́ги непромы́шленного хара́ктера
-, produktive	- произво́дственные услу́ги
-, soziale	- услу́ги в социа́льной сфе́ре
-, technische	- техни́ческие услу́ги, техобслу́живание произво́дства
-, unentgeltlich empfangene	- беспла́тные услу́ги
-, unentgeltliche und zu Vorzugsbedingungen	- беспла́тные и льго́тные услу́ги
-, unproduktive	- непроизво́дственные услу́ги
-, unternehmerische	- предпринима́тельские услу́ги

-, wiederkehrende	- периоди́ческие /теку́щие/ услу́ги
-, wissenschaftlich- technische	- услу́ги/ се́рвис в о́бласти нау́ки и те́хники
-, zu bezahlende	- пла́тные услу́ги
-, zusätzliche	- дополни́тельные услу́ги
Arten von Leistungen	**- ви́ды услу́г**
Beherrbergungsleistungen	- гости́ничные услу́ги
	- услу́ги по размеще́нию тури́стов
Dienstleistungen und Reparaturen	- бытово́е и ремо́нтное обслу́живание
	- бытовы́е и ремо́нтные услу́ги
Engineeringleistungen	- инжини́ринговые услу́ги
Garantieleistungen	- гаранти́йные услу́ги, гаранти́йное обслу́живание
Gegenleistung	- встре́чная услу́га
Handelsleistungen	- торго́вые услу́ги
Havariereparaturleistungen	- авари́йное обслу́живание
Informationsleistungen	- информацио́нные услу́ги
Leistungen des Handels	- торго́вое обслу́живание
Nebenleistungen	- дополни́тельные услу́ги
Regelleistungen	- услу́ги типово́го пе́речня
Schreibleistungen	- машинопи́сные услу́ги
Sozialleistungen	- услу́ги социа́льного хара́ктера
Speditionsleistungen	- тра́нспортно-экспедицио́нные услу́ги
Transportleistungen	- тра́нспортные услу́ги
Unternehmerleistungen	- предпринима́тельские услу́ги
Verpflegungsleistungen	- услу́ги по обеспече́нию (тури́ста) клие́нта пита́нием
Versicherungsleistungen	- страховы́е услу́ги
Werbeleistungen	- рекла́мные услу́ги
Zusatzleistungen	- дополни́тельные услу́ги
Dienstleistungen	**- услу́ги, обслу́живания**
eine - aus-/durchführen	- осуществи́ть / осуществля́ть услу́ги
-, bezahlte	- пла́тное обслу́живание
-, entgeltliche	- пла́тные услу́ги
	- пла́тное обслу́живание, пла́тные услу́ги
-, gesellschaftliche	- обще́ственные услу́ги
-,gewährte	- предоста́вленные услу́ги, предоста́вленное обслу́живание
-, hauswirtschaftliche	- бытовы́е услу́ги, бытово́е обслу́живание
-, industrieller Art	- произво́дственные/ промы́шленные услу́ги
-, internationale	- междунаро́дные услу́ги
-, kommerzielle	- комме́рческие услу́ги
-, kommunale	- коммуна́льные услу́ги
-, kommunalwirtschaftliche	- коммуна́льно-бытовы́е услу́ги
	- коммуна́льное обслу́живание
-, konsumtive	- потреби́тельские услу́ги
-, kostenlose	- беспла́тные услу́ги, беспла́тное обслу́живание
-, materielle	- материа́льные услу́ги

	- услу́ги материа́льнного хара́ктера
-, nichtmaterielle	- услу́ги нематериа́льного хара́ктера
-, organisatorische	- организацио́нно- комме́рческие услу́ги
-, personenbezogene	- ли́чные услу́ги
-, unentgeltliche (unentgeltlich empfangene)	- беспла́тные услу́ги, беспла́тное обслу́живание
-, unentgeltliche und zu Vorzugsbedingungen bezogene	- беспла́тные и льго́тные услу́ги
-, wissenschaftliche	- нау́чные услу́ги, нау́чное обслу́живание
dienstleistend	- обслу́живающий
Dienstleistungsabkommen	- соглаше́ние о поря́дке расчётов за предоставле́ние встре́чных/ взаи́мных услу́г
Dienstleistungsabteilung	- 1. вспомога́тельный цех предприя́тия 2. отде́л обслу́живания, бюро́ обслу́живания
Dienstleistungsbereich	- сфе́ра услу́г, сфе́ра бытово́го обслу́живания
Dienstleistungsbetrieb	- предприя́тие бытово́го обслу́живания
Dienstleistungsbilanz	- бала́нс услу́г
Dienstleistungskombinat	- комбина́т бытово́го обслу́живания
innerhalb eines Wohnkomplexes	- жили́щно-бытово́й комбина́т
Dienstleistungskosten	- хозя́йственные расхо́ды
Dienstleistungspreis	- цена́ на услу́ги, цена́ на обслу́живание
Dienstleistungssphäre	- сфе́ра услу́г, сфе́ра обслу́живания
Dienstleistungstarif	- тари́ф на пла́тные услу́ги, тари́ф на пла́тное обслу́живание
Dienstleistungs- und Reparaturwirtschaft	- бытово́е обслу́живание
Dienstleistungsunternehmen	- предприя́тие бытово́го обслу́живания
Dienstleistungsvertrag	- 1. догово́р о предоставле́нии населе́нию определённых услу́г - 2. догово́р о предоставле́нии партнёру по внешнеторго́вой сде́лке определённых услу́г

Arten von Dienstleistungen	**- ви́ды услу́г**
Dienstleistungen bei familiären Ereignissen	- ритуа́льные услу́ги
Dienstleistungen der Bank	- ба́нковское обслу́живание, ба́нковские услу́ги
Durchführung des Zahlungs- und Verrechnungsverkehrs	- расчётно-ка́ссовое обслу́живание
Kreditierung	- креди́тное обслу́живание
Dienstleistungen der Post für die Bevölkerung	- обслу́живание населе́ния по́чтой
Dienstleistungen des Hotelwesens	- гости́ничные услу́ги
Dienstleistungen durch fahrbare Einrichtungen	- выездно́е обслу́живание
Lieferung frei Haus	- с доста́вкой на́ дом
Transport	- тра́нспорт, перево́зка
Dienstleistungen einer Vertreterfirma	- аге́нтское обслу́живание
Dienstleistungen für die Bevölkerung	- обслу́живание населе́ния
Fahrstühle	- (пассажи́рские) ли́фты
Imbißstuben	- заку́сочные
Parkplätze	- места́ стоя́нки маши́н

Restaurants	- рестораны
Rolltreppen	- эскалаторы
Dienstleistungen für die individuelle Konsumtion	- услуги личного потребления
Dienstleistungen für produktive Konsumtion	- услуги производственного потребления
Dienstleistungen gegen Barzahlung (Entgelt)	- платные услуги
Dienstleistungen gegen Teilentgeld	- льготное обслуживание
Kauf auf Kredit	- покупка в кредит
Leasingvertrag	- арендный договор
Mietkauf	- покупка предмета длительного пользования с предварительным испытанием его в течение срока проката
Ratenkauf	- покупка в рассрочку
Dienstleistungen in Warenform	- товарные услуги
Ersatzteilversorgung	- снабжение запасными частями
Inspektions- und Wartungsserice	- служба технического обслуживания и инспекции
Installation	- сборка
Instandhaltung	- содержание в исправности
Montage	- монтаж
Reparaturservice	- ремонтная служба
Dienstleistungen mit konsumtiver Zweckbestimmung	- потребительские услуги
Dienstleistungen mit nichtproduktiver Zweckbestimmung	- непроизводственные услуги
Gepäckaufbewahrungsraum	- камера хранения багажа
Kinderbetreuung	- обслуживание детей
Dienstleistungen mit produktiver Zweckbestimmung	- производственные услуги
Dienstleistungen nicht gegenständlicher Art	- услуги нематериального характера
Beratung; juristische	- правовое обслуживание населения
Dienstleistungen und Handel	- торгово-бытовое обслуживание
Dienstleistungen und Reparaturen für die	- бытовое обслуживание
Bevölkerung	- бытовые услуги, коммунально- бытовые услуги
Aufstellen technischer Geräte	- установка технических приборов
Auswahlsendungen	- выбор товаров
Einstellen von Geräten	- регулировка приборов
Rückgaberecht	- право возвратить / возвращать товар
technische Betreuung	- техническое обслуживание
Sonderanfertigung	- специальное исполнение по заказу
Warenumtausch	- обмен товаров
Warenzustellung	- доставка товаров
Kundendienstleistungen der Banken	- банковское обслуживание - обслуживание населения банками - расчётно- кредитное обслуживание
Versorgung mit Wohnraum	- жилищно- бытовое обслуживание
Garantie	- **гарантия, ручательство** - **поручительство, обеспечение** - **гарантийная ответственность**

Garant, Garantiegeber	- гара́нт, поручи́тель
-, gemeinsamer	- совме́стный гара́нт
Garantenstellung (beim Unterlassungsdelikt)	- положе́ние гара́нта (в слу́чае престу́пного упуще́ния)

Arten von Garantien - **ви́ды гара́нтий**

Arbeitsgarantie	- гара́нтия рабо́ты
Ausfuhrgarantie	- вывозна́я гара́нтия
Auszahlungsgarantie	- гара́нтия вы́платы
Bankgarantie	- ба́нковская гара́нтия
Beschaffenheitsgarantie	- гара́нтия ка́чества
Dienstleistungsgarantie	- гара́нтия о (техни́ческом) обслу́живании
Exportgarantie	- э́кспортная гара́нтия
Exportkreditgarantie	- гара́нтия э́кспортных креди́тов
Frachtaufbewahrungsgarantie	- гара́нтия сохра́нности гру́за
Garantie bezüglich der Rückzahlung für die Ware	- гара́нтия возвра́та пла́ты за това́р
Garantie bezüglich der Tauglichkeit für den Handel	- гара́нтия приго́дности для торго́вли
Garantie bezüglich der Wareneignung	- гара́нтия го́дности това́ра
Garantie der Versicherer	- гара́нтия страховщико́в
Garantie des Verkäufers	- гара́нтия продавца́
Garantie für Bezahlung	- гара́нтия опла́ты
Garantie für Ersatz	- заме́на по гара́нтии
Garantie für Hauptleistung	- гара́нтия основны́х показа́телей
Garantie gegen Verluste	- гара́нтия от убы́тков
Gütegarantie	- гара́нтия надлежа́щего ка́чества
Kollektivgarantie	- коллекти́вная гара́нтия
Konsumgarantie	- гара́нтия по показа́телям потребле́ния
Liefergarantie	- гара́нтия поста́вки
Qualitätsgarantie	- гара́нтия ка́чества
Preisgarantie	- гара́нтия цены́/цен
Produktionsgarantie	- произво́дственная гара́нтия
Prozeßgarantie	- процессуа́льная гара́нтия
Realgarantie	- реа́льная гара́нтия
Regierungsgarantie	- прави́тельственная гара́нтия
Verfassungsgarantie	- конституцио́нная гара́нтия
Vermögensgarantie	- иму́щественная гара́нтия
Versicherungsgarantie	- страхова́я гара́нтия
Vertragsgarantie	- догово́рная гара́нтия
Zahlungsgarantie	- гара́нтия платежа́
Zusatzgarantie	- доба́вочная гара́нтия
-, arbeitsrechtliche	- трудовы́е гара́нтии
-, einjährige (Garantie für ein Jahr)	- гара́нтия на оди́н год
-, erweiterte	- гара́нтия распространя́ющаяся на определённый срок
-, gemeinsame	- совме́стная /о́бщая/ гара́нтия
-, grundlegende	- основна́я гара́нтия

-, gültige (bis)	- действительная гарантия до определённой даты /на/определённый срок
-, hinausgeschobene	- продлённая гарантия
-, im Rahmen der Garantie	- в рамках гарантии
-, institutionelle	- институционные/институциональные гарантии
-, internationale	- международные гарантии
-, konstitutionelle	- конституционные гарантии
-, kreditfähige	- гарантия кредитоспособности
-, kurzfristige	- краткосрочная гарантия
-, langfristige	- долгосрочная гарантия
-, mündliche	- устная гарантия
-, persönliche	- личная гарантия
-, rechtliche	- правовые гарантии
-, schriftliche	- письменная гарантия
-, sichere	- надёжная гарантия
-, spezielle	- специальная гарантия
-, staatliche	- правительственная гарантия
-, standardisierte	- стандартная гарантия
-, technische	- материально-техническая гарантия
-, technologische	- технологическая гарантия
-, unbedingt erforderliche	- безусловная гарантия
-, unter Garntie	- с ручательством, с гарантией
-, vereinbarte	- условная гарантия
-, verfassungsmäßige	- конституционные гарантии
-, verlängerte	- продлённая гарантия
-, zugesicherte	- обеспечиваемая гарантия
-, zu verstehende	- подразумеваемая гарантия
Garantieverhandlung	- переговоры по гарантии
Garantie	
auf etw. - geben	- дать / давать гарантию на что-л.
eine - anwenden	- применить / применять гарантию к кому-л.,/ к чему-л
eine - bestätigen	- подтвердить / подтверждать гарантию на что-л.
eine - erhalten	- получить / получать гарантию на что-л.
eine - für etw. haben	- иметь гарантию на что-л.
eine - für etw. leisten	- дать / давать гарантию на что-л.
	- поручиться / ручаться за что-л.
	- предоставить / предоставлять гарантию на что-л.
	- гарантировать что-л.
eine - für etw. übernehmen	- взять / брать на себя гарантию в чем-л.
	- принять / принимать на себя гарантию в чем-л.
eine - für etw. verlieren	- потерять / терять гарантию на что-л
eine - geben	- дать / давать гарантию на что-л.
eine - gewähren	- предоставить / предоставлять гарантию, гарантировать что-л.
	- поручиться / ручаться за что-л.
eine - in Anspruch nehmen	- воспользоваться гарантией
eine - läuft ab	- срок гарантии истекает
eine - stellen	- предоставить / предоставлять гарантию на что-л.

	- дать / дава́ть гара́нтию
eine - stornieren	- аннули́ровать гара́нтию
eine - vorweisen	- предоста́вить / предоставля́ть гара́нтию
eine - zurückerstatten	- покры́ться / покрыва́ться гара́нтией
Garantieabgeltung	- возмеще́ние расхо́дов продавцо́м за выполнение покупа́телем гаранти́йных рабо́т
Garantieanleihe	- гаранти́йный заем
Garantieanspruch	- прете́нзия/ тре́бование в связи́ с гара́нтией
	- прете́нзия по гара́нтии, гаранти́йная прете́нзия
	- притяза́ние, осно́ванное на гара́нтии
auf - bestehen	- наста́ивать на гаранти́йной прете́нзии/ на гаранти́йном ремо́нте
- geltend machen	- испо́льзовать пра́во относи́тельно гара́нтии
-, berechtigter	- зако́нная гаранти́йная прете́нзия
-, bezüglich der Reparatur	- гаранти́йный ремо́нт
Garantiearbeit	- устране́ние дефе́ктов в соотве́тствии с гара́нтией
	- рабо́ты, выполняемые в тече́ние гаранти́йного сро́ка
Garantieaushändigung	- вы́дача гара́нтии
Garantieausschluß	- исключе́ние гара́нтии
Garantiebedingung	- усло́вие гара́нтии, гаранти́йные усло́вия
den -en entsprechen	- соотве́тствовать усло́виям гара́нтии
Garantiebrief	- гаранти́йное письмо́
Garantiebestätigung	- подтвержде́ние гара́нтии
Garantiebestimmung	- положе́ние о гара́нтии
Garantiedarlehen	- ссу́да по гара́нтии
Garantiedauer	- гаранти́йный срок, срок гара́нтии
Garantiedienst	- слу́жба гаранти́йного ремо́нта/ обслу́живания
Garantieeinschluß	- включе́ние гара́нтии
Garantieerklärung	- гара́нтия
eine - ausstellen	- офо́рмить / оформля́ть гара́нтию
-, des übergeordneten Wirtschaftsorgans	- гара́нтия вышестоя́щей хозя́йственной организа́ции
Garantiefall	- слу́чай, тре́бующий предоставле́ния гара́нтии
	- слу́чай гаранти́йного ремо́нта/ обслу́живания
einen - abschließen	- зако́нчить / зака́нчивать гара́нтийное обслу́живание/ гаранти́йный ремо́нт
einen – prüfen	- прове́рить / проверя́ть слу́чай гаранти́йного обслу́живания/ ремо́нта
Garantiefonds	- гаранти́йный фонд
Garantieforderung	- тре́бование о предоставле́нии гара́нтии
Garantieformular	- бланк гара́нтии, гаранти́йный бланк
Garantiefrist	- гаранти́йный срок
	- срок поручи́тельства/ гара́нтии
eine - berechnen	- исчи́слить / исчисля́ть срок гара́нтии
eine - festsetzen	- установи́ть / устана́вливать гаранти́йный срок
eine - hinauszögern	- продли́ть / продлева́ть гаранти́йный срок
eine - verlängern	- продли́ть / продлева́ть гара́нтию, гаранти́йный срок
-, abgelaufene	- в тече́ние гаранти́йного сро́ка

-, neue	- новый гарантийный срок
Verlängerung der -	- продление гарантийного срока
Garantiegeber	- гарант, поручитель
Garantiegewährung	- предоставление гарантии, обеспечение гарантией
	- удовлетворение претензии в соответствии с гарантией
Garantiegültigkeit	- действие гарантии
Garantie-Haftung	- гарантийная ответственность
Garantieklage	- иск к гаранту
Garantieklausel	- гарантийная оговорка, пункт (договора) о предоставляемой гарантии
Garantiekosten	- 1. расходы, вытекающие из факта предоставления гарантии 2. расходы по выполнению гарантийных работ
Garantiekredit	- гарантийный кредит
Garantieleistung	- предоставление гарантии
	- гарантийное обслуживание,
	- проведение гарантийного ремонта,
	- удовлетворение претензии в соответствии с гарантией
	- исполнение обязательства согласно гарантии
Durchführung der -	- проведение гарантийных работ
Garantieleistungen (aufgrund von Garantieansprüchen)	- работы по гарантийным претензиям
Garantieleistungsvertrag	- гарантийный договор
Garantiemarke	- гарантийная марка, гарантийное клеймо
Garantiepauschale	- паушальная гарантия в виде скидки с цены,
	- гарантийная скидка
Garantierabatt	- гарантийная скидка
einen - garantieren	- гарантировать гарантийную скидку
einen - für etw. gewähren	- предоставить / предоставлять гарантию в чем-л., дать / давать гарантию в чем-л.
Garantiereparatur	- гарантийный ремонт
eine - abschließen	- закончить / заканчивать гарантийный ремонт
im Rahmen der -	- в рамках гарантийного ремонта
Garantierisiko	- гарантийный риск
garantiert	- гарантийный
Garantierung	- гарантирование чего-л.
	- предоставление гарантии
	- поручительство
	- обеспечение
Garantiesatz	- гарантийный комплекс
einen - vertragsmäßig liefern	- поставить / поставлять по контракту/ договору гарантийный комплекс
einen - von Ersatzteilen	- гарантийный комплект запасных частей
Garantieschein	- гарантийное письмо, гарантийный талон, гарантийное свидетельство, квитанция
Garantieschreiben	- гарантийное письмо
Garantiesumme	- гарантийная сумма
Garantiesystem	- система гарантий
Garantieübertretung	- нарушение гарантии

Garantieumfang	- объём гарантии
Garantie- und Nacharbeit	- работы, выполняемые в течение гарантийного срока
Garantieurkunde	- гарантийное письмо
eine - ausgeben	- выдать / выдавать гарантийное письмо
Garantieverantwortung	- ответственность по гарантии
eine - tragen	- носить ответственность по гарантии
Garantievereinbarung	- соглашение/ договорённость о предоставлении гарантии
Garantievermerk	- отметка о предоставлении гарантии
Garantieverpflichtung	- гарантийное обязательство, обязательство по гарантии перед покупателем - гарантирование
eine - einhalten (erfüllen)	- выполнить / выполнять обязательство по гарантии перед покупателем
Garantievertrag	- гарантийный договор
-, internationaler	- международный договор о гарантии
Garantievorrat	- гарантийный /страховой/ запас
Garantievorschuß	- аванс в счёт предоставленных гарантий
Garantiezeit	- гарантийный срок, гарантийный период
die - beträgt	- гарантийный срок составляет ...
die - verlängert sich um	- гарантийный срок продлевается на определённое время
Garantiezeitraum	- гарантийный срок
Garantiezusage	- гарантийное обязательство
Garantiewerte	- гарантийные параметры
die - bestätigen	- подтвердить / подтверждать гарантийные параметры
Bürgschaft	- **порука, поручительство, ручательство, гарантия**
Bürge	- поручитель, гарант
als Bürge	- в качестве поручителя
Bürge sein	- поручиться / ручаться за кого-л., быть поручителем
einen - stellen	- представить / представлять поручителя - дать / давать поручителя
bürgen für jemdn.	- ответить / отвечать за кого-л. - поручиться / ручаться за кого-л., за что-л.
bürgen für jemdn.	- взять / брать кого-л. на поруки
bürgen mit allem, was man ist und hat	- ручаться честью и всем своим достоянием
sich für die Zuverlässigkeit verbürgen	- ручаться за надёжность
sich für Ehrlichkeit verbürgen	- ручаться за честность
sich für die Richtigkeit der Mitteilung verbürgen	- ручаться за правильность сообщения
Bürgschaft	- поручительство, порука - ручательство, гарантия
eine - für etw. leisten	- поручиться / ручаться за что-л.

	- предоста́вить / предоставля́ть поручи́тельство
eine - für jemdn. übernehmen	- взять / брать на по́руки кого-л.
	- поручи́ться / руча́ться за кого-л.
	- приня́ть / принима́ть на себя́ руча́тельство за кого-л.
	- вы́дать / вы́давать гара́нтию
gegen - freigeben	- отпусти́ть / отпуска́ть кого-л. на по́руки
eine - hinterlegen	- дать / дава́ть поручи́тельство за кого-л.
-, einfache	- просто́е поручи́тельство
-, gegenseitige	- взаи́мное поручи́тельство
-, persönliche	- ли́чное поручи́тельство
-, selbstschuldnerische	- экспромиссо́рное поручи́тельство
-, wechselseitige	- кругова́я по́рука
Bürgschafts-,	- гаранти́йный
Bürgschaftsbestellung	- предоставле́ние поручи́тельства
Bürgschaftserklärung	- 1. приня́тие на себя́ пору́чительства 2. гаранти́йное письмо́
Bürgschaftsforderung	- тре́бование поручи́тельства
Bürgschaftskredit	- креди́т под поручи́тельство
Bürgschaftsprovision	- комиссио́нные за поручи́тельство
Bürschaftsschein	- гаранти́йное письмо́
Bürgschaftsstellung	- предоставле́ние поручи́тельства
Bürgschaftsübernahme	- вы́дача гара́нтии
Bürgschaftsverbindlichkeiten	- обяза́тельства, вытека́ющие из догово́ра поручи́тельства
Bürgschaftsvertrag	- догово́р поручи́тельства
Gewährleistung	**- 1. гара́нтия, руча́тельство, гаранти́рование 2. поручи́тельство 3. обеспече́ние**
- der Persönlichkeitsrechte	- гара́нтия прав ли́чности
- der Sicherheit	- обеспече́ние безопа́сности
- der Verfassungsmäßigkeit	- конституцио́нные гара́нтии
Gewährleistungsanspruch	- 1. притяза́ние на предоставле́ние гара́нтии 2. реклама́ция, рекламацио́нная прете́нзия
Gewährleistungsansprüche, gesetzliche	- зако́нные рекламацио́нные прете́нзии покупа́теля
Ersatzlieferung, (Umtausch)	- поста́вка с це́лью заме́ны некондицио́нного това́ра
Minderung	- сниже́ние цены́
(Preisnachlaß)	- пониже́ние цены́, ски́дка с цены́, усту́пка в цене́
Schadenersatz	- возмеще́ние уще́рба /убы́тков/
Wandlung (Rücktritt vom Vertrag)	- аннули́рование догово́ра ку́пли- прода́жи, - аннули́рование догово́ра подря́да при обнару́живания дефе́кта в поста́вленном това́ре

Gewährleistungsfrist	- срок поручи́тельства
	- гаранти́йный срок, срок гара́нтии
Gewährleistungskapital	- гаранти́йный капита́л
Gewährleistungskosten	- 1. расхо́ды, вытека́ющие из фа́кта предоставле́ния гара́нтии
	2. расхо́ды, свя́занные с получе́нием госуда́рственной (ба́нковской) гара́нтии
Gewährleistungspflicht	- обя́занность предоставле́ния гара́нтии
Gewährleistungswagnis	- риск, свя́занный с приня́тием обяза́тельств по выдава́емым гара́нтиям
Gewährs-,	- гаранти́йный
Gewähr	- гара́нтия, руча́тельство
eine - für etw. übernehmen	- поручи́ться / руча́ться за что-л.
eine - leisten	- предоста́вить / предоставля́ть гара́нтию
(für eine Ware)	(за това́р)
(ein Jahr Garantie)	(за оди́н год)
eine - übernehmen	- гаранти́ровать что-л.
für einen regen Handelsaustausch	- зало́г оживлённого торго́вого обме́на
-, ohne	- без гара́нтии, без руча́тельства
gewähren	- 1. предоста́вить / предоставля́ть что-л. дать / дава́ть пра́во/ льго́ту
	- 2. испо́лнить / исполня́ть что-л. удовлетвори́ть / удовлетворя́ть что-л.
eine Bitte -	- испо́лнить / исполня́ть про́сьбу
einen Kredit -	- дать / дава́ть креди́т
gewähren lassen	- предоста́вить / предоставля́ть кому-л. свобо́ду де́йствий
gewährleisten	- гаранти́ровать что-л., обеспе́чить / обеспе́чивать
Gewährung	- предоставле́ние чего-л.
	- **гара́нтия**
Garantiegewährung	- предоставле́ние гара́нтии
	- удовлетворе́ние прете́нзии в соотве́тствии с гара́нтией
Kreditgewährung	- гара́нтия креди́та
Haft	- отве́тственность
	- гара́нтия
haften	- быть отве́тственным,
	- нести́ / носи́ть отве́тственность за что-л.
	- отве́тить / отвеча́ть за что-л.
	- поручи́ться / руча́ться за что-л.
haften für die Folgen	- поручи́ться / руча́ться за после́дствия
haften für sich selbst	- поручи́ться / руча́ться за себя́

Haftpflicht	- ответственность, связанная с обязательством возмещать убытки
-, außervertragliche	- внедоговорная ответственность
-, für Schäden	- ответственность за ущерб
-, mit beschränkter	- с ограниченной ответственностью
Haftpflichtgesetz	- закон о материальной ответственности
haftpflichtig	- несущий ответственность
Haftpflichtsumme	- капитал обеспечения
Haftpflichtverbindlichkeiten	- гарантийные обязательства
Haftpflichtversicherung	- гарантийное страхование
Haftung	- 1. ответственность 2. гарантия
eine - übernehmen für etw.	- принять / принимать на себя ответственность за что-л.
-, anteilmäßige	- долевая ответственность
- aus Vertrag	- договорная ответственность
-, beschränkte	- ограниченная ответственность
-, dingliche	- имущественная ответственность
- für Beschädigung	- ответственность за причинение ущерба
- für Schadenersatz	- ответственность за нанесение ущерба
-, gesamtschuldnerische	- солидарная ответственность
-, materielle	- материальная ответственность
-, persönliche	- личная ответственность
-, sachliche	- имущественная ответственность
-, selbstschuldnerische	- экспромиссорная ответственность
-, solidarische	- солидарная ответственность
-, unbeschränkte	- неограниченная ответственность
-, vertragliche	- договорная ответственность
-, zivilrechtliche	- гражданско- правовая ответственность
Haftungsausschluß	- исключение ответственности
Haftungsausschlußklausel	- клаузула/ оговорка об исключении ответственности
Haftungsbefreiung	- освобождение от ответственности
Haftungsbereich	- сфера ответственности
Haftungsbeschränkung	- ограничение ответственности
Haftungsempfänger	- кредитор, получивший поручительство
Haftungsfrist	- гарантийный срок
Haftungsgenossenschaft	- поручительское товарищество
Haftungsgrenze	- предел ответственности
Haftungshöchstbetrag	- максимальная сумма ответственности
Haftungszeit	- гарантийный срок

Sicherung, f	- 1. обеспечение, гарантия 2. сохранение, сохранность
sichern	- 1. обеспечить / обеспечивать что-л., гарантировать что-л. 2. /пред/-охранить//пред-/охранять от кого-л./чего-л.
jmdn. das Recht auf etw.sichern	- обеспечить/обеспечивать кому-л. право на что-л.
sich etw. sichern	- заручиться/заручаться чем-л.
Sicherung der Rechte	- обеспечение прав кого-л.
-, dingliche	- вещное обеспечение
- eines Anspruchs	- обеспечение требования
- eines Vertrages	- гарантия договора
-, materielle	- материальное обеспечение - обеспечение материальными ресурсами
zur - etw. unternehmen	- для обеспечения сделается / делается что-л.
zur - Maßnahmen ergreifen	- для обеспечения/ гарантии принять / принимать меры
Sicherungsabtretung	- уступка в обеспечение обязательства
Sicherungseigentum	- собственность, переданная должником кредитору в обеспечение долга
Sicherungsfonds	- резервный (страховой) фонд
Sicherungsgeber	- лицо, передавшее право собственности кредитору (в обеспечение долга)
Sicherungsgeld	- денежный штраф, налагаемый на налогоплательщика в случае несоблюдения им условий уплаты налога
Sicherungsnehmer	- лицо, которому передается право собственности /в обеспечение долга/
Sicherungsübereignung	- передача кредитору права собственности (в обеспечение долга)
Sicherungsvermögen	- имущество, переданное должником кредитору (в обеспечение долга)
Sicherungsvorrat	- резервный/ страховой запас
Reklamation	- **рекламация, претензия** - **жалоба, протест**
Reklamationsverhandlungen	- **переговоры по рекламации**
reklamieren	- заявить / заявлять претензию - рекламировать - предъявить / предъявлять рекламацию/ претензию
eine - ablehnen	- отклонить / отклонять рекламацию/ претензию - отозвать / отзывать рекламацию/ претензию
eine - akzeptieren	- принять / принимать рекламацию/ претензию
eine - anerkennen	- признать / признавать рекламацию/ претензию
eine - anmelden	- заявить / заявлять рекламацию/ претензию
eine - beachten	- отнестись / относиться к рекламации/ претензии

eine - bearbeiten	- рассмотре́ть / рассма́тривать реклама́цию/ прете́нзию
eine - berücksichtigen	- приня́ть / принима́ть реклама́цию во внима́ние
eine - bezieht sich auf	- прете́нзии отно́сятся к кому-л./чему-л.
eine - enthält	- в реклама́ции/прете́нзии ука́зывается что-л.
eine - erfüllen	- удовлетвори́ть / удовлетворя́ть реклама́цию/ прете́нзию
eine - erhalten	- получи́ть / получа́ть реклама́цию/ прете́нзию
eine - erheben (gegen, über)	- предъяви́ть / предъявля́ть реклама́цию/ прете́нзию к кому-л./ чему-л. о ком-л./ чем-л.
eine - erledigen	- закры́ть / закрыва́ть реклама́цию
eine - geltend machen	- заяви́ть /заявля́ть реклама́цию/прете́нзию на что-л. - реклами́ровать, - предъяви́ть / предъявля́ть реклама́цию
eine - hervorrufen	- возбуди́ть / возбужда́ть прете́нзию
eine - liegt vor	- реклама́ция/ прете́нзия поступа́ет к кому-л.
sich mit einer - wenden an	- обрати́ться/обраща́ться с реклама́цией/ прете́нзией к кому-л./к чему-л. /куда/
eine - prüfen	- прове́рить / проверя́ть реклама́цию/ прете́нзию
eine - regeln	- урегули́ровать реклама́цию/прете́нзию
eine - senden	- напра́вить / направля́ть реклама́цию/ прете́нзию кому-л.
eine - übergeben	- переда́ть / направля́ть реклама́цию/ прете́нзию кому-л.
eine - untersuchen	- рассмотре́ть / рассма́тривать реклама́цию /прете́нзию
eine - verfassen	- соста́вить / составля́ть рекла́мацию
eine - vorbringen (gegen, über) (bezüglich)	- предъяви́ть / предъявля́ть прете́нзию (к кому-л./ чему-л. о ком-л./ чем-л.) (каса́тельно что, в отноше́нии к чему) - реклами́ровать
eine - vorlegen	- предъяви́ть / предъявля́ть релама́цию/ прете́нзию к кому-л./ чему-л.
eine - weiterleiten	- напра́вить / направля́ть реклама́цию/ прете́нзию кому-л.
eine - zugestehen	- призна́ть /признава́ть реклама́цию/ прете́нзию
eine - zufriedenstellen	- удовлетвори́ть / удовлетворя́ть реклама́цию/ прете́нзию
eine - zurückziehen	- отказа́ться / отка́зываться от реклама́ции/ прете́нзии
-, begründete	- обосно́ванная прете́нзия/реклама́ция
-, rechtmäßige	- зако́нная прете́нзия
-, unbegründete	- необосно́ванная реклама́ция/ прете́нзия
-, vorliegende	- преиму́щественная прете́нзия
Reklamations-,	- рекламацио́нный
Reklamationsablehnung	- отклоне́ние рекла́мации

Reklamationsanspruch	- рекламацио́нное тре́бование
	- **рекла́мация, прете́нзия**
	- **рекла́мация о прете́нзии**
einen - anmelden (erheben)	- заяви́ть / заявля́ть рекламацио́нное тре́бование/ рекла́мацию/ прете́нзию
eine - geltend machen	- предъяви́ть / предъявля́ть рекла́мацию
eine - prüfen	- рассмотре́ть / рассма́тривать рекламацио́нное тре́бование/ прете́нзию
eine - senden an jemdn.	- напра́вить / направля́ть прете́нзию куда-л.
Reklamationsart	- род рекла́мации
Reklamationsbegleichung	- погаше́ние рекла́мации
Reklamationsbrief	- письмо́-прете́нзия
Reklamationserledigung	- удовлетворе́ние рекла́мации
Reklamationsfrist	- срок /для/ предъявле́ния рекла́мации
	- срок /для/ заявле́ния прете́нзии
Reklamationsprotokoll	- рекламацио́нный акт, акт- рекла́мация, акт- прете́нзия
ein - weiterleiten	- напра́вить / направля́ть рекламацио́нный акт кому-л.
-, unvollständiges	- в рекламацио́нном а́кте ука́заны не все да́нные
Reklamationsrecht	- пра́во на прете́нзию
das - absprechen	- отказа́ться / отка́зываться от пра́ва на прете́нзию
Reklamationsregelung	- урегули́рование рекла́мации
Reklamationssumme	- су́мма рекла́мации
Reklamationsunterlagen	- рекламацио́нные материа́лы
die - prüfen	- рассмотре́ть / рассма́тривать рекламацио́нные материа́лы
Reklamationsuntersuchung	- ана́лиз рекла́мации
Reklamartionsverfahren	- поря́док предъявле́ния рекла́маций, рекламацио́нный поря́док
Reklamationswert	- су́мма рекла́мации
Reklamationswesen	- хара́ктер рекла́мации
reklamiert	- по рекла́мации
die - Ware	- това́р по рекла́мации, рекламиро́ванный това́р
Reklamierung, f	- рекламиро́вание
-, ausreichende	- доста́точное рекламиро́вание
-, individuelle	- индивидуа́льное рекламиро́вание
-, kaufmännische	- комме́рческое рекламиро́вание
-, kurzfristige	- краткосро́чное рекламиро́вание
-, langfristige	- долгосро́чное рекламиро́вание
Arten von Reklamationen	- **ви́ды рекламаций/претензий**
Reklamation bezüglich der Lieferung	- **прете́нзия в отноше́нии поста́вки (чего-л.)**
des Liefertermins	сро́ков поста́вки/ доста́вки това́ров
der Lieferfrist von Waren	

Reklamation wegen :	- прете́нзия/ реклама́ция в отноше́нии чего-л. :
Lieferausfall	- невыполне́ния поста́вки
Lieferablauf	- истече́ния сро́ка поста́вки
Lieferfristüberschreitung	- просро́чки поста́вки, несоблюде́ния сро́ка поста́вки
Lieferschwierigkeiten	- затрудне́ния в поста́вках
Lieferstopp	- запре́та на поста́вки
Liefertermin, verfallenen	- исте́кшего сро́ка поста́вки
Lieferterminablauf	- оконча́ния сро́ка поста́вки
Lieferterminverstoß	- наруше́ния сро́ков поста́вки
Lieferung	- отгру́зки, произведённой
-, terminmäßig überschrittener	неравноме́рно с опазда́нием
-, verzögerter	- просро́ченной поста́вки
Warenaufschub	- заде́ржки това́ра
Liefer(ungs)verzug	- заде́ржки поста́вки /в поста́вке/, просро́чки в поста́вке

Reklamation wegen :	- прете́нзия/ реклама́ция на что-л.:
ausgefallener Waren	- нехо́дкие това́ры
gegen den vertraglich vereinbarten Termin eingetroffener Waren	- това́ры, прибы́вшие про́тив устано́вленного в догово́ре сро́ка поста́вки
mit großer Verspätung eingetroffener Waren	- това́ры, прибы́вшие со значи́тельным опозда́нием
nicht eingegangener Waren	- неприбы́вшие това́ры
nicht eingetroffener Waren	- непоступи́вшие това́ры
nicht termingerechter Bestellung	- сро́ки поста́вки това́ров
unterwegs befindlicher Waren	- това́ры в пути́

Reklamation wegen der Qualität von Waren	**- реклама́ция по ка́честву това́ров**
	- реклама́ция в отноше́нии ка́чества
	- реклама́ция на ка́чество това́ров

Reklamation wegen :	- прете́нзия/реклама́ция в отноше́нии чего-л.:
minderer Qualität	- пони́женной со́ртности
Qualität nicht den Anforderungen entsprechend	- ка́чества, не отвеча́ющего тре́бованиям
schlechter Qualität	- ни́зкого ка́чества
Qualtätsabfall	- сниже́ния ка́чества
Qualitätsabweichung	- отклоне́ния в ка́честве/по ка́честву това́ра
Qualitätsänderung	- измене́ния ка́чества
Qualitätsmangel	- ка́чественного дефе́кта
Qualitätsverletzung	- наруше́ния усло́вий по ка́честву
Qualitätsverlust	- ухудше́ния ка́чества, по́рчи това́ров

Reklamation wegen beschädigter Waren	**- прете́нзия/ реклама́ция на повреждённые това́ры**
defekter Waren	- дефе́ктные това́ры
eingegangener Waren	- полу́ченные това́ры
fehlerhafter Waren	- брако́ванные това́ры
	- недоброка́чественные това́ры
gelieferter Waren	- поста́вленные това́ры

geringwertiger Waren	- недоброка́чественные това́ры
	- малоце́нные това́ры
mangelnder Waren	- недоброка́чественные това́ры
minderwertiger Waren	- това́ры ни́зкого ка́чества, некачественные това́ры, недоброка́чественные това́ры
nicht den Mustern entsprechende Waren	- това́ры, несоотве́тсвующие образца́м
nicht qualitätsmäßiger Waren	- това́ры не соотве́тствующие по ка́честву
qualitätsgeminderter Waren	- това́ры пони́женного ка́чества
überlagerter Waren	- залежа́лые това́ры
Waren in beschädigtem Zustand	- това́ры в повреждённом состоя́нии
Waren in schlechtem Zustand	- това́ры в плохо́м состоя́нии
wertgemindeter Waren	- уценённые това́ры
erbrochener Waren	- разби́тые това́ры
zerrissener Waren	- разо́рванные това́ры
Reklamation wegen der Quantität von Waren	**- реклама́ция по коли́честву това́ров**
Reklamation wegen :	- прете́нзия/ реклама́ция в отноше́нии :
des Verlustes von Warenpartien	- пропа́жи ча́сти това́ров
nichtgelieferter Warensendungen	- непоста́вленной па́ртии това́ра
Warendefizit	- дефици́та това́ров
	- нехва́тки това́ров
Warenfehlbestands(-menge)	- недоста́тки/ недоста́чи това́ров, недостаю́щего коли́чества, нехва́тки чего-л.
Warenfehlfracht	- мёртвого фра́хта
Warenmangel	- това́рного дефици́та
Warenschwund	- убы́ли това́ров
Warenüberbestand	- това́рных изли́шков
Warenüberfluß	- избы́тка това́ров
Warenverknappung	- дефици́та това́ров, нехва́тки това́ров
Warenverlust	- това́рных поте́рей
Reklamation wegen ausgefallener Waren	- прете́нзия/ реклама́ция на не поста́вленные това́ры
fehlender Waren	- недостаю́щие това́ры
knapper Waren	- дефици́тные това́ры
liegengebliebener Waren	- залежа́лые това́ры
unterwegs befindlicher Waren	- това́ры в пути́
unverlangter Waren	- невостре́бованные това́ры
Waren mit unzureichendem Angebot	- дефици́тные това́ры
zu wenig gelieferter Waren	- за недоста́чу това́ров
Reklamation wegen der Verpackung und Markierung	**- реклама́ция на упако́вку и маркиро́вку**
Reklamation wegen :	- прете́нзия/ реклама́ция в отноше́нии чего-л.:
Frachtbeschädigung	- поврежде́ния гру́за
Verpackungsbeschädigung	- поврежде́ния упако́вки

verpackungsloser Waren	- беста́рных това́ров
Verpackungsschaden	- уще́рба/ убы́тка всле́дствие испо́льзования ненадлежа́щей упако́вки
Reklamation wegen :	- прете́нзия/рекла́мация на что-л.:
eigenartiger Markierung	- своеобра́зную маркиро́вку
falscher Markierung	- непра́вильную маркиро́вку
falscher Markierung und Verpackung	- ненадлежа́щую маркиро́вку и упако́вку
fehlender Markierung	- не ука́занную маркиро́вку
mangelnder Markierung und Verpackung	- нека́чественную маркиро́вку и упако́вку, ненадёжную маркиро́вку и упако́вку
nicht dem Inhalt entsprechender Markierung	- маркиро́вка,не отвеча́ющая содержа́нию чего-л.
nicht vorschriftsmäßiger Verpackung	- упако́вка не в соотве́тствии с инстру́кциями
schlechter Verpackung	- плоха́я упако́вка
ungenügender Verpackung	- неудовлетвори́тельная упако́вка
Reklamation wegen Vertragsbedingungen	**- прете́нзия в связи́ с догово́рными усло́виями** **- рекла́мация по усло́виям догово́ра/контра́кта**
Reklamation wegen :	- прете́нзия/ рекла́мация в отноше́нии чего-л.:
Vertragsablauf	- истече́ния сро́ка/ де́йствия догово́ра
Vertragsbedingungen identisch nicht erfüllter, verletzter	- тожде́ственно-ло́жных догово́рных усло́вий
Vertragsbruch	- наруше́ния догово́ра
Vertragsrückstände(n)	- отстава́ния по сро́кам/ по коли́честву в вы́полнении догово́рных обяза́тельств, - коли́честв, подлежа́щих доста́вке по догово́ру
Vertragsverletzung	- наруше́ния догово́ра
Vertragswidrigkeit	- наруше́ния, противоре́чащеие догово́ру, - некондицио́нности
Reklamation wegen :	- прете́нзия/ рекла́мация на что-л.:
abgelaufenem Vertrag	- исте́кший срок де́йствия дого́вора
gebrochenem (verletztem) Vertrag	- нару́шенный догово́р
rechtsungleichem Vertrag	- неравнопра́вный догово́р - неравнопра́вное соглаше́ние
ungültigem Vertrag	- недействи́тельный контра́кт
Reklamation wegen der (Be-)-Zahlung	**- прете́нзия в связи́ с пла́той/ опла́той, вы́платой чего-л.:** **- рекла́мация в отноше́нии платежа́ /упла́ты, взно́са/**
Reklamation wegen :	- прете́нзия/рекла́мация в отноше́нии чего-л.:
Zahlungsfähigkeit, zweifelhafter	- сомни́тельной платежеспосо́бности
Zahlungsrückständen	- задо́лженности по платежа́м
Zahlungsschwierigkeiten	- затрудне́ний свя́занных с проведе́нием платеже́й
Zahlungsüberhang	- превыше́ния платеже́й над поступле́ниями
Zahlungsunfähigkeit	- неплатежеспосо́бности, несостоя́тельности - банкро́тства
Zahlungsverweigerung	- отка́за произвести́ платёж/ отка́з в опла́те

Zahlungsverzug	- задержки платежа, просрочки платежа
Reklamation wegen :	- претензия/ рекламация на что-л.:
fälliger Zahlung	- платёж, по которому наступил срок
im Rückstand liegender Zahlung	- запаздываемый платёж
	- запаздываемую уплату
in Verzug geratener Zahlung	- просроченный платёж
nach Ablauf der Barzahlungsfrist erfolgte Zahlung	- платёж, который был произведён после истечения срока для уплаты наличными
noch ausstehender Zahlung	- ещё не последовало платежа
	- из-за неуплаты, за неуплату
offener Zahlung	- открытый платёж
rückständiger Zahlung	- просроченный платёж
überfälliger Zahlung	- просроченный платёж
verfallener Zahlung	- платёж, срок который истёк
Beanstandung	**- рекламация, претензия,**
	- оспаривание, возражение
	- опротестование
beanstanden	- заявить / заявлять/, предъявить / предъявлять претензию
	- оспорить / оспаривать что-л.
	- возразить / возражать что-л.
	- опротестовать / опротестовывать что-л.
beschädigte Waren beanstanden	- заявить / заявлять претензию по поводу испорченных товаров
minderwertige Waren beanstanden	- заявить / заявлять претензию по поводу неполноценных товаров
Preisbeanstandung	- рекламация по цене/ценам
Beanstandungsmeldung	- извещение о рекламации
Beschwerde	- **1. жалоба**
	2. рекламация
Anlaß zu einer - geben	- дать / давать повод для подачи жалобы
eine - umgehen	- обратиться / обращаться с жалобой к кому-л
eine - richten an	- обжаловать / жаловать что-л.
eine - zurückweisen	- отказать / отказывать в приёме жалобы
	- отклонить / отклонять жалобу
gegen jemdn. - einreichen	- подать / подавать на кого.-л. жалобу
- gegen den Beschluß	- обжаловать решение
Grund der -	- основание для жалобы
sich beschweren	- пожаловаться / жаловаться на что-л.
Beschwerde-,	- жалобный
Beschwerdeausschuß	- комиссия по рассмотрению жалоб
Beschwerdebegründung	- обоснование жалобы
beschwerdeberechtigt	- правомочный подавать жалобу
Beschwerdebescheid	- решение по жалобе

Beschwerdebuch	- книга жалоб, жалобная книга
Beschwerdeeinlegung	- принесение жалобы, обжалование
Beschwerdeentscheidung	- решение по жалобе
Beschwerdefrist	- срок подачи жалобы, срок для обжалования
Beschwerdeführer	- жалобщик
Beschwerdegebühr	- пошлина за подачу жалобы
Beschwerdegegenstand	- предмет жалобы
Beschwerdekommission	- конфликтная комиссия
Beschwerderecht	- право обжалования
Beschwerdesache	- дело по рассмотрению жалобы
Beschwerdestelle	- бюро/ отдел жалоб
Beschwerdeverfahren	- порядок подачи и рассмотрения жалоб
	- производство по жалобе
Klage	- **жалоба, иск**
klagbar	- подлежащий обжалованию
- werden gegen jemdn.	- подать / подавать жалобу на кого-л.
klagen	- предъявить / предъявлять иск
	- пожаловаться / жаловаться ,
	- посетовать / сетовать на кого-л./ на что-л.
	- подать / подавать жалубу/ иск в суд
Anlaß zur - geben	- дать / давать повод жаловаться на кого-л.
eine - abweisen	- получить / получать отказ по иск
	- отказать / отказывать в иске
	- отказать / отказывать в иске
eine - einreichen (vor Gericht bringen)	- подать / подавать жалобу в суд
	- предъявить / предъявлять иск
eine - gegen jemdn. erheben	- предъявить / предъявлять иск к кому-л.
eine - liegt vor	- рекламация / претензия поступает к кому-л.
eine - zurücknehmen	- взять / брать жалобу обратно
eine - zurückweisen	- отклонить / отклонять иск
einer - stattgeben	- удовлетворить/удовлетворять иск
sich mit einer - wenden an jemdn.	- обратиться / обращаться с рекламацией/ претензией к кому-л./к чему-л.
Klage auf Schadenersatz	- иск о возмещении убытков
-, dingliche	- иск о компенсации
Gegenklage	- встречная претензия, встречный иск
Gerichtsklage	- судебный иск
Zivilklage	- гражданский иск
Klageerhebung	- предъявление иска
Klagefrist	- срок для возбуждения иска
Kläger	- жалобщик, истец
Rüge	- **1. выговор, порицание** **2. рекламация**
rügen	- сделать / делать выговор

eine - aussprechen - сде́лать / де́лать вы́говор, объяви́ть / объявля́ть вы́говор
eine - erheben - заяви́ть / заявля́ть реклама́цию
eine - erteilen - объяви́ть/объявля́ть вы́говор

-, deutliche - недвусмы́сленный вы́говор
-, ernste - серьё́зный вы́говор
- mit Verwarnung
-, strenge

Rügefrist - срок для предъявле́ния реклама́ции
Rügepflicht - обя́занность покупа́теля предъяви́ть прете́нзию к ка́честву това́ра

Mängelrüge - **реклама́ция по ка́честву**
- **реклама́ция на недоста́чу чего-л.**

eine - beilegen - приложи́ть/прилага́ть комме́рческий акт

-, ohne - без вы́говора
-, scharfe - ре́зкий вы́говор
-, strenge - стро́гий вы́говор

Mängelansprüche - прете́нзии по ка́честву
Mängelanzeigen - реклама́ция по ка́честву
- уведомле́ние о недоста́тках поста́вленного това́ра
Mängelausmaß - разме́р недоста́ток
Mängelbeschreibung - описа́ние дефе́кта
Mängelbeseitigung - устране́ние неиспра́вностей
- устране́ние недоста́тков/ дефе́ктов
Mängelbeseitigungsphase - пери́од устране́ния дефе́ктов
Mängelcharakter - хара́ктер дефе́кта
Mängeleinrede - возраже́ние/ претензия по качеству товара
mangelfrei - безупре́чный, без недоста́тков
Mängelgrund - причи́на дефе́кта
mangelhaft - 1. дефици́тный
2. дефе́ктный, с изъя́ном, неудовлетвори́тельный, несоверше́нный
mangelhafte Belieferung - плохо́е снабже́ние
mangelhafte (Ersatz-)Teile - дефе́ктные /израсхо́дованные (запасны́е) ча́сти
mangelhafte Verpackung - неудовлетвори́тельная упако́вка, нека́чественная упако́вка
mangelhafte Ware - недоброка́чественный това́р, това́р с изъя́ном
Mangelhaftigkeit - недоста́точность
Mängelhaftung - отве́тственность за ка́чество това́ра
Mangelkosten - 1. изде́ржки, свя́занные с нехва́ткой /дефици́том/ материа́лов
2. расхо́ды, свя́занные с устране́нием дефици́тов
mangeln (an etwas) - не хвата́ет чего-л.
- отсу́тствует чего-л. у кого-л.

Mangel	- 1. недоста́ча, нехва́тка/ недохва́тка чего-л. отсу́тствие чего-л., дефици́т 2. недоста́ток, дефе́кт, изъя́н
einen - an etw. leiden	- испыта́ть / испы́тывать недоста́ток
einen - aufdecken	- вскрыть / вскрыва́ть недоста́ток
	- вы́явить / выявля́ть причи́ну недоста́тка/ дефе́кта
	- обнару́жить / обнару́живать недоста́ток/ дефе́кт
einen - beschreiben	- описа́ть / опи́сывать недоста́ток/ дефе́кт
einen - beseitigen	- устрани́ть / устраня́ть недоста́ток/ дефе́кт
	- испра́вить / исправля́ть недоста́ток/дефе́кт
einen - rügen	- заяви́ть / заявля́ть реклама́цию по ка́честву това́ра,
	- заяви́ть / заявля́ть о дефе́кте
einen - sehen	- ви́деть недоста́ток/ дефици́т
für einen - haften	- нести́ / носи́ть отве́тственность за недоста́ток/ дефе́кт
Mängel	- недоста́тки, неиспра́вности - дефе́кты, изъя́ны
die - ablegen	- отбро́сить / отбра́сывать недоста́тки/ дефе́кты
die - ausbessern	- испра́вить / исправля́ть недоста́тки/ дефе́кты
die - ausgleichen	- компенси́ровать недоста́тки
die - beheben	- устрани́ть / устраня́ть недоста́тки/дефе́кты
die - bestimmen	- определи́ть / определя́ть недоста́тки/ дефе́кты
die - eingestehen	- призна́ть / признава́ть недоста́тки/дефе́кты
die - entstehen	- неиспра́вности/ дефе́кты появятся/появля́ются
die - erkennen	- осозна́ть / осознава́ть недоста́тки
die - finden	- обнару́жить /обнару́живать недоста́тки/ дефе́кты
	- вскрыть / вскрыва́ть недоста́тки/ дефе́кты
die - haben	- име́ть недоста́тки/ дефе́кты
die - kennen	- знать недоста́тки/ дефе́кты
die - treten auf	- недоста́тки/ изъя́ны обнару́жить / обнару́живать
	- вы́явить / выявля́ть недоста́тки/ дефе́кты
Arten von Mängeln	**- ви́ды недоста́тков,дефе́ктов**
-, angeführte	- перечи́сленные неиспра́вности
-, angezeigte	- ука́занные изъя́ны
-, bedeutende	- значи́тельные недоста́тки/ дефе́кты
-, direkte	- прямы́е недоста́тки/ дефе́кты
-, eingeschätzte	- оценённые недоста́тки/ дефе́кты
-, entstandene	- возни́кшие недоста́тки/ дефе́кты
-, erhebliche	- значи́тельные недоста́тки/изъя́ны/ дефе́кты
-, geringe	- незначи́тельные недоста́тки/ дефе́кты/ изъя́ны
-, gesamte	- о́бщие недоста́тки/ дефе́кты/ изъя́ны
-, indirekte	- ко́свенные недоста́тки/ дефе́кты/ изъя́ны
-, innerliche	- вну́тренние дефе́кты/ изъя́ны
-, leicht zu behebende	- легко́-устрани́мые недоста́тки/ дефе́кты

-, offene (aufgedeckte)	- прямы́е недоста́тки, обнару́женные дефе́кты
-, ohne	- без недоста́тков/ дефе́ктов
-, produktionsbedingte	- дефе́кты произво́дственного хара́ктера
-, reale	- реа́льные недоста́тки /изъя́ны
-, ständige	- постоя́нные недоста́тки/ дефе́кты
-, überaus große	- чрезме́рные недоста́тки/ дефе́кты
-, unbedeutende	- ничто́жные недоста́тки/ дефе́кты/ изъя́ны
-, ungewöhnliche	- осо́бые недоста́тки/ дефе́кты/ изъя́ны
-, verdeckte (versteckte)	- скры́тые дефе́кты
Schiedsgericht	**- арбитра́ж, трете́йский суд**
Schieds-,	- арбитра́жный, трете́йский,
	- арбитра́ж, трете́йский суд
Schiedsabkommen	- 1. конве́нция об арбитра́же, международно́е соглаше́ние об арбитра́же
	- 2. соглаше́ние о третейском/об арбитра́жном разбира́тельстве спо́ров, арбитра́жное соглаше́ние, соглаше́ние о переда́че спо́ра на разреше́ние третейскому суду
Schiedsabrede	- арбитра́жное соглаше́ние
Schiedsantrag	- /и́сковое/ заявле́ние в арбитра́ж
Schiedsbedingungen	- усло́вия об арбитра́же
Schiedsgericht	- арбитра́ж, третейский суд
Mitglied eines Schiedsgerichtes	- арби́тр
Vorsitzender eines Schiedsgerichts	- гла́вный арби́тр
Schiedsgerichte	- арбитра́жи
Schiedsgutachter	- арби́тр
Schiedsklausel	- арбитра́жная огово́рка
Schiedskommission	- арбитра́жная коми́ссия
	- арбитра́ж
	- това́рищеский суд
Schiedsmann	- мирово́й посре́дник
	- мирово́й судья́
Schiedsordnung	- арбитра́жный поря́док
Schiedsorgan	- арбитра́жный о́рган
-, ständiges	- постоя́нный арбитра́жный о́рган
Schiedsspruch	- 1. реше́ние арби́тра /третейского суда́/
	2. решение конфли́ктной коми́ссии
Schiedsstelle	- о́рган примири́тельно-третейского разбира́тельства
beim Patentamt	- арбитра́жный отде́л при пате́нтном управле́нии
Schiedsvereinbarung	- арбитра́жное соглаше́ние
Schiedsverfahren	- арбитра́жное произво́дство
Schiedsvergleich	- мирово́е соглаше́ние
	- компроми́ссное реше́ние третейского суда́

Schiedsvertrag	- догово́р с огово́ркой об арбитра́жном /о третейском разбира́тельстве спо́ров - арбитра́жный догово́р - догово́р об обраще́нии к третейскому суду́
Schiedsrichter	**- арби́тр, третейский судья́**
den - bestimmen	- назна́чить / назнача́ть арби́тра
den - wählen	- избра́ть / избира́ть арби́тра
Einspruch des Schiedsrichters	- отво́д арби́тра
-, gerechter	- арби́тр "по справедли́вости"
-, unparteiischer	- беспристра́стный арби́тр
Urteil des Schiedsrichters	- реше́ние арби́тра
Einzelschiedsrichter	- единоли́чный арби́тр
Ersatzschiedsrichter	- запасно́й арби́тр
Hauptschiedsrichter	- гла́вный арби́тр
Oberschiedsrichter	- гла́вный госуда́рственный арби́тр
an der Staatlichen Arbitrage	- суперарби́тр
Schiedsrichter an der Staatlichen Arbitrage	- госуда́рственный арби́тр
schiedsrichterlich	- арбитра́жный, третейский - посре́днический
schiedsrichterliches Verfahren	- арбитра́жное произво́дство/ разбира́тельство, третейское разбира́тельство, арбитра́жная процеду́ра, - поря́док третейского разбира́тельства (рассмотре́ния дел третейским судо́м)
schiedsrichtern	- заседа́ть в третейском суде́ - реши́ть / реша́ть что-л. в ка́честве арби́тра
Schiedsrichtervertrag	- догово́р между сторона́ми и арби́тром
Schiedsgericht	**- арбитра́ж, трете́йский суд**
das - anrufen	- обрати́ться / обраща́ться в арбитра́ж
dem - den Streitfall übergeben	- переда́ть / передава́ть спор в арбитра́ж
die Angelegenheit dem - übertragen (an das - weiterleiten)	- переда́ть / передава́ть де́ло на рассмотре́ние в арбитра́ж
sich an das - wenden	- обрати́ться / обраща́ться в арбитра́ж
sich beim - einfinden	- яви́ться /явля́ться в арбитра́ж
-, institutionelles	- институцио́нный арбитра́ж
-, internationales	- междунаро́дный арбитра́ж
-, nichtständiges	- арбитра́ж **ad hoc**
-, ständiges	- постоя́нно де́йствующий арбитра́ж/третейский суд
-, ständiges/ institutionelles	- институцио́нный постоя́нно действующий арбитра́ж
schiedsgerichtlich	- арбитра́жный, третейский
schiedsgerichtliche Änderungen	- измене́ния в арбитра́жном поря́дке
schiedsgerichtliches Verfahren	- арбитра́жный проце́сс
Schiedsgerichts-,	- арбитра́жный

Schiedsgerichtbarkeit	- подсу́дность третейскому су́ду - подве́домственность арбитра́жу - юрисди́кция третейского суда́ - арбитра́жная юрисди́кция - арбитра́ж
-, internationale	- междунаро́дный арбитра́ж
Schiedsgerichtsbeschluß	- реше́ние арбитра́жа
Schiedsgerichtsgebühr	- арбитра́жный сбор
Schiedsgerichtshof, ständiger	- Постоя́нная пала́та Третейского суда́
Schiedsgerichtsklausel	- арбитра́жная огово́рка - огово́рка о третейской процеду́ре - пункт догово́ра об обраще́нии к третейскому су́ду - огово́рка об арбитра́жном/ третейском разбира́тельстве спо́ров
Schiedsgerichtskommission	- арбитра́жная коми́ссия - Внешнеторго́вая арбитра́жная коми́ссия /ВТАК/
Schiedsgerichtskosten	- изде́ржки по арбитра́жу
Schiedsgerichtstagung	- заседа́ние арбитра́жа
Schiedsgerichtsvereinbarung	- арбитра́жное соглаше́ние, соглаше́ние о третейском суде́
Schiedsgerichtsverfahren	- арбитра́ж, арбитра́жное произво́дство
Schiedsgerichtszusammensetzung	- соста́в арбитра́жа по де́лу
Arten von Schiedsgerichten	**- ви́ды арбитра́жов**
Ad-hoc Schiedsgericht	- созда́ние третейского суда́ в слу́чае возникнове́ния спо́ра
Außenhandelsschiedsgericht	- внешнеторго́вый арбитра́ж
Börsenschiedsgericht	- биржево́й арбитра́ж
Schiedsgericht bei der Industrie- und Handelskammer	- арбитра́жный суд при торго́во-промы́шленной пала́те
Schiedsgericht für Außenhandel	- внешнеторго́вая арбитра́жная коми́ссия
Schiedsgericht für Streitigkeiten aus der Seeschiffahrt	- морска́я арбитра́жная коми́ссия
Schiedsgericht im Bereich eines Ministeriums, einer Verwaltung oder eines Amtes	- ве́домственный арбитра́ж
Arbitrage	**- 1. арбитра́ж, арбитра́жная сде́лка, арбитра́жная опера́ция** **2. арбитра́ж, третейский суд**
Arbiter	- арби́тр
Arbitrage-,	- арбитра́жный, третейский
Arbitragegericht	- третейский суд, арбитра́ж
Arbitragegeschäft	- арбитра́жная сде́лка - арбитра́жная опера́ция - арбитра́ж
Arbitragekammer	- арбитра́жная пала́та
Arbitragekommission	- арбитра́жная коми́ссия
Arbitrageur	- арбитражёр

Arbitragevereinigung	- арбитра́жное соглаше́ние
Arbitrageverfahren	- арбитра́жное судопроизво́дство
	- третейское судопроизво́дство
	- процеду́ра /разбира́тельство третейского суда́
Arbitration	- арбитри́рование
-, direkte	- просто́й/ двусторо́нний арбитра́ж
-, indirekte	- сло́жный/ многосторо́нний арбитра́ж
-, internationale	- междунаро́дный арбитра́ж
-, nichtständige	- арбитра́ж ad hoc
-, ressortgebundene	- ве́домственный арбитра́ж
-, staatliche	- Госуда́рственный арбитра́ж
-, ständige	- пермане́нтный арбитра́ж
-, technische	- техни́ческий арбитра́ж
Arten von Arbitragen	- **виды арбитра́жов**
Arbitrage für vorvertragliche Streitigkeiten	- преддогово́рный арбитра́ж
Arbitrage über mehrere Zischenplätze	- сло́жный арбитра́ж
Börsenarbitrage	- биржево́й арбитра́ж
Devisenarbitrage	- валю́тный арбитра́ж
Devisen-, Sorten-, Ausgleicharbitrage	- валю́тный арбитра́ж
Effektenarbitrage	- фо́ндовый арбитра́ж
Einfacharbitrage	- просто́й арбитра́ж
Goldarbitrage	- золото́й арбитра́ж
Lizenzarbitrage	- лицензио́нный арбитра́ж
Mehrfacharbitrage	- сло́жный арбитра́ж
Ressortarbitrage	- ве́домственный арбитра́ж
Spezialarbitrage im Bereich der	- ве́домственный арбитра́ж
Ministerien und Zentralbehörden	- арбитра́ж Министе́рства, госуда́рственных комите́тов и ве́домств
Warenarbitrage	- товарный арбитра́ж
Wechselarbitrage	- вексельный арбитра́ж
Zentralarbitrage	- Государственный арбитра́ж
Gericht	- **суд**
einen Prozeß voranstrengen	- возбуди́ть / возбужда́ть де́ло в суде́
einen Prozeß vorführen	- посуди́ться / суди́ться с кем-л.
einen Prozeß halten	- посуди́ть / суди́ть кого-л.
jmdn. dem - übergeben	- отда́ть / отдава́ть кого-л. под суд
jmdn. vor - laden	- вы́звать / вызыва́ть кого-л. в суд
jmdn. vor - stellen	- преда́ть / предава́ть кого-л. суду
jmdn. vor - verklagen	- пода́ть / подава́ть в суд на кого-л.,
	- жа́ловаться / пожа́ловаться на кого-л. в суд
sich an das - wenden	- обрати́ться / обраща́ться в суд
vor - aussagen	- дать / дава́ть показа́ния в суде́
vor - belangen	- привле́чь / привлека́ть к суду́
vor - bringen	- отда́ть / отдава́ть под суд
vor - erscheinen	- яви́ться / явля́ться в суд, предста́ть пе́ред судо́м

vor - kommen	- посудить / судить за что-л.
vor - unter Anklage stehen	- быть под судом
über jmdn. - halten	- посудить / судить кого-л.
ein - einberufen	- апелляционный суд
Oberstes Gericht	- Вышестоящий суд
gerichtlich	- 1. судебный 2. судебным порядком, по суду 3. судный
- belangen	- привлечь / привлекать к судебной ответственности
- bestätigen	- засвидетельствовать в судебном порядке
- betreiben	- взыскать / взыскивать в судебном порядке
- hinterlegen	- внести / вносить в судебный депосит
- verfolgen	- привлечь / привлекать к судебной ответственности
- vorbestraft sein	- иметь судимость
-e Untersuchungsinstanz	- судебно-следственные органы
auf -em Weg	- судебным путём/ порядком
jemdn. - belangen	- подать / подавать в суд
zur -en Verantwortung ziehen	- привлечь / привлекать к суду
Gerichts-,	- судебный, судный
Gerichtsakten	- судебные дела - делопроизводство по судебному процессу
Gerichtsassessor	- судебный заседатель
Gerichtsaufbau	- судоустройство
Gerichtsbarkeit	- подсудность, юрисдикция
-, internationale	- деятельность международных/ третейских судов
-, ordentliche	- обычное судопроизводство
Gerichtsbefehl	- судебный приказ
Gerichtsbehörde	- судебная инстанция, суд
Gerichtsbericht	- судебный репортаж
Gerichtsbescheid	- судебное извещение, повестка в суд, судебное уведомление
Gerichtsbeschluß	- определение/ постановление суда, решение суда
Gerichtseid	- судебная присяга
Gerichtsentscheid	- судебное решение
Gerichtsfall	- судебное дело
Gerichtsferien	- судебные каникулы, перерыв в судебных заседаниях
Gerichtsgebühren	- судебные пошлины, судебные сборы
Gerichtsgebührenfreiheit	- освобождение от судебной пошлины
Gerichtsgewalt	- судебная власть
Gerichtshof	- судебная палата
- der EG	- суд европейского сообщества
Oberster -	- Верховный суд
Gerichtshoheit ausüben	- творить суд и расправу
Gerichtsklage	- судебный иск
Gerichtskosten	- судебные издержки/ расходы
- festsetzen	- определить / определять судебные расходы
Gerichtskostenfestsetzung	- определение размера судебных расходов

Gerichtskostenfreiheit	- освобожде́ние от суде́бных расхо́дов
Gerichtskostengesetz	- зако́н о суде́бных расхо́дах
Gerichtskostenrecht	- пра́во взыска́ния суде́бных расхо́дов
zu den - verurteilen	- присуди́ть / присужда́ть к упла́те суде́бных расхо́дов
Gerichtsordnung	- судоустро́йство
Gerichtsorgane	- суде́бные о́рганы
Gerichtspraxis	- суде́бная пра́ктика
Gerichtsprotokoll	- протоко́л суде́бного заседа́ния
Gerichtsprozeß	- суде́бный проце́сс
Gerichtsrecht	- суде́бное пра́во
Gerichtsrede	- речь на суде́
Gerichtssaal	- зал суде́бного заседа́ния
Gerichtssache	- суде́бное де́ло
Gerichtssachverständige	- суде́бный экспе́рт
Gerichtssekretär	- секрета́рь суде́бного заседа́ния, секрета́рь суда́
Gerichtssitzung	- суде́бное заседе́ние, засе́дание суда́
Gerichtsspruch	- суде́бный при́говор, реше́ние суда́
Gerichtsstand	- подсу́дность
Gerichtsstandvereinbarung	- соглаше́ние о подсу́дности
Gerichtsstillstand	- переры́в в рабо́те суда́, переры́в в судопроизво́дстве
Gerichtssystem	- суде́бная систе́ма, систе́ма правосу́дия
Gerichtstag	- день суде́бного разбира́тельства
Gerichtstätigkeit	- суде́бная де́ятельность
Gerichtstermin	- день суде́бного разбира́тельства
Gerichtsurteil	- при́говор суда́
Gerichtsverfahren	- судопроизво́дство, суде́бный проце́сс суде́бная процеду́ра
ein - unterbrechen	- приостанови́ть / приостана́вливать судопроизво́дство
öffentliches	- гла́сное судопроизво́дство
Gerichtsverfassung	- судоустро́йство
Gerichtsverfassungsgesetz	- зако́н о судоустро́йстве
Gerichtsverfassungsrecht	- судоустро́йственное пра́во
Gerichtsverhandlung	- суде́бное разбира́тельство, проце́сс, суд
Gerichtsverordnung	- постановле́ние суда́
ist rechtskräftig	- постановле́ние суда́, име́ющее оконча́тельную си́лу
Gerichtsvollzieher	- суде́бный исполни́тель
Gerichtsvorladung	- вы́зов в суд
-, nochmalige	- повто́рный вы́зов в суд
Gerichtsweg	- суде́бный поря́док
auf dem -e	- путём обраще́ния в суд, суде́бным поря́дком
unter Ausschluß des Gerichtsweges	- без обраще́ния в суд
Gerichtswesen	- суде́бная систе́ма, систе́ма правосу́дия
Gerichtszeuge	- свиде́тель, выступа́ющий в суде́
Arten von Gerichten	**- ви́ды судо́в**
Berufungsgericht	- кассацио́нный суд

Ehrengericht	- суд че́сти
Gericht erster Instanz	- суд пе́рвой инста́нции
Gericht für industrielle Angelegenheiten	- промы́шленный суд
Kreisgericht	- райо́нный суд
Kriminalgericht	- уголо́вный суд
Marinegericht	- морско́й суд
Militärgericht	- вое́нный суд
Schiedsgericht	- арбитра́жный суд, третейский суд
Schwurgericht	- суд прися́жных
Stadtgericht	- городско́й суд
Strafgericht	- уголо́вный суд
Büroaustattung und Bürobedarf	бюро́ и огрте́хника
Computertechnik	- **компью́терная те́хника**
Der Computer und seine Bestandteile	- **компью́тер и его составны́е ча́сти**
der Computer / die Elektronische Datenverarbeitungsanlage	- компью́тер (м.р.)/ электро́нно-вычисли́тельная маши́на(ж.р.)/ ЭВМ
einen - einschalten	- включи́ть / включа́ть компью́тер
einen - ausschalten	- вы́ключить / вы́ключать компью́тер
ein - bestehen aus	- состоя́ть из чего-л.
etw. ausgeben	- вы́дать / вы́давать что-л.
etw. ausführen	- вы́полнить / выполня́ть что-л.
etw. aufbewahren	- храни́ть что-л. в па́мяти
-, autonomer, unabhängiger	- автоно́мный компью́тер
-, kompatibler	- совме́стимый компью́тер
-, eistungsstarker	- мо́щный компью́тер
-, moderner	- совреме́нный компью́тер
-, schneller	- быстроде́йствующий компью́тер
-, spezialisiereter	- специализи́рованный компью́тер
-, universeller	- универса́льный компью́тер
-, der 1., 2., Generation	- компью́тер 1-го, 2-го поколе́ния
Auftischvariante des PC	- насто́льный компью́тер
Heimcomputer	- бытово́й компью́тер
Lehrcomputer	- уче́бный компью́тер
Mikrocomputer	- ми́крокомпью́тер
Personalcomputer (PC)	- персона́льный компью́тер (ПК)
Pocketcomputer, Laptop	- портати́вный компью́тер, портати́вный компью́тер ти́па **Laptop**
Schulcomputer	- шко́льный компью́тер
Computergehäuse	- ко́рпус компью́тера
Display, das/ Bildschirm,der/ Monitor, der	- диспле́й, экра́н, монито́р
alpha-numerisches/-er	- алфа́витно-цифрово́й

Anzahl der Zeilen und Spalten des Displays, Bildschirms, Monitors - число́ строк и столбцо́в диспле́я, экра́на, монито́ра
graphisches/-er - графи́ческий
Farb- - цветно́й
Fernseh- - телевизио́нный
Monochrom- - монохро́мный
Schwarz-Weiß- - чё́рно-бе́лый
Vektor- - ве́кторный
Diskettenlaufwerk - дисково́д
ein - öffnen - откры́ть / открыва́ть дисково́д
ein - schließen - закры́ть / закрыва́ть дисково́д
etw. in das Diskettenlaufwerk schieben - вста́вить / вставля́ть что-л. в дисково́д
Festplatte - жё́сткий диск
Festplattenspeicher - жё́сткие магни́тные ди́ски
Hardware - аппара́тное обеспече́ние
Magnetplatte - магни́тный диск
auf - aufzeichnen - записа́ть / запи́сывать что-л. на магни́тном ди́ске
auf - speichern,sichern, aufbewahren - сохрани́ть / сохраня́ть что-л. в па́мяти
Systemblock - систе́мный блок
Tastatur - клавиату́ра
erweiterte Tastatur - расши́ренная клавиату́ра
Informationseingabe per Hand - ручно́й ввод информа́ции
Tastatur auf das notwendigeAlphabet umschalten- переключи́ть / переключа́ть на ну́жный алфа́вит
Standardastatur - станда́ртная клавиату́ра
Zehnertastatur - десяти́чная клавиату́ра
Taste - кла́виша
drücken - нажа́ть / нажима́ть кла́вишу
Buchstabentaste - алфа́витная кла́виша
Cursurtaste - кла́виши со стре́лками, кла́виша ку́рсора
Dauerumschalttaste - постоя́нная кла́виша переключе́ния
Eingabetaste - кла́виша вво́да
Funktionstaste - функциона́льная кла́виша
Korrigiertaste - кла́виша корре́кции
Leertaste - кла́виша/ кно́пка про́пуска
Satzzeichentaste - кла́виша зна́ка препина́ния
Sondertaste - осо́бая кла́виша
Steuertaste, Pfeiltaste - управля́ющая кла́виша
Tabulatortaste - кла́виша табуля́тора
Umschalttaste - кла́виша переключе́ния
Zahlentaste - цифрова́я кла́виша
alpha-numerische Tasten - алфа́витно- цифровы́е кла́виши
zweifache Zeichenbelelegung - кла́виша с дву́мя зна́ками

Zentraleinheit - центра́льный проце́ссор
Arbeitsspeicher - операти́вная па́мять
Rechenwerk - арифмети́ческое устро́йство
Steuerwerk, Steuereinheit - устро́йство управле́ния

Peripherie des Computers	**- перифери́я компью́тера**
periphere Geräte	- перифери́йное обору́дование
Datensichtgerät	- устро́йство визуа́льного отображе́ния
Diskette	- ги́бкий магни́тный диск, диске́та
eine - einschieben	- вста́вить / вставля́ть диск, диске́ту
Mikro-	- ми́кро- диске́та
Mini-	- ми́ни- диске́та
doppelseitige	- с двухсторо́нней за́писью
einseitige	- с односторо́нней за́писью
Diskette mit doppelter Aufzeichnungsdichte	- диске́та двойно́й пло́тности
Diskette mit einfacher Aufzeichnungsdichte	- диске́та одина́рной пло́тности
5 1/4-Zoll-Diskette	- 5.25 "(дюймо́вая) диске́та
3 1/2-Zoll-Diskette	- 3.5 "(дюймо́вая) диске́та
Schreib-Lese-Kopf	- универса́льная голо́вка
Drucker	- печа́тающее устро́йство
ausgeben von Informationen	- вы́дать / выдава́ть информа́цию
drucken mit dem Drucker	- напеча́тать / печа́тать на при́нтере
Briefdruck	- оконча́тельная печа́ть
Druckerschrift	- при́нтерный шрифт
Entwurfdruck	- про́бная распеча́тка подготови́тельного докуме́нта
Kugelkopfdrucker	- при́нтер с печа́тающей голо́вкой
Laserdrucker	- ла́зерный при́нтер
Matrixdrucker,Nadeldrucker	- ма́тричный, иго́льчатый при́нтер
9 - Nadeldrucker	- 9-и иго́льчатый при́нтер
24 - Nadeldrucker	- 24-х иго́льчатый при́нтер
Plotter, Kurvenschneider	- пло́ттер, графопостро́итель
Seriendrucker	- при́нтер после́довательного де́йствия
Thermodrucker	- устро́йство термопеча́ти
Typenraddrucker	- лепестко́вый при́нтер
Steuerung des Druckvorgangs	- управле́ние печа́тью
Joystick,Steuerknüppel	- джо́йстик
Lichtgriffel	- светово́е перо́
Lochband, Lochstreifen	- перфоле́нта
Lochkarte	- перфока́рта
Maus	- мышь
Lage der Maus verändern	- перемести́ть / перемеща́ть мышь
mit der Maus arbeiten	- работа́ть с мы́шью
Mausanzeiger	- ку́рсор мыши
Maustaste	- кно́пка мыши
Modem	- моде́м
Telekommunikation	- телекоммуника́ция
Videokamera	- видеока́мера
Arbeiten mit dem Computer	**- рабо́та с компью́тером**
Anwender	- по́льзователь
Befehl,Kommando	- кома́нда
einen - erteilen	- дать / дава́ть кома́нду
Eingabebefehl	- кома́нда вво́да

Kommando für das Betriebssystem	- кома́нда ОС
Betriebssystem	- операцио́нная систе́ма
CAD	- проекти́рование при по́мощи ЭВМ
Cursor (rechteckiges,leuchtendes Markierungszeichen)	- ку́рсор/ прямоуго́льный све́тящийся ма́ркер
den - bewegen	- дви́нуть / дви́гать ку́рсор
den - hinstellen	- установи́ть / устана́вливать ку́рсор
mitlaufendes Zeichen	- теку́щий знак
Zeichen links vom Cursor	- знак сле́ва от ку́рсора
den - verlagern	- перемести́ть / перемеща́ть ку́рсор
den - verschieben	- сдви́нуть / сдви́гать ку́рсор
Cursorsteuerung	- управле́ние ку́рсора
Verschiebung nach links	- сдвиг ку́рсора вле́во
Verschiebung nach rechts	- сдвиг ку́рсора впра́во
Datei, File	- масси́в да́нных, файл
eine - auffinden im Inhaltsverzeichnis	- поиска́ть / иска́ть в оглавле́нии файл
eine - benennen	- именова́ть файл
eine - erstellen	- формирова́ть; созда́ть / создава́ть файл
eine - kopieren	- сде́лать / де́лать ко́пию
eine - löschen	- стере́ть / стира́ть файл
eine - öffnen	- откры́ть / открыва́ть файл
eine - schließen	- закры́ть / закрыва́ть файл
eine - speichern	- сохрани́ть / сохраня́ть файл
eine - umbenennen	- переименова́ть файл
Filekatalog	- катало́г фа́йлов
-, alphabetische	- алфа́витный
-, eindimensionale	- одноме́рный
-, zweidimensionale	- двухме́рный
Daten	- да́нные
die - anzeigen	- показа́ть / пока́зывать
die - ausdrucken	- напеча́тать / печа́тать
die - auf Diskette schreiben	- записа́ть / запи́сывать на диск
die - eingeben	- ввести́ / вводи́ть на диск в па́мять
die - sichern	- защити́ть / защища́ть да́нные
die - speichern auf Diskette	- накопи́ть / накопля́ть на диске́ту
die - verlieren	- потеря́ть / теря́ть да́нные
Ausgabedaten	- расхо́дные да́нные
Datenabruf	- вы́зов да́нных
Datenaufbereitung	- подгото́вка да́нных
Datenausgabe	- вы́вод да́нных
Datenaustausch	- обме́н да́нных
Datenauswahl	- отбо́р да́нных
Datenauswertung	- ана́лиз да́нных
Datenbearbeitung	- обрабо́тка да́нных
Datendekodierung	- декоди́рование да́нных
Dateneingabe	- ввод да́нных
Datenerfassung	- сбор да́нных
Datenfile	- файл да́нных
Datenkodierung	- коди́рование да́нных
Datennetz	- сеть переда́чи да́нных

Datensicherung	- защи́та да́нных от несанкциони́рованного до́ступа
Datenspeicherung	- накопле́ние да́нных
Datenträger	- носи́тель да́нных
Datenverarbeitung	- обрабо́тка да́нных
Eingabedaten	- входны́е да́нные
Eingang	- порт
Expertensysteme	- экспе́ртная систе́ма
Fehler	- оши́бка
den - berichtigen	- испра́вить / исправля́ть оши́бку
-, einfache	- просты́е оши́бки
Fenster	- окно́
Textfenster	- текстово́е окно́
Information	- информа́ция
-, abgefragte	- запро́шенная информа́ция
Informationskapazität	- информацио́нная ёмкость
Informationsträger	- носи́тель информа́ции
Lineal, Meßstablineal	- лине́йка, масшта́бная лине́йка
Maschinensprache	- маши́нный язы́к
Menü	- меню́
aus dem - gehen	- вы́йти / вы́ходить из меню́
in das - gehen	- войти́ / входи́ть в меню́
in das - zurückkehren	- верну́ться в меню́
erscheinen	- появи́ться / появля́ться в меню́
das - wählen	- вы́брать / вы́бирать меню́
Hauptmenü	- гла́вное меню́
Menüpunkt	- пункт меню́
Untermenü	- по́дменю
Mikroprozessor	- микропроце́ссор
Output	- вы́вод информа́ции
Paket	- паке́т
leistungsstarkes Paket	- мо́щный програ́ммный паке́т
Paket von Anwenderprogrammen	- паке́т прикладны́х програ́мм
Programm	- програ́мма
das - abarbeiten	- вы́полнить / выполня́ть програ́мму
das - anwenden	- по́льзоваться програ́ммой
das - aufrufen	- вы́звать / вызыва́ть програ́мму
das - einrichten	- запусти́ть / запуска́ть програ́мму
das - laden	- загрузи́ть / загружа́ть програ́мму
das - schreiben	- написа́ть / писа́ть програ́мму
das - umschreiben	- переписа́ть / перепи́сывать програ́мму
das - unterbrechen	- прерва́ть / прерыва́ть програ́мму
Anwendungsprogramm	- прикладна́я програ́мма
Antivirusprogramm	- антиви́русная програ́мма
Arbeitsprogramm	- рабоча́я програ́мма
CAD-Programm	- програ́мма проекти́рования
Datenbankprogramm	- програ́мма ба́нка да́нных
Korrekturprogramm	- програ́мма позволя́ющая выполня́ть автомати́ческую прове́рку пра́вильности написа́ния слов
	- програ́мма корректиро́вки слов
Laderprogramm	- загру́зчик

Lernprogramm	- уче́бная програ́мма
Textverarbeitungsprogramm	- програ́мма обрабо́тки те́кста, текстова́я програ́мма
-, abgeschlossenes	- закры́тая програ́мма
Ablauf eines Programms	- выполне́ние програ́мм
Programmieren	- программи́рование
-, automatisches	- автомати́ческое
Programmierer	- программи́ст
Programmiersprache	- язы́к программи́рования
BASIC, LOGO, PASCAL	- Бейсик, Лого, Паскаль
mehrere Sprachen benutzen	- чередова́ть не́сколько языко́в
Sprache wechseln	- смени́ть / сменя́ть язы́к
Programmname	
unter dem - speichern	- записа́ть / запи́сывать под и́менем
einen - geben	- зада́ть / задава́ть и́мя
Software	- програ́ммное обеспече́ние
Anwendungssoftware	- прикладно́е програ́ммное обеспече́ние
Standardsoftware	- станда́ртное програ́ммное обеспече́ние
Speicher	- па́мять
aus dem - löschen	- стере́ть / стира́ть из па́мяти
den - löschen	- стере́ть / стира́ть па́мять
Informationen im - aufbewahren	- сохрани́ть / сохраня́ть информа́цию в па́мяти
speichern auf	- накопи́ть / накопля́ть на:
Magnetband	- магни́тной ле́нте
Magnettrommelspeicher	- на магни́тном бараба́не
Magnetplatte	- на магни́тном ди́ске
Lochkarte	- на перфока́рте
Lochstreifen	- на перфоле́нтах
Diskettenspeicher, Floppy-Disk	- жёсткие магни́тные ди́ски
Konstantenspeicher, Festspeicher	- постоя́нное запомина́ющее устро́йство (ПЗУ)
Magnetplattenspeicher	- накопи́тель на жёстком магни́тном ди́ске
Sekundärspeicher	- вне́шняя па́мять, втори́чная па́мять, вспомога́тельная па́мять
Speicherkapazität	- ёмкость па́мяти
Zwischenspeicher, Pufferspeicher	- бу́ферное запомина́ющее устро́йство, бу́ферная па́мять
-, externer	- вне́шняя па́мять
-, platzsparender	- малогабари́тная па́мять
Bit, Byte	- бит, байт
Spracheingabe, Input	- речево́й ввод
Textprozessor	- текстово́й реда́ктор
Warmstart	- "горя́чий" старт
Zeichen	- знак
löschen	- стере́ть/ стира́ть зна́ки
redigieren	- отредакти́ровать
Alphabet	- алфа́вит
lateinisches	- лати́нский алфа́вит
russisches	- ру́сский алфа́вит
andere Zeichen	- други́е зна́ки

arabische Ziffern	- ара́бские ци́фры
Buchstaben	- бу́квы
Großbuchstaben	- прописны́е бу́квы
Kleinbuchstaben	- стро́чные бу́квы
Druckaufbereitungszeichen	- редакти́рующие си́мволы
Graphik	- гра́фика
Histogramm	- истогра́мма
Tabelle	- табли́ца
Text	- текст
Zahlen	- ци́фры
Kommunikationsmittel	**- Сре́дства коммуника́ции, сре́дства свя́зи**
Fernsprechverkehr	**- телефо́нная связь, связь по телефо́ну**
Datenübertragung	- переда́ча да́нных
Anrufbeantworter	- автоотве́тчик
Fernsprechwesen	- телефо́нная связь
fernmündlich, per Telefon	- по телефо́ну
Telefonapparat	- телефо́нный аппара́т, телефо́н
Funktelefon	- ра́диотелефо́н
Komforttelefon	- комфорта́бельный телефо́н
polyfunktionales Telefon	- многофункциона́льный телефо́н
Tastentelefon	- кно́почный телефо́н
Telefon mit Anschluß an den PC	- телефо́н, подклю́ченный к персона́льному компью́теру
Telefonbenutzung	- по́льзование телефо́ном
anrufen jemdn.	- позвони́ть / звони́ть кому-л. по телефо́ну
telefonieren	- говори́ть по телефо́ну
Telefongespräch	- разгово́р по телефо́ну
Telefonat	- телефо́нный разгово́р
Ferngespräch	- междунаро́дный телефо́нный разгово́р
Ortsgespräch	- ме́стный телефо́нный разгово́р
Telefonnummer, Rufnummer	- но́мер телефо́на
Vorahlnummer (für einen Ort)	- код го́рода
wählen	- набра́ть / набира́ть но́мер телефо́на
Telex	**- телета́йпная / те́лексная связь**
Telexverbindung	- связь по те́лексу, связь по телета́йпу
Telexnummer	- телета́йпный код
Telexnummer des Adressaten, Empfängers	- телета́йпный код получа́теля те́лекса
Telexnummer des Adressanten	- телета́йпный код отправи́теля те́лекса
Nummer des Telex	- но́мер те́лекса
Text des Telex	- текст те́лекса
Videotelex	- видеоте́лекс
Telefaxgerät	**- аппара́т факсими́льной свя́зи, телефа́кс**

Telefaxschreiben	- телефа́кс, факс
faxen	- дать / дава́ть кому-л. факс
	- переда́ть /передава́ть по кана́лу факсими́льной свя́зи
von	- телефа́кс от какого-л. отправи́теля
zu Händen	- телефа́кс кому-л.
Gesprächspartner	- собесе́дник
Seitenzahl des Telefax	- коли́чество страни́ц телефа́кса
Telefaxnummer	- но́мер телефа́кса, фа́кса
Text des Telefax	- текст телефа́кса, фа́кса
Telegraphie, Fernschreibwesen	**- телеграфи́я**
Telegraph, Fernschreiber	- телегра́ф
drahtloser	- беспро́волочный телегра́ф
telegraphieren	- телеграфи́ровать кому-л. что-л.
telegraphisch	- телегра́фный, по телегра́фу
Telegramm	- телегра́мма
Auslandstelegramm	- междунаро́дная телегра́мма
Blitztelegramm	- телегра́мма-мо́лния
Brieftelgramm	- телегра́мма-письмо́
verschlüsseltes Telegramm	- шифро́ванная телегра́мма
Telegrammformular	- бланк телегра́ммы
ausfüllen des Telegrammformulars	- запо́лнить / заполня́ть бланк телегра́ммы
Text des Telegramms	- текст телегра́ммы
Telegrammadresse	- телегра́фный а́дрес
Adresse des Absenders	- а́дрес отправи́теля
Adresse des Adressanten	- а́дрес получа́теля
Videotechnik	**- видеоте́хника**
Importvideotechnik	- и́мпортная видеоте́хника
Videoaufnahme	- видеоза́пись
eine - machen	- снять / снима́ть видеофи́льм, сде́лать / де́лать видеоза́пись
Videogerät	- видеопле́йер, видеомагнитофо́н
Videokamera	- видеока́мера
Videokassette	- видеокассе́та
Videorekorder	- видеомагнитофо́н
Kassettenrekorder	- магнито́ла, кассе́тный магнитофо́н, кассе́тник
Autokassettenrekorder	- автомоби́льный магнитофо́н
Doppelkassettendeck	- двухкассе́тная магнито́ла
einfacher Kassettenrekorder	- однокассе́тная магнито́ла
Kopiertechnik	**- копирова́льная те́хника**
Kopiersystem	- копирова́льная систе́ма
Vervielfältigungstechnik	- множи́тельная те́хника
Kopiergerät	- копирова́льная маши́на

Kopierer	- копирова́льная маши́на, ксе́рокс (назва́ние по и́мени фи́рмы "Рэнк Ксе́рокс")
Fotokopierer	- фотокопирова́льная маши́на
Tischkopierer	- насто́льная копирова́льная маши́на
transportabler Tischkopierer	- транспорта́бельная/ портати́вная/ перено́сная насто́льная копирова́льная маши́на
Kopieren, das	- копирова́ние
kopieren	- копи́ровать, снять ко́пию, сде́лать / де́лать ко́пию
Kopie anfertigen	- снять ко́пию, сде́лать / де́лать ко́пию
Kopie im Format A ...	- ко́пия форма́та А...
Kopierfolie	- копирова́льная плёнка
Kopierpapier	- копирова́льная бума́га
Thermopapier	- термобума́га
Tuner mit Farbpatrone	- тю́нер с цветно́й кра́ской
Tunerflüssigkeit	- расхо́дный порошо́к
Büromöbel	**- ме́бель для о́фиса**
Bücherregal	- кни́жная по́лка
Bücherwand	- сте́нка для книг
Chefsessel	- кре́сло
Computertisch	- компью́терный стол
Dokumentenschrank	- шкаф для докуме́нтов
Garderobe	- гардеро́б
Kaffetischchen	- кофе́йный сто́лик
Karteischrank	- катало́жный шкаф
Save für Dokumente	- сейф для докуме́нтов
Schrankwand	- сте́нка
Schreibtisch	- пи́сьменный стол
Sessel, die Sessel	- кре́сло, кре́сла
Stuhl, die Stühle	- стул, сту́лья
Bürowaren, Büroutensilien	**- канцеля́рские това́ры**
Buch für Visitenkarten	- кни́жка для визи́тных ка́рточек
Visitenkarte	- визи́тная ка́рточка
Geschäftsbuch	- бухга́лтерская/ торго́вая кни́га
Heft	- тетра́дь
liniert	- тетра́дь в лине́йку
kariert	- тетра́дь в кле́тку
Kalender	- календа́рь, ежедне́вник
Taschenkalender	- карма́нный календа́рь
Tischkalender	- насто́льный календа́рь
Karteikarte	- ка́рточка, картоте́чная ка́рточка
Konvert	- конве́рт
im Format A...	- конве́рт форма́та А ...
Notizblock	- блокно́т
Notizbuch	- записна́я кни́жка, кни́жка для за́писей

Notizkalender	- блокно́т- календа́рь, календа́рь- па́мятка
Ordner	- па́пка
Aktenordner	- регистра́тор
Papierwaren	- бума́жные изде́лия
Papier	- бума́га
Briefpapier	- почто́вая бума́га
Glanzpapier	- гля́нцевая бума́га
kariertes Papier	- бума́га в кле́тку
Kopierpapier	- копирова́льная бума́га, копи́рка
liniertes Papier	- бума́га в лине́йку
Schreibpapier	- пи́счая бума́га
Schreimaschinenpapier	- бума́га для пи́шущих маши́нок
Stempelpapier	- ге́рбовая бума́га
Thermopapier	- те́рмобума́га
Telefonbuch	- телефо́нный спра́вочник
Schnellhefter	- скоросшива́тель
Schreibmaschine	- пи́шущая маши́нка
einsprachige	- одноязы́чная пи́шущая маши́нка
elektronische	- электро́нная пи́шущая маши́нка
kompakte	- компа́ктная пи́шущая маши́нка
portative, tragbare Reiseschreibmaschine	- портати́вная/ перено́сная пи́шущая маши́нка
transportable	- транспорта́бельная пи́шущая маши́нка
zweisprachige	- двуязы́чная пи́шущая маши́нка
Schreibmaschine mit :	- пи́шущая маши́нка с чем-л.:
Display	- с диспле́ем
Internspeicher	- с па́мятью
Speicherkapazität	- с объёмом па́мяти
Typenrad	- с ли́терным ди́ском
Verbrauchsmaterialien	- **расхо́дуемые материа́лы**
Anspitzer	- точи́лка для карандаше́й
anspitzen den Bleistift	- точи́ть каранда́ш
Briefwaage	- почто́вые весы́
etw. wiegen	- взве́сить что-л.
Büroklammer	- канцеля́рская скре́пка
die - anheften etw. woran	- прикрепи́ть / прикрепля́ть что-л. к чему-л.
Farbbandkassette	- кассе́та с кра́сящей ле́нтой
die - einlegen in etw.	- вста́вить / вставля́ть кассе́ту с кра́сящей ле́нтой
Klebeband	- кле́ющая ле́нта
-, durchsichtiges	- прозра́чная кле́ющая ле́нта
-, farbiges	- цветна́я кле́ющая ле́нта
Klebeband ankleben	- что-л. прикле́ить кле́ющей ле́нтой
Kleber	- клей
etw. ankleben	- скле́ить/ кле́ить что-л.
Büroleim	- смоляно́й клей
Kleber im Fläschchen	- клей в фла́коне
Prittstift	- клей в ви́де карандаша́
Klammeraffe	- скрепкосшива́тель
Korrekturbandkassette	- кассе́та с корректу́рной ле́нтой

das - einlegen in etw.	- вста́вить / вставля́ть кассе́ту с корректу́рной ле́нтой
Lineal	- лине́йка
etw. mit - messen	- сме́рить / ме́рить что-л. лине́йкой
Locher	- дыроко́л
etw. mit - lochen	- дыря́вить что-л. дыроко́лом
Papierkorb	- корзи́на для бума́ги
in den - werfen	- вы́бросить / выбра́сывать в корзи́ну для бума́ги
Papierschere	- но́жницы (мн.ч.) для бума́ги
schneiden etw. mit der -	- разре́зать / ре́зать но́жницами для бума́ги
Radiergummi	- рези́нка, ла́стик
etw. mit - wegradieren	- стира́ть что-л. рези́нкой, ла́стиком
Reißzwecke	- кно́пка
mit - befestigen	- прикрепи́ть/ прикрепля́ть что-л. кно́пкой
Stempel	- ште́мпель, печа́ть, штамп
Stempelkissen	- ште́мпельная поду́шка
etw. stempeln ,	- проштемпелева́ть/ штемпелева́ть что-л.
einen Stempel aufsetzen	- ста́вить печа́ть на что-л.
Typenrad für die Schreibmaschine	- ли́терный диск для пи́шущей маши́нки
das - einsetzen	- вста́вить/ вставля́ть ли́терный диск
Schreibutensilien	- **пи́счие принадле́жности**
Bleistift	- каранда́ш
Buntstift	- цветно́й каранда́ш
Druckbleistift	- автомати́ческий каранда́ш
-, gespitzter	- отто́ченный каранда́ш
-, harter	- тве́рдый каранда́ш
- mit Radiergummi	- каранда́ш с рези́нкой
-, stumpfer	- тупо́й каранда́ш
-, weicher	- мя́гкий каранда́ш
mit dem - schreiben, malen, zeichnen	- писа́ть, рисова́ть, черти́ть карандашо́м
Etui	- футля́р для ру́чек
Feinleiner	- капилля́р
Filzstift	- флома́стер
-, bunter	- цветно́й флома́стер
nicht wasserfeste Filzstifte	- водостира́емые флома́стеры
mit dem - schreiben, malem	- писа́ть, рисова́ть флома́стером
Packung Filzstifte	- набо́р флома́стеров
wasserfeste Fizstifte	- водонестира́емые флома́стеры
zum Malen auf Folie und Glas	- для рисова́ния на плёнке и на стекле́
zweiseitige Filzstifte	- двухсторо́нние флома́стеры
Kugelschreiber	- ру́чка, автору́чка, ша́риковая ру́чка
Federhalter	- ру́чка с перо́м, пе́рьевая ру́чка
Füllfederhalter	- ру́чка с черни́лами (мн.ч.)
-, mit goldener Feder	- ру́чка с золоты́м перо́м
- mit Tinte füllen	- запра́вить ру́чку черни́лами (мн.ч.)
mit - schreiben	- писа́ть ру́чкой
Textmaker	- ма́ркер

BEITRÄGE ZUR SLAVISTIK

Herausgegeben von Professor Dr. Herbert Jelitte

Band I	Herbert Jelitte: Sowjetrussische Textlinguistik, Teil 1 und 2. 1976.
Band II	Herbert Jelitte/Rolf-Dieter Kluge (Hrsg.): Festschrift für Heinz Wissemann. 1977.
Band III	Hannelore Schlosser: Theorien der lexikalischen Synonymie im Russischen. 1977.
Band IV	Herbert Jelitte: Die abstrakten Nominalbildungen im Russischen. Ein Beitrag zur altrussischen Wortbildung und Wortforschung, Teil 1 und 2. 1982.
Band V	Herbert Jelitte (Hrsg.): Vergleichende Studien zur polnischen Sprache und Literatur. 1982.
Band VI	Herbert Jelitte: Die russischen Nomina abstracta des 18. und beginnenden 19. Jahrhunderts. Ein Beitrag zur Wortbildung und Wortforschung. Teil 1: Lexikalischer Bestand. 1984.
Band VII	Gerhard Giesemann/Herbert Jelitte (Hrsg.): Jubiläumsschrift zum 25-jährigen Bestehen des Instituts für Slavistik der Universität Gießen. 1987.
Band VIII	Herbert Jelitte: Die russischen Nomina abstracta des 19. Jahrhunderts. Teil 1: Lexikalischer Bestand der ersten Hälfte des 19. Jahrhunderts. 1987.
Band IX	Herbert Jelitte: Die russischen Nomina abstracta des 19. Jahrhunderts. Teil 2: Lexikalischer Bestand der zweiten Hälfte des 19. Jahrhunderts. 1988.
Band X	Kazimierz Bajor/Johann Biedermann/Herbert Jelitte/Witold Śmiech (Hrsg.): Die russische Sprache im Vergleich zur polnischen und deutschen Sprache. 1988.
Band XI	Astrid Ertelt-Vieth: Kulturvergleichende Analyse von Verhalten, Sprache und Bedeutungen im Moskauer Alltag. Beitrag zu einer empirisch, kontrastiv und semiotisch ausgerichteten Landeswissenschaft. 1990.
Band XII	Roswitha Hoffrichter: Untersuchungen zur Entwicklung von Natur- und Raumdarstellungen in A.P. Čechovs Erzählungen 1895-1902. 1990.
Band XIII	Herbert Jelitte: Die russischen Nomina abstracta des 20. Jahrhunderts. Teil 1: Der lexikalische Bestand der ersten Hälfte des 20. Jahrhunderts. 1990.
Band XIV	Felicja Maria Sławatycka: Polnisch-Literatur-Unterricht. Identität und Integration - Bremer Modell. Herausgegeben von Gerhard Giesemann. 1991.
Band XV	Herbert Jelitte: Die russischen Nomina abstracta des 20. Jahrhunderts. Teil 2: Der lexikalische Bestand der zweiten Hälfte des 20. Jahrhunderts. 1991.
Band XVI	Herbert Jelitte/Gennadij Nikolaev (Hrsg.): Die Beziehungen der Wortbildung zu bestimmten Sprachebenen und sprachwissenschaftlichen Richtungen. 1991.
Band XVII	Valentina N. Vinogradova: Stilistik der russischen Wortbildung = Stilistika russkogo slovoobrazovanija. 1992.
Band XVIII	Herbert Jelitte: Die russischen Nomina abstracta des 18. und beginnenden 19. Jahrhunderts. Teil 2: Analyse. 1992
Band XIX	Martina Grabowski: Fachsprache und Funktionalstil. Ihr Zusammenwirken, demonstriert am Beispiel russischer Fachtexte des Außenhandels. 1992.
Band XX	Christoph Schmidt: Die russischen Übersetzungen Heinrich Bölls. 1993.
Band XXI	Gennadij Alekseevič Nikolaev: Studien zur historischen Wortbildung der russischen Sprache = Očerki po istoričeskomu slovoobrazovaniju russkogo jazyka. 1994.
Band XXII	Klaus Heller/Herbert Jelitte (Hrsg.): Das mittlere Wolgagebiet in Geschichte und Gegenwart. 1994.

Band XXIII H. Jelitte/V.N. Konovalov/G.A. Nikolaev/Ja.G. Safiullin (Hrsg.): Deutsch-russische Sprach- und Literaturbeziehungen im 18. und 19. Jahrhundert. 1994.

Band XXIV Aleksandr Vladimirovič Bondarko. Die Semantik des Verbalaspekts im Russischen = Semantika glagol'nogo vida v russkom jazyke. 1994.

Band XXV Karin Gusjew: Deutsch-russisches Wörterbuch der Wirtschaft. 1995.

Band XXVI Ernst Eichler/Kersten Krüger/Astrid Thiele (Hrsg.): Wort und Text. Slavistische Beiträge zum 65. Geburtstag von Wolfgang Sperber. 1994.

Printed by
CPI books GmbH, Leck

Kolibri 360 GmbH
Ferdinand-Jühlke-Straße 7
99095 Erfurt, Deutschland
produktsicherheit@kolibri360.de